사람이 하늘

김병하(金炳廈) 저

한국특수교육문제연구소

머리말

특수교육을 공부하면서 나름 '사람 중심'을 생각하다 보니, '사람이 하늘'이라는 데에 이르렀는가 싶다. 물론 책의 제목을 '사람이 하늘'이라 잡은 데에는 최근에 동학(東學)에 대한 나의 관심을 반영한 것이기도 하다. '한국특수교육론'을 담론 의제로 삼으면서, '한국'을 드러내는 대표적 사상으로 동학을 떠올리게 되고, 그것의 은유로서 '개벽의 특수교육'을 말하게 된 것이다. 그래서 제1부 특수교육 담론에서는 '개벽'의 한국특수교육론을 제기했다. 그리고 제2부 마음공부 말미에서 '동학: 개벽의 세상'을 넣었고, 제3부 에세이도 전체적 흐름은 대체로 같은 맥락으로 이어진다.

이 책에 실은 글들은 정년(2012년 8월) 후에 발표하고 정리한 것들이다. 1부의 특수교육 담론은 학회에서 기조발표하거나 이런저런 세미나에서 발표한 글들을 모아 놓은 것이다. 각 장의 첫 머리에 그 출처를 밝혀 놓았다. 앞으로 '특수교육'이라는 주제로 글을 쓸 기회는 자연히 줄어들지 않을까 싶다. 나름 '한국특수교육' 담론의 총론은 제시한 것 같지만, 각론은 후학들이 각자의 지적인 관심에 따라 다양하게 채워주길 당부한다. 그러기 위해서는 자기 학문에 대한 중장기 설계가 필요할 게다.

제2부 마음공부는 정년 후에 내 나름 고전공부를 하면서 정리한 것들이다. 마침 금년 4월 중순에서 5월 중순에 이르기까지 「지식과 세상 사회적 협동조합」에서 '테마로 읽는 고전강의'(중용, 노자, 대승기신론, 도마복음의 순서로)를 마련해 주어, 거기서 강의하고 토론한 것을 모아 놓은 것이다. '동학: 개벽의 세상'은 그 후에 정리한 것이다. 이 글의 연장선에서 '개벽의 한국특수교육을 위해'라는 주제로 10월 초에 특강한 글이 있지만 이 책에는 실지 않았다. 3부 에세이는 다음(Daum) 블로그

'김병하넷'에 올린 글 가운데, 최근 2년 이내의 것으로 이 책의 성격에 부합하는 것들을 모아 놓았다. 에세이라기에는 좀 무거운 학회참관기도 있고, 독후감 중심으로 정리한 게 세 편 정도 포함되어 있다.

읽기(이른바 '박학'博學)는 쓰기와 맞물려 돌아가야 하지만, '글쓰기'는 훨씬 집중적인 정신노동을 요한다. 그래서 최한기(崔漢綺) 선생이 "문장은 그 사람의 '신기'(神氣)"라 했는가 보다. 작가는 신들린 사람처럼 글을 쓴다는 게 조금 와 닿는다. 나이 들어 읽고 글 쓰는 자리적(自利的)인 삶은 복된 일이다.

책을 발간하는 데에 흔쾌히 협조해 준 한국특수교육문제연구소 소장 김용욱 교수에게 고마움을 표한다. 평소에도 내가 쓴 글을 기꺼이 읽어 주는 딸 태영이가 이 책의 마지막 교정을 봐 주었다. 고희(古稀)를 맞아 손녀(지현), 손자(경현)가 잘 자라는 걸 보면서 이 책을 내어 기쁘다. 끝으로, 표지 디자인을 비롯해 책을 아름답게 꾸며준 도서출판해동 사장과 편집진에게 다시 한 번 고마움을 전한다.

2014년 10월 맑은 가을날에

지은이 김병하 씀

목 차
CONTENTS

제 1부 특수교육 담론 ·7

제 2부 마음공부 ·107

제 3부 에세이 ·227

제 1부

특수교육 담론

01 한국 특수교육(학)의 정체성 : 그 역사적 성찰
02 심성함양-교과-교사론의 내적 연관성
03 '통합'은 마음의 소통이다
04 회통-체(體)-개벽의 한국특수교육론
05 농교육의 쟁점과 과세 : 5W1H론과 한국 농교육
06 인간학으로서 농(인)학과 수화통역

01 한국 특수교육(학)의 정체성: 그 역사적 성찰[1)]

I. 문제 제기

우리나라에서 근대 (특수)교육의 성립은 19세기 말 프로테스탄티즘의 도래와 그 궤를 같이한다. 즉, 프로테스탄티즘은 우리나라에서 서양 신의학과 신교육을 도입 · 보급하는 데에 그 도관(導管) 역할을 했다. 그리고 우리에게 프로테스탄티즘은 서세동점(西勢東漸)의 연장에서 팍스 아메리카나로 다가 왔다. 이합집산(離合集散)하는 세력 판도에서 미국의 극동정책과 일본의 대륙 침략 야욕이 은밀히 유착(癒着)된 결과 우리에게 20세기는 일본에 의한 식민통치로 점철되었다.

일본의 식민통치는 조선인을 일본인으로 만드는 '민족동화'(民族同化)를 겨냥했기에 당대 강대제국주의가 펼친 식민정책과는 질적으로 달랐다. 그만큼 우리 민족에게는 악랄한 식민정책이었고, 그것이 미친 영향도 심대했다. 1945년 연합국의 승리에 의해 일본은 무조건 항복하고 한반도에서 물러났다. 그러나 전승 강대국 간의 야합에 의해 38선이 그어지고, 그 이남은 미국이 북쪽은 구소련이 분할통치하는 신식민통치

---

1) 이 논문은 한국특수교육교과교육학회 동계학술대회(2013.12.14. 건양대학교)에서 기조 발표한 것이다.

로 이어졌다. 패전국 일본은 그냥 두고(독일은 패전 대가로 동서독으로 갈려졌음에도) 왜 한반도가 느닷없이 남북으로 분단되어야 했는가?

이로부터 한반도는 냉전체제의 실험실 표본으로 남겨진 채로 분단 상황은 그 끝이 보이질 않는다. 이제 우리는 분단극복과 서구중심의 근대극복이라는 중층과제에 끈질기게 대응하지 않을 수 없는 역사적 상황에 처해 있다. 이처럼 고난의 역사와 함께 우리나라의 근대특수교육은 이어져 왔다. 필자가 보기에 좋든 싫든 간에 한국의 특수교육은 그 역사적 전개과정에서 프로테스탄티즘의 영향-일본특수교육의 이식-구미특수교육의 수입으로 이어져 왔다. 지금은 '세계 속의 한국특수교육 정체성 정립'이라는 것이 우리나라 특수교육의 현안문제이자 과제이다. 본론에서는 이 부분을 좀 더 심도 있게 다루어 봄으로써, '세계 속의 지역학'(glocalogy)[2]으로서 한국특수교육 담론의 자기 정체성을 점검해 볼 터이다. 이런 관점에서 한국 특수교육의 과거 · 현재 · 미래를 하나의 역사적 맥락으로 성찰해 보고자 한다.

II. 프로테스탄티즘과 한국특수교육

거시적 역사인식의 틀에서 볼 때, 우리나라는 19세기 말 프로테스탄트 선교사들이 도래하기 훨씬 이전부터 주체적으로 기독교를 수용하고자한

2) 'Glocalogy'는 전지구적으로 사고하면서 지역에 뿌리내리는 학문을 일컫는 신조어로, 흔히 '지구지역학'으로 번역하지만, 여기서는 풀어서 그냥 '세계 속의 지역학'이라 했다.

흔적과 노력이 있었다. 한반도에 전래된 기독교의 뿌리를 찾아 나선 최상한(2012)은 이렇게 말한다.

> 조선, 고려, 발해, 신라 순으로 역사를 거슬러 올라가면서 한국 그리스도교의 전래를 살펴보았다. 조선 지식인과 민중들이 예수를 만나고, 고려인들이 십자가 군대를 목격하고, 개성에는 조지라는 그리스도 교인이 살았다. 발해 사람들은 보살에게 십자가 목걸이를 걸어주고, 신라인들은 불국사와 석굴암에 그리스도교 문화를 남겼다. (이 책을 통해) 필자는 조선시대부터 남북국시대까지 그리스도교의 끈질긴 생명력이 한반도 땅에 살아있었음을 확인하고자 한다(최상한, 2012, p.6).

이것은『불국사에서 만난 예수』(2012) 서문에 적힌 글이다. 실크로드를 통해 7세기 이전부터 중국에 '빛나는 종교'라는 뜻의 '경교'(景敎)로 불리는 기독교(네스토리안교)가 전파되었다면, 당시에 중국문명과 밀접한 교류를 해온 한반도에 기독교가 들어왔을 개연성은 아주 높다. 이를테면, 불국사에서 7 8세기 유물로 보이는 돌 십자가상과 마리아 상이 발굴된 것, 남한산성에서 통일신라시대 유물로 보이는 초대형 기와 가운데 '천주'(天主)라는 글자가 새겨진 기와가 출토(2009, 발굴)된 것은 동방 기독교의 한반도 전래를 푸는 단서를 제공해 준다(최상한, 2012).

도올 김용옥(2007)[3]도「한국 성서수용의 주체적 역사」에서 우리 민족이 처음부터 주체적으로 기독교를 수용한 사실에 주목하고 있다. 사실

3) 그는 조선왕조 성리학 일색의 빈곤한 사상풍토에서 억눌린 남인계열 학자들이 주축이 되어 스스로『天主實義』,『交友論』등 밀반입된 기독교 서적을 보면서 스스로 깨우치고, 스스로 주일을 제정하고, 스스로 계율을 만들고, 스스로 교리에 의한 새로운 우주와 가치관을 탐색하고 실천한 데에 주목하고 있다(김용옥, 2007, p.14)

마테오 리치(M. Ricci)의 『天主實義』는 유교적 바탕 위에 기독교 교리를 대담하게 해석한 것이다. 리치는 "유교야 말로 모든 종교들 가운데 가장 순수한 자연종교"라 했으며, 그의 동료인 꽁트(Le Comte)는 "유교는 하느님이 맨 처음 사람들에게 계시한 진리를 소유한 것"으로 격찬했다(정대위, 1986). 뒷날 유길준은 『사경회서(査經會序)』에서 기독교 신앙을 유교사상의 보완 내지는 성취로 생각하여 정치와 일상생활(즉, 人事敎)은 유교로 처리하되, 종교적으로는 하느님(天主/天神)에 귀의하는 기독교 신앙을 권했다(이광린, 1979).

사실 한국인들은 선교사에게 직접적으로 선교를 받지 않고도 스스로 기독교 문서들을 읽음으로써 자신을 기독교인으로 만들 수 있었다. 훗날 언더우드 선교사가 "나는 이곳에 복음의 씨앗을 뿌리러 온 게 아니라, 그 열매를 거두었을 뿐이다."고 고백한 것은 바로 이런 연유에서일 것이다.

19세기 말 개국(開國) 이래로 프로테스탄티즘이 미국을 중심으로 우리나라에 도래할 무렵, 구미의 정치사상은 물론 서양문명 수용론을 다룬 대표적 개화사상가로 구당(矩堂) 유길준(兪吉濬; 1856-1914)을 들지 않을 수 없다. 그의 개화사상을 반영하는 대표적 저술로 『서유견문(西遊見聞』(1895)[4]이 꼽힌다. 이 책은 총 20편으로 모두 556쪽에 이르는 국한문혼용체로 집필되었다.

4) 유길준이 『서유견문』 집필을 완성한 것은 1889년으로 그의 나이 34세 때의 일이었다. 그의 『서유견문』 저술은 1887년 가을에 착수하여 1889년 늦봄에 끝을 냈다. 그러나 당시 정세에 비추어 그의 저술을 국내에서는 출판할 처지가 못 되어 미루어 오던 중, 갑오개혁 이후 그가 정계 정면에 나서게 되자 이 책의 출판을 서두르게 되었다. 1894년 10월에 그는 일본에 보빙사의 일원(正使는 義和君)으로 수행한 기회에 그의 스승 후쿠자와(福澤)와 출판을 협의한 끝에 동경 敎詢社에서 「서유견문」은 1895년 4월 25일 출판의 빛을 보게 되었다. 이 책은 유길준의 자비로 1천부를 찍어, 그는 이 책을 전혀 팔지 않고 한권씩 서명하여 정부 고관을 비롯하여 당시 유력자들에게 기증하였다고 한다(이광린, 1979).

필자의 입장에서 볼 때, 이 책의 내용 중 가장 주목할 만한 부분은 유길준의 역사관과 개화사상이 가장 집약적으로 드러난 제14편 중 '개화의 등급'[5] 부분과 제17편에서 빈원(貧院), 치아원(痴兒院), 맹인원(盲人院), 아인원(啞人院) 등에서 장애인의 복지와 특수교육의 실상을 소개하는 부분이다.[6] 유길준의 『서유견문』은 서지학적(書誌學的)으로 우리나라 최초의 국한문혼용체로 된 서적이라는 점에서 주목을 끌게 하며, 그의 개화사상은 주체적 진보로서 개화를 인식하고 있다는 점에서 주목할 만하다. 주지하는 것처럼 『서유견문』은 서양의 근대적 특수교육을 최초로 소상히 소개한 개화서적으로서 우리나라 특수교육 역사정립에 각별한 의미를 갖는 책이다.

그러나 유길준은 개화시식인이었지 특수교육 실천가는 아니었다. 주지하는 것처럼, 우리나라에서 처음 근대특수교육[7]을 실천한 사람은 감리교 의료선교사인 Rosetta Sherwood Hall(1865-1951)이다. 홀 여사는 1894년 5월 평양에서 맹여아 오봉래를 만나 개인지도를 시도한 것이 인연이 되어, 1897년에 한글자모음에 뉴욕맹학교의 뉴욕 포인트를 적용하여 소위 '뉴욕식 한글점자'를 고안하였다. 이 점자체제(평양점자라 일컫기도 했음)를 활용하여 그녀는 1898년 평양에서 본격적으로 맹교육을 실천하였다. 맹교육을 실천한지 10년 후에 이익민 일가를 중심으로 농

5) 그는 개화에 임하는 태도에 따라 개화의 부류를 논의하면서, 주체적으로 개화를 실천하는 사람을 '개화의 주인'이라 했다. 이어 분별없이 외국의 것이면 뭐든 좋다고 생각하는 자를 '개화의 죄인'으로 분류하면서, 유길준은 스스로 앞장서 개화를 주장하면서도 구한말 우리나라 정치인들 가운데 소위 개화당(開化黨)이라 일컬어지는 사람들조차도 '개화의 죄인'으로 경계하였다. 나아가 그가 가장 경멸하는 개화의 부류는 "외국 담배를 물고 외국 풍속을 이야기 하거나 외국말을 얼마쯤 지껄이는 사람"(유길준, 1895, p.382)으로 이들을 '개화의 병신'이라고 나무랐다. 이 부류의 사람은 '개화의 죄인'도 아니고 '개화의 원수'도 아니면서 주견 없이 개화의 헛바람이 든 사람으로 가장 경계하여 마지않았다. 그만큼 유길준은 주체적인 개화를 중시했던 것이다.

교육 방법을 익히게 하여 우리나라에서 농교육도 처음 시작하였다. 이로써 그의 특수교육 사업은 '평양맹아학교'(平壤盲啞學校)로 발전하게 되었다.

프로테스탄트 선교사가 주도한 한국특수교육의 성립과정에서 홀의 그늘에 가려 자칫 놓치기 쉬운 Nathan Rockwell 선교사에 대해 언급하지 않을 수 없다. 원래 홀 여사는 본업이 의사이기 때문에 병원 일을 돌보는 것을 주된 업무로 해 왔다. 그러나 장애아동을 위한 특수교육사업이 점차 자리를 잡아감에 따라 누군가 이 일을 전적으로 맡아야 할 전문가가 필요했다. 그래서 미국해외선교부는 이 일을 전담할 사람을 따로 파견했던 바, 그가 바로 로켈(Rockell)이다.

이 사업을 위해 로켈 자신은 물론 그 부인과 딸까지도 적극 나서서 맹여아를 가르치고 지도하는 일을 도왔다. 그러나 로켈 씨는 1910년에 당시 유행하던 전염병에 옮아 세상을 뜨고 말았다. 당시 정황을 Hyness(1937)[8]는 이렇게 전하고 있다.

> 학생들은 어찌나 그를 사랑했던지 그의 죽음은 마치 자식이 어버이를 잃은 것처럼 애절해 했다. 이것은 그의 죽음이 학생들에게 얼마나 큰 슬픔이자 치명적이었나를 증명하는 것이다. 슬픔이 닥친 중에도 사업은 중단되지 않았다. 다행히도 그의 부인과 딸이 록웰 씨를 대신해

---

6) 이 부분은 김병하, 박경란(2009). 유길준 '서유견문'의 한국특수교육사적 함의, 특수교육재활과학연구, 대구대학교 특수교육재활과학연구소, 48권 2호, 65~87.에서 상세히 논의되고 있음.

7) 근대특수교육이 성립하기 이전에 조선시대 최초의 맹교육기관으로 명통사(明通寺)가 있었고(태종 2년, 1402), 세종은 1445년(세종 27) 의정부에 명하여 맹인들에게 서운관(書雲觀)에서 점복교육을 실시하게 하였다. 이것은 아우이(V. Hauy)가 1785년 파리맹학교를 설립한 것보다 340년이나 앞서고 있다(서울맹학교100년사, 2013, p.53).

8) Woman's Foreign Missionary Society (1938). ***Fifty Years of Light***. Seoul, Korea: YMCA Press.

> 이 사업을 계속했던 것이다. ...(중략) 이와 같이 가족 모두가 한국 맹인 여성교육을 위해 몸 바쳐 일했다는 사실은 맹인교육사에 길이 남을 사실이다. 그것은 또한 그리스도의 사랑 그것이라 할 수 있는 것이다 (장병욱, 1979. p.172에서 재인용).

남편과 아버지를 잃은 로켈 선교사의 부인과 딸이 한국에서 맹인교육을 위해 헌신적으로 일한 사실은 우리들에게 잘 알려지지 않은 숨은 이야기가 되었다. 이상에서 우리는 한국의 여성맹인을 위해 그리스도의 사랑을 실천한 프로테스탄티즘의 개척자적 특수교육 실천을 보게 된다.

특수교육을 매개로 한 교육선교는 초기의 프로테스탄트 선교사(宣教史)에서 그 결실이 확산되어 갔다. 이를테면 한국인으로서는 최초로 1935년 평양에서 광명맹아학교(光明盲啞學校)를 설립한 이창호(李昌浩)는 프로테스탄트 목회자로서 당시 Moffett 선교사가 운영해 오던 남자맹학교를 인수받아 통학제와 기숙제를 병행하는 특수학교로 발전시켰다. 그는 평안남도 용천 출생으로 대한예수교 장로회 평양 노회장을 역임할 정도로 프로테스탄티즘에 깊이 경도된 인물이었다.

한편, 대구에서는 광복이후(1946) 우리나라 최초로 대구맹아학교(大邱盲啞學校)가 설립되기 훨씬 전인 1924년 대구제일교회 당회록에 "...(전략) 교인 김명도 씨가 맹아학교를 설립코자 청원함에 따라 본당회는 찬성하고 노회에 청원서를 제출하기로 가결하였다."(김병하, 2007)[9]는 것이 확인된 바, 이 때 이미 대구에서도 개신교 장로교회를 중심으로 특수학교 설립 안이 제기되었음을 알 수 있다.[10]

---

9) 김병하 (2007). **대구특수교육사**. 경북: 대구대학교출판부.

10) 당시 대구제일교회 당회장은 박문찬(朴汶燦; 1879-1934) 목사로서, 그는 대구맹아학교를 설립(1946)한 이영식(李永植) 목사의 장인이었다. 즉, 이영식 목사의 사모인 박두순(朴斗淳) 여사는 바로 박문찬 목사의 장녀였다.

이처럼 19세기 말에서 20세기 초중반에 이르기까지 프로테스탄티즘은 우리나라에서 교회설립 운동과 더불어 장애아동을 위한 특수교육 보급의 선구가 되었다. 이것은 프로테스탄티즘의 복음주의, 개인의 구원사상, 그리고 장애인에 대한 기독교의 자선 박애주의가 한데 어우러져 얻어진 결실이라 할 수 있다. 여기서 우리는 프로테스탄티즘이 한국특수교육에 미친 빛과 그림자를 함께 보게 된다. 그 빛은 암울한 시대에 방치되어 있다시피 한 맹인과 농인들에게 근대특수교육의 기회를 제공한 것 자체가 복음주의 입장에서 하느님의 특별한 은총이라 하지 않을 수 없다. 특히 우리의 입장에서 볼 때, 프로테스탄트 선교사의 도래는 19세기 말 서구문명수용과 더불어 근대특수교육이 도입되는 선구적 실천사례가 되었다.

한편, 그 그림자는 근대 특수교육이 지향하는 공교육으로서의 민주주의 이념 실천이라기보다는 프로테스탄트 선교사들에 의해 하나의 복음적 시혜(施惠)로 베풀어 졌다는 점이다. 게다가 개신교 선교사들은 철저히 개인적 경건주의와 복음주의를 지향한 나머지, 일본의 식민통치하에 고통 받는 우리 민족의 질곡에 대해서는 '정치적 중립주의'라는 명분으로 냉혹하리만치 불간섭 원칙을 고수하고자 했다.

홍이섭(1984)은 "한국에 있어 프로테스탄티즘을 매개로 한 아메리카 문화의 영향"이라는 논문에서 한국의 개신교사에서 프로테스탄트의 선교 정책이 어디까지나 선교사(宣敎史) 자체로 다루어진 나머지 한국사의 전체 인식선상에서 다루어지지 못한 것이 후일에 큰 문제점을 남기게 되었다고 평하고 있다. 그는 초기 한국의 프로테스탄티즘은 일본의 한국 침략을 위한 역사적 추이와 결부된 미국의 극동정책과 연관되어 있음을 환기시켜주고 있다. 이것은 당시 워싱턴의 외교방침과 미국해외선교본부가 취한 선교정책 간의 묵시적 합의에 그 기반을 두고 있다.

III. 일본 특수교육의 이식과 그 영향

조선 왕조 말에 '동학혁명'이 농민혁명운동으로 거세게 일어나자 이를 제압하기 위해 왕실은 청국의 지원을 요청하기에 이르렀다. 청국 군대가 출병하니 대륙진출 기회를 호시탐탐 노리던 일본이 이에 맞대응함으로써, 우리 땅에서 청일전쟁이 일어났다. 이 전쟁에서 일본이 승리하자 동학농민혁명 세력은 일본군대의 신형 무력 앞에 무참히 제압되었다. 이것이 발단이 되어 1910년 조선은 마침내 일본제국의 식민지로 전락하는 비운을 초래하고 말았다.

전술한 것처럼 일본이 우리나라에 취한 식민통치는 구미열강의 식미통치와는 근본 성격이 달랐다. 일본은 조선을 대륙으로 뻗어가기 위한 '연장지'로 만들려고 식민지라는 말 대신 '신부지'(新敷地)라고 명명하였다. 이런 식민통치를 구현하기 위해 그들이 내세운 표어가 곧 조선인의 '황국신민화', '내선일체'(內鮮一體), '일시동인' 등이었다. 그래서 일제식민치하의 조선에 대한 교육정책은 "민족동화 수단으로서의 교육"(오천석, 1964)으로 집약된다. 이런 교육방침을 실현하기 위해 그들은 '충량한 신민'을 육성하고, '시세와 민도에 맞는 교육'을 강요했다.

조선에 대한 식민통치의 총사령부 격인 조선총독부는 종래의 경성고아원을 폐원하고, 1911년 6월 부령 제77호로 '제생원(濟生院) 규정'을 발표하고 고아의 양육과 맹아자의 교육 및 정신병자의 구제를 목적으로 재단법인을 설립했다. 당시 경성고아원 원장 유길준(兪吉濬) 선생이 재정적 어려움으로 총독부에 경성고아원 경영을 청원해 이를 수용함으로써 제생원을 출범시켰다고 한다(서울농학교, 2013). 이어 1912년 3월 조선총독부 제생원 관제와 조선의료 및 제생원특별회계법이 공포되고, 이듬해 4월 조선총독부 제생원규칙이 공포되면서 종래의 고아 양육부 외에 새로 맹아부(盲啞部)를 설치하였다. 결과적으로 유길준 선생은 제생원 맹아부를 설치케 하는 데에 원인제공을 한 셈이다.

제생원 맹아부는 초등교육과 직업교육 실시를 목적으로 하고, 수업 연한은 맹과 3년, 농아과 5년, 맹 속성과 1년으로 했다. 당시 일본의 맹교육과 농교육은 초등 6년, 중등 4년을 실시한 것에 비하면 식민지 조선에서는 장애아동의 특수교육도 차별하였다. 서울맹학교와 서울농학교는 2013년에 개교 100주년을 기념하여 백년사를 발행하고 학술행사를 치루기도 했다. 그러나 필자가 보기에 서울맹학교와 서울농학교의 개교 100주년에는 빛과 그림자가 공존한다.

1913년 제생원 맹아부 맹과 교사로 부임한 박두성(朴斗星; 1888-1963) 선생은 일본어 점자로 맹생들에게 교육하던 중, 1920년 이시카와(石川)가 일본 가나점자를 창안한지 30주년을 기념하는 때에 "앞 못 보는 것도 서러운데 조선 맹인들이 일본점자로 교육받는 것을 한탄"하면서 시름에 빠졌다. 박두성 선생은 1923년 조선어 점자연구위원회를 비밀리에 조직하여 한글점자를 연구한지 3년 4개월 만인 1926년 8월에 한글점자의 완성을 보게 되었다. 그 후 조선총독부의 승인을 얻어 그 해 11월 4일 '훈맹정음'(訓盲正音)이라 명명하여 세상에 공표하였다. 여기서 하나 짚어야 할 것은 당시에 평양에서는 전술한 것처럼 Hall 여사가 고안한 뉴욕식 4점 한글점자가 통용되어 온 반면에, 서울에서는 박두성 선생이 고안한 6점식 한글점자가 적용되어 조선 내에서 평양점자와 서울점자가 서로 달랐던 것이다.

1945년 8월 15일은 우리에게 '해방'의 광복이 아니라, 민족 '분단'의 비극으로 이어졌다. 그리고 그 분단은 일제식민통치기의 두 배와 맞먹는 세월동안 이어져 오고 있을 뿐만 아니라, 그 끝이 보이질 않는다. 참으로

암담한 현실이다. 어쩌다가 이렇게까지 되었는가? 분단시대 올 곧은 지식인 김낙중(2013)은 "8.15는 '민족해방의 날'이 아니다"는 제하의 글에서 이렇게 말한다.

> 일본제국으로부터의 해방이 '조선의 독립'으로 연결될 것으로 기대했던 우리 선배들의 믿음은 배신당하고 말았다. 일본군의 무장해제를 명분으로 38선의 남과 북을 분할 진주한 미군과 소련군은 '노예상태의 조선인민'에게 민족의 독립국가 건설 대신에, 각기 자국의 이익에 맞는 두 개의 분단국가를 수립하고, 저마다의 무기를 뒤대주며, 세계의 패권 추구의 방편으로 삼고 말았기 때문이다. 그래서 우리 민족은 심한 동족상잔의 전쟁을 치렀고, 지금까지도 적대적 분단 상태는 계속되고 있다. 지난 세월을 되돌아보면, 1945년의 8.15는 결코 '민족 해방의 날'이 아니라, 그날은 분명히 미 · 소에 의한 '민족분난의 날'이 되고 만 것이 아닌가?(김낙중, 2013, pp.82-83)

부정할 수 없는 뼈아픈 지적이다. 분단시대를 사는 우리들에게 주어진 지상의 역사적 과제는 '민족통일'이다. 그 통일은 무력통일도 아니고, 흡수통일도 아닌 '평화통일'이어야 한다. 당대 지식인으로서 진정 통일 문제를 고민하지 않는 사람은 지식인 반열에 들 자격이 없다. 다시 한 번 사르트르의 『지식인의 변명』을 성찰 할 때다.

1946년 이영식(李永植; 1894-1981)은 조국 광복을 맞아 '광복기념사업'으로 대구맹아학교를 설립하였다.[11] 이것이 초석이 되어 1961년에

---

11) 독립운동에 참여하여 서울과 대구에서 두 차례 옥고를 치룬 이영식 목사는 광복기념사업으로 무엇을 할까 고민하던 중에, 정치는 정치인에게 맡기고 경제는 경제인에게 맡기고 남이 하지 않는 사업으로 맹인과 농인의 교육복지사업에 착수하게 된 것이다.

4년제 대학과정으로 한국사회사업대학(대구대 전신)에 특수교육과가 설치되었다. 이처럼 '대구'는 광복 후 한국특수교육의 메카가 되었다. 광복 후 1960년대 말까지 초기의 우리나라 특수교육은 일제치하의 잔재를 고스란히 물려받은 가운데, 여러모로 일본 특수교육을 이식(移植)하는 데에 급급했다. 이를테면 대구맹아학교를 비롯해서 1950년대 우리나라 사립 특수학교들은 국립서울맹아학교의 교육실천을 하나의 모델로 삼지 않을 수 없는 현실이었다. 교육과정 운영은 물론이고, 필요한 특수교사 공급도 서울맹아학교의 사범과 출신에 의존해야 할 형편이었다.

필자가 한국사회사업대학 특수교육과에서 수학할 무렵(1965-1969)만 해도 특수교육은 맹교육과 농교육 중심으로 운영되었고, 여타 장애영역은 현장에 특수학교도 없었을 뿐만 아니라 해당 분야의 전공 교수도 따로 없었다. 그래서 필자는 지적장애교육(정신박약교육)과 지체부자유교육은 일본서 특별히 초빙한 강사가 집중적으로 특강을 해주는 형식으로 공부를 했다. 그 때에 나는 처음으로 쇼치사부로 박사에게 '10대 유사부리원리'라는 걸 수강하였다.

70년대에 김동극(金東極)교장(대구남양학교 초대교장)은 특수교육협회장으로 '특수교육진흥법' 제정에 앞장서 일하던 중에 당시 문교부 관료들을 대동하고 일본 특수교육계를 시찰하고 돌아오는 기내에서 이렇게 실토하였다. "하느님도 무심하지, 어찌 현해탄을 사이에 두고 한 쪽은 장애인 천국이고 한 쪽은 지옥이란 말인가!" 이게 당시 우리나라 특수교육 현실이었다. 실제로 특수교육진흥법 제정 무렵 우리나라 국회 입법조사국에서는 일본의 『歐米と日本の特殊教育』(1973)을 번역하여 활용할 정도로 일본은 한국특수교육의 선진 모델로 영향을 미쳤고, 우리는 그것을 당연시했다.

1970년대 이후 우리나라에서 정치 · 경제 전반에 걸친 '압축발전'의 위력은 특수교육(학)계에도 그대로 반영되어 1994년 특수교육진흥법 전면 개정을 계기로 적어도 법제적인 면에서 우리나라는 아시아에서 특수교육의 선두주자로 올라서게 되었다. 필자의 경험에 비추어 보더라도 70년대 초반까지만 해도 일본의 특수교육은 기본용어에서부터 특수학교(급)의 교육 실천에 이르기까지 하나의 '텍스트'가 되었다.

필자는 이 땅에서 특수교육을 (학부부터)공부한 1세대에 속한다. 내가 처음 미국에서 특수교육 연수경험(6개월)을 가진 게 1978년이고, 다시 객원연구교수로 미국 Gallaudet 대학에서 농교육 중심으로 1년간 연구 경험을 쌓은 게 1981년부터였다. 그래서 필자의 경우 특수교육 학풍적 영향은 70년대 말에서 80년대에 접어들면서 미국 쪽으로 집중 선회하기에 이르렀다.

그러다가 90년대 중반에 접어들면서 개인적으로 '한국특수교육론'의 정립에 본격적으로 관심을 돌렸다. 물론 엄격한 의미에서 '한국특수교육론'은 처음부터 일관되게 우리의 지적 화두가 되어야 했지만, 상대적으로 우리보다 앞선 나라의 특수교육을 단기간에 따라잡기 위해서는 외국 학문의 수용에 집중적인 노력을 하지 않을 수 없었던 것이다. 지금은 세계화의 시대다. 즉, 전 지구적 차원에서 생각하면서 지역적으로 실천의 뿌리를 내려야 할 때이다. 그리고 다중 근대화(multi modernized)의 시대다. 그래서 유럽식 근대화, 북미식 근대화, 동아시아식 근대화가 병존(竝存)하는 시대다. 따라서 우리에게 탈구미(脫歐美)와 탈일본(脫日本)은 여전히 절실한 과제다. 그리고 근대적응과 근대극복이라는 '이중과제'를 우리 스스로 감당해야 한다.

Ⅳ. 세계 속의 한국특수교육론 정립

세계 속의 한국특수교육론이 자기 정체성을 어떤 모습으로 드러내는가? 과연 세계무대에 한국특수교육론의 정체성(identity)이 "이런 것이오." 라고 당당히 내세울 만한 것이 있기나 한가? 이런 자조적(自嘲的) 질문 앞에 과연 우리는 한 줌의 부끄러움이 없는가? 그렇다고 자기비하에 빠져 있거나 마냥 한탄만 하고 있을 수는 없지 않은가? 그렇지 않아도 우리는 오리엔탈리즘의 주술(呪術)로부터 자유롭지 못한 지적 풍토에 젖어 있다.[12)]

인류 문명사를 거시 · 통시적으로 통찰해 보면, 결국 역사는 돌고 돈다. 세계문명사에서 대체로 중세를 기점으로 문명의 우세가 판가름 나는 조짐을 보인다. 인류문명의 판세가 중세이전까지는 중국문명이 앞서는 듯 했지만, 근세로 접어들며 지중해문화를 원조로 하는 유럽문명이 주도를 해왔다. 그러나 19세기 말에서 20세기로 넘어오면서 다시 그 주도권은 유럽중심에서 미국을 축으로 한 북미권으로 이행하였다. 그래서 지금은 세계문명권이 크게 유럽문명권, 북미문명권, 동아시아문명권으로 3대문명이 정족(鼎足)의 형세를 취하고 있다. 지금은 언필칭 세계화의 시대여서 문명 간의 충돌도 없지 않겠지만, 전체적으로 교류와 융화 혹은 통섭의 경향이 짙다. 그럼에도 G2가 상징하듯 지금은 문명의 축이 북미 신대륙에서 태평양 건너 동아시아문명권으로 기울고 있다. 그렇다면 과연 우리는

12) 최근 백영서(2013)는 『핵심현장에서 동아시아를 다시 묻다』에서 동아시아 역사와 현실을 분석하기 위해 '이중적 주변의 시각'을 제기하여 주목을 끈다. 즉, 그것은 서구중심의 세계사 전개에서 비주체화의 길을 강요당한 동아시아라는 주변의 눈과 동아시아 내부의 위계질서에서 억눌린 주변의 눈이 동시에 필요하다는 문제의식이다. 이 '이중적 주변 시각'에서 필자는 당대 동아시아 내부의 장애인이 겪는 '이중적 주변의 시각'을 다시 떠올리게 된다.

21 세기 세계문명사의 주역을 담당할만한 역량을 품고 있는가?

우리나라는 고래로 유 · 불 · 도(儒 · 佛 · 道) 3교(三教)를 아우르는 현묘한 도(道)를 가지고 있었다. 다만 전체적인 추세로 보면, 통일신라에서 고려조까지는 불교가 우세했고, 조선조 500년 동안은 유교중심으로 바뀌었다. 그러나 19세기말 서세동점(西勢東漸)에 편승하여 서구문명과 기독교가 유입되면서 지금은 급속하게 '서구화'(西歐化) 혹은 '구미화'(歐美化)가 대세를 형성하고 있다. 하지만 우리 몸속의 핏줄처럼 유학과 불학의 전통은 면면히 흐르고 있으며, 그 표층에는 기독교에 편승한 서구문명이 주류를 형성하고 있을 뿐이다. 종교적인 면에서 우리나라는 유교, 불교, 기독교가 절묘하게 균형(황금분할)을 이루고 있는 가운데, 종교간 갈등이 표출되지 않는 나라다. 필자가 보기에 우리나라의 사상사 기저에는 고구려의 풍류도(風流道)를 비롯해서, 7세기 원효(元曉)의 화쟁(和諍) · 회통(會通)정신, 19세기 중엽 수운(水雲) 최제우(崔濟愚)의 동학(東學)사상은 가로지르기(통섭)를 통한 '창발성'을 중시했다.

우리나라는 지구촌에서 가장 큰 육지인 유라시아 대륙의 동쪽 끝, 그리고 지구촌에서 가장 큰 태평양 바다의 서쪽 끝에 위치한 반도이다. 그래서 인지 우리는 세계 3대문화로 일컬어지는 인도문화, 중국문화, 지중해문화를 고루 흡수, 체화(體化)하면서 살아 왔다. 게다가 우리는 지금 지구상에 유일한 분단국가로 남아 있다. 그래서 한반도 문제가 풀리면 동아시아가 풀리고, 동아시아가 풀리면 세계문제가 풀린다. 그만큼 한반도는 세계의 구심이다. 따라서 한반도가 어려우면 세계가 불편하다. 어쩌면 지구촌의 평화와 냉전은 한반도에 집약되어 있다. 그래서 김낙중(2013) 선생은 "인류문명사의 전환을 위하여 Corea인의 역할과 책임이 막중하다"고 했다. 비슷한 맥락에서 함석헌 선생은 '생각하는 백성'이라야 산다고 하지 않았던가. 이처럼 한반도는 21 세기 역사의 '관절점'(關節點)과도 같다.

이쯤에서 우리 특수교육학인들은 '한국특수교육(학)의 정체성' 정립을 본격적으로 문제 삼아 봐야한다. 그게 특수교육학인의 책임이자 사명이다. 필자는 "특수교육학의 학문적 성격정립과 그 과제"(1998)라는 좀 난해한 주제를 발표한 적이 있다. 그 때 필자는 우리나라에서 특수교육학이 '내용과 방법' 모두에 걸쳐 학문적 성격이 불분명하다는 것을 지적하면서, 특수교육학이 사회학문의 상위이론에 비추어 위상을 좀 더 분명히 할뿐더러, 그 학풍적 지평을 넓혀 갈 것을 제의 했다. 그러고 꼭 10년이 지난 시점에서 필자는 "한국특수교육(학)의 정체성 논쟁"이란 주제의 제1회 창파(滄波)학술제에서 "한국특수교육(학)의 학문적 정체성"(김병하, 2008)을 발표했다.

이 논문에서 필자는 우리나라 대학(원)에서 '한국특수교육론' 혹은 '한국특수교육사'라는 강좌가 독립적으로 개설되어 운영되는 사례가 거의 없음을 지적했다. 이것은 '한국'이라는 독자성을 겨냥한 학술담론이 우리나라 특수교육학계에 거의 형성되어 있지 않거나 있다 할지라도 극히 초보단계에 머물고 있음을 드러내는 하나의 상징적 지표(指標)라고 했다. 이런 현상을 초래한 주요 이유로 필자는 우리나라 특수교육 학술담론이 '한국'의 역사성과 현실에 기반을 둔 것이 아니라, 대부분 외국(주로 미국)으로부터 단편적으로 옮겨와 그것을 우리나라에서 '과잉일반화'(over-generalization)하려는 데에 심각한 문제가 있다고 했다.

이와 더불어 적시해야 할 또 하나의 문제는 특수교육학계 내의 폐쇄적 지적풍토 현상이다. 특수교육학인들은 스스로 칸막이 쳐 놓은 좁은 전문성 이외의 학술담론에 대해서는 무관심할뿐더러 알려고 들지도 않는 경향이 있다. 삼각형의 밑변이 길어야 꼭지 점이 안정되게 올라가듯이 특수교육을 둘러싼 주변관련학문에 대한 이론적 기초가 튼실할수록 특수교육학 전문성은 설득력이 있다. 특수교육학계 내부에 무슨 명분으로든지 칸막이를 쳐 놓고 그것이 전문성의 제고인양 우기는 동안 우리는 심각한 지적 불가해성(incomprehensibility)의 함정에 빠지게 된다. 이러는 동안 우리나라 특수교육학인들은 자신도 모르는 사이에 교양 없는 기능인 혹은 유식한 무식꾼이 되고 있는지도 모른다.

비슷한 문제의식에서 Gallagher(2004)는 미국의 특수교육학에서 지식의 기초를 (1) 경직된 틀 속의 일반화, (2) 과학적 환원주의(reductionism)의 문제, (3) 탈맥락화(decontexualization)의 문제 등으로 지적했다. Gallagher 교수의 이런 지적을 보면, 특수교육학을 지배하는 학문풍토의 지적 성향이 기본적으로 미국이나 우리나라의 경우나 별로 다르지 않다는 생각이 든다. 이것은 그만큼 특수교육의 학문적 기초가 튼튼하지 못하다는 것을 의미한다.

필자(김병하, 1998)는 향후 우리 특수교육학계가 지향해야할 하나의 이상적 대안으로 사회학문의 상위이론 갈래가 특수교육학계 학문공동체 속에 공존하는 지적 상황을 제기 했다. 이를 위해 우리나라 특수교육학인들이 기존의 미시-객관적 방법론에 의거한 기능주의뿐만 아니라, 미시-주관적 방법에 의거한 해석주의, 거시-객관적 갈등 양상을 문제 삼는 구조갈등주의, 거시-주관적 방법에 의거한 진보적 휴머니즘 등에 걸친 다양성을 반영해야 한다고 했다. 나아가서는 이런 사회학문의 다중 패러다임(multi-paradigm)의 갈래까지도 초월(해체)하는 반토대적(anti-foundational) 분발을 촉구했다. 과연 그렇게 할 수 있는가? 조동일(1997)은 직설적으로 그 가능성을 이렇게 제의한다.

> 학문하는 일을 다른 사람에게 시키지 말고 스스로 해야 한다. 당위론만 되풀이하지 말고, 본론을 전개해야 한다. 마름 노릇을 하려고 하지 말고 일꾼이 되어야 한다. 코치가 되려고 하지 말고 선수로 뛰어야

> 한다. 수입학을 시비학으로 바꾸어 대단한 일을 한다고 착각하지 말고 창조학을 실제로 해보여야 한다. 그릇된 세태를 외면하고 자립학의 아성을 지키면서 몸을 깨끗이 하는 것을 능사로 삼지 말고 역사의 변혁을 감당하는 창조학의 투쟁을 맡아 나서야 한다(조동일, 1997, p.554).

조동일은 국문학자로서 문사철(文史哲)을 아울러 그렇게 공부하고 실제로 업적을 내면서 살아 왔기에 위의 주장이 결코 공허하지 않고 당당하다. 수입학에서 자립학을 거쳐 창조학으로 도약하기 위해 한국 특수교육론은 어떻게 존재해야 하고, 이를 위해 우리는 무엇을 해야 하는가? 성철 스님은 우리가 밥 먹는 이야기를 아무리 해봤자 허기진 배를 채울 수 없다고 했다. 문제는 직접 밥을 떠먹어야 그만큼 허기를 면한다. 그렇다. 당위론만 되풀이하지 말고 각자가 선수로 나서서 뛰어야 한다. 필자는 몇 년 전에 일본특수교육학회의 초청 발표(김병하, 2009)에서 이렇게 제의 했다.

> '한국특수교육론'이라는 것이 하나의 학술담론으로서 어떻게 존재하는지 아직은 그 정체성이 불분명하다. ...(중략) 수입학문의 수준을 극복한 하나의 '자립학'(自立學)으로서 '한국특수교육론'은 동시에 동아시아 특수교육론 정립에 기여하고 소통되어야 한다. 그리고 동아시아 특수교육담론은 구미의 특수교육 담론과 경쟁하면서 소통되어야 한다. 우리는 그렇게 하기 위해 위로는 원효(元曉)의 같으면서 다르고 다르면서 같은(同卽異, 異卽同) '화쟁 · 회통론'(和諍 · 會通論)에서부터 당대 조동일(趙東一)의 상생과 상극이 끝없이 교차하는 '생극론'(生克論; becoming- overcoming), 그리고 근대적응과 근대극복의 '이중과제론' 등에 입각하여 '한국특수교육론'을 정립하는 일에 천착하여야 한다(김병하, 2009, 일본특수교육학회 발표원고 중에서).

여기서 필자는 '한국특수교육론'을 구심으로 한 동아시아 특수교육 담론 형성과 그것이 국제(세계)무대에 당당히 소통되는 날을 고대한다고 했다. 여기까지는 여전히 당위적 제안이다. 문제는 직접 밥을 지어서 떠먹는 일에 들어 가야한다. 이런 문제의식에서 필자는 정년을 앞두고 『한국특수교육론: 우리나라 특수교육(학)의 정체성』(2012)을 저술했다. 첫 술에 배부를 수 없다. 이 저서의 말미에서 우리나라 특수교육학의 정체성 정립을 위한 방법원리(방법론)로서 다음 세 가지를 들었다.

첫째는 **실사구시(實事求是)**의 한국특수교육론 정립이다. 우리의 역사성과 현실에 천착한 특수교육담론의 정립이다.

둘째는 **화이부동(和而不同)**의 한국특수교육론 정립이다. 동아시아 권내에서는 중국이나 일본과 서로 다르면서 긴밀히 소통하는 특수교육 담론을 정립하여, 이를 바탕으로 세계 특수교육의 보편성과 맞닿을 수 있도록(즉, 수평적 소통이 가능하게) 하자는 것이다.

셋째는 **온고지신(溫故知新)**의 한국특수교육론 정립이다. 동아시아 문명론의 전통에 기반하여, 21세기 세계 특수교육의 보편성에 보탬을 주는 '창발성'(즉, 知新하는 힘)을 발휘하자는 것이다. 우리에게는 사상사적으로 그렇게 할 수 있는 역량이 내축(內築)되어 있다.

'실사구시-화이부동-온고지신'으로 이어지는 방법원리에 의거하여, 그 내용을 어떻게 채울 것인가가 여전히 숙제다. 필자는 『한국특수교육론: 우리나라 특수교육(학)의 정체성』(2012) 이후에 '한국'이라는 고유 브랜드에 걸 맞는 내용이 얼마나 제대로 반영되었는가 하는 점에서 많은 아쉬움이 남았다. 그래서 한국특수교육론의 '뿌리'를 찾는 일에 좀 더 체계적으로 집중해 보고 싶었다. 이런 의도에서 필자는 정년 후에 『유학 · 불학 · 프로테스탄티즘의 한국특수교육론』(2013)을 펴냈다. 유학과 불학은 1500년 이상이나 한국사상사의 맥을 형성해 왔음에도 특수교육 실천과 연관을 찾기가 어렵다. 그러나 불학은 우리가 '마음 안의 문제'로서 특수교육론을 정립하는 데에 감동적인 수준에서 함의를 제공해준다. 유학도 이론적 측면에서 우리들에게 완벽한 '교육이론'의 전범(典範)을 제공해 주고 있다. 다만 우리가 그것의 특수교육(학)적 함의를 찾아 해석하는 데에 체계적인 관심을 기울이지 못했을 뿐이다. 그에 비해 비록 그 전래의 역사는 짧지만(불과 1세기 남짓), 프로테스탄티즘은 우리나라 근대특수교육의 성립과 그 전개에 지대한 영향을 미쳤다. 그리고 단기간에 걸친 프로테스탄트 교세의 확장도 놀랍다.[13] 그러나 예수 가르침의 핵심인 '메타노이아'(metanoia)가 교회 내에서는 물론, 한국특수교육의 담론과 실천에 얼마나 줄기 있게 반영되고 있는지 의문스럽다.

필자가 보기에 유학의 원조인 공자(孔子)의 가르침 핵심은 '인자'(仁慈)이고, 붓다의 가르침 핵심은 '자비'(慈悲)이고, 예수 가르침의 중심은 '박애'(博愛)다. 결국, 이 3교(三教)를 회통하는 공통분모는 '자애'(慈愛)다. '인간학'으로서의 특수교육은 '사랑으로 보듬는' 교육으로 거듭나야 한다. 그러나 이것은 너무 총론적 수준의 제안이다. 필자는 '실사구시-화이부동-온고지신'을 한국특수교육학 담론의 방법원리로 제기하면서, 이에 대응하는 내용원리를 어떻게 설정할 것인가를 논의하고자 한다. 이렇게 함으로써 한국특수교육론이 그 내용과 방법을 씨줄과 날줄로 하여, 어떤 무늬로 직조(織造)될 수 있을 것인가를 상상해 보자.

이제 그 설계도를 펼쳐 보자. 아직은 하나의 시론(試論)일수 있지만, 필자는 한국특수교육(학) 담론을 형성하는 내용원리로서 다음 세 가지를 제안한다.

---

13) 전 세계적으로 50개의 대형 교회 가운데 그 절반 가까이가 남한에 존재하며, 세계에서 가장 큰 교회가 서울에 있다.

첫째는 가로지르기(會通)의 한국특수교육론 정립이다. 특수교육의 학적인 토대를 두루 넓히는 것이 특수교육학의 깊이나 높이를 안정되게 구축하는 길이다. 인간학으로서 특수교육학은 아래로는 생리학과 심리학에서부터 위로는 철학과 종교학에 맞닿아야 한다. 특히, 필자는 '심층종교'와 특수교육의 만남에 주목한다.[14)]

둘째는 근본으로 되돌아가는(體用의 體) 한국특수교육 담론을 정립하는 일이다. 종합응용학으로서 특수교육은 지금까지 너무 기법(技法) 중심에 빠진 나머지 교육본질 혹은 뿌리(體)를 간과하고 말았다. 교육에서 지말을 근본으로 착각하는 경우 어김없이 재앙(災殃)이 따른다. 결과적으로 특수교육은 장애(disabilities)만 보고 사람(human)을 잃어버렸다. 사람이 하늘(天人合一)이라는 유학의 가르침, 중생이 곧 부처라는 불학(大乘起信論)의 가르침은 특수교육의 가능성과 그 당위성을 극명하게 제기한다. 필자가 보기에 특수교육은 장애 보상(compensation)이나 교정(therapy)[15)]이 아니라, 교육본질의 복원이어야 한다. 노자(老子)는 근본을 중시하고 말단을 억제하는 것(崇本息末)이 도(道)라고 했다. 그래서 되돌아가는 것이 도(道)의 움직임(反者 道之行)이라 했다. 장자(莊子)는 장애인이 도를 실현하고 덕을 발휘하는 데에 아무런 장애가 없다는 것을 생생하게 입증해 주고 있다. 해서 오강남(1999)은 『장자(莊子』야말로 장애인의 '성서'(聖書)가 될 수 있다고 했다.

---

14) 필자는 작년 여름 정년기념 세미나(2012.08.05. 대구대 성산홀)에서 함께 공부한 제자들 앞에서 "심층종교와 특수교육의 만남"이라는 주제로 마지막 발표를 하였다. 여기 '심층종교'는 의례중심의 '표층종교'에 대응하는 말로서, 종교의 내면적 · 심층적 가르침에 특히 주목하자는 것이다.

15) 특수교육에서 장애 보상이나 교정은 교육을 지원하는 보조적 서비스이지 그 자체가 교육을 우선하는 것으로 착각하지 말아야 한다. 이것은 특수교육에서 전형적인 '본말전도'(本末顚倒)다.

셋째는 세상을 새로 여는 개벽(開闢)의 한국특수교육론 정립이다. 수운 최제우 선생은 서학에 대응하여 동학을 창도하면서, 이것은 당대에 고통 받는 민중(농민)을 향한 후천개벽사상이라 했다. 우리나라의 민족종교에서는 공통적으로 선천과 후천의 교역(交易)에 따라 선천의 시대가 막을 내리고 후천의 신천지가 열리는 후천개벽(後天開闢)[16]을 강조하고 있다. 장애인을 빛으로 삼아 그들이 세상의 중심에 우뚝 서게 하는 것을 '개벽의 특수교육론'이라 하자. 특수교육이 바로 서야 공교육이 바로 선다. 이런 관점에서 필자는 "회통(會通)-체(體)-개벽(開闢)의 한국특수교육론"(김병하, 2013)을 제기했다. 필자는 21세기 미래지향의 한국 특수교육론을 '개벽의 특수교육론'으로 명명하고자 한다. '개벽의 한국특수교육론'의 사상적 기저는 이 책 11장 '동학(東學): 개벽의 세상'에서 다루고 있다.

잘하는 노래는 사람들이 따라 부르기를 좋아해서 세상에 곧장 퍼져 나간다. 여기서 필자가 한국특수교육론의 내용원리로서 제기한 '회통-체-개벽'의 담론이 당대의 특수교육학인들에게 얼마나 설득력을 가질지 모르겠다. 정답이 따로 있는 게 아니기 때문이다. 우선은 질박한 통나무(樸)처럼 제기하는 것이 긴요하다. '개벽의 특수교육론'에 걸 맞는 내용을 채우는 일은 뜻 있는 사람들이 나서서 하면 된다. 그날을 고대한다.

16) 여기 후천(後天)은 선천(先天)의 대칭개념이다. 모순과 불합리와 상극이 지배하던 어두운 세상이 선천(先天)이라면, 인지가 열리고 통일과 합리와 상생이 지배하는 새로운 세상이 후천(後天)이다. 이런 후천 세상을 여는 것이 '개벽'(開闢)이다. 우리에게 특수교육은 장애인의 '후천개벽' 과정이다.

V. 맺음: 제언

21세기 세계문명사의 전환, 그 중심에 한반도가 있다. 한반도가 풀리면 동아시아가 풀리고, 동아시아가 풀리면 세계가 풀린다. 이런 역사적 성찰 안에 '한국특수교육론'은 존재해야한다. 지금까지 특수교육 담론의 중심에는 의료적 치료 기법과 과학적 환원주의가 지배적인 영향을 미쳐 왔다. 인간은 신비로운 존재다. 인간학으로서 특수교육학은 치료적 기법과 과학의 환원주의를 넘어서는 차원에서 그 해석과 성찰을 요구한다. 특수교육은 교육본질의 복원으로 정립되어야 한다.

최근 '장애학'(disability studies) 담론은 기존의 특수교육 담론에 대해 패러다임적 이행을 요청한다. 이것은 기존 특수교육의 총체적 · 질적 혁신에 대한 요구이다. 그러나 필자가 보기에는 우리나라에서 특수교육학 담론과 장애학 담론 간에는 서로 건너기 어려운 강이 흐르고 있다. 이런 와중에 최근에 『한국에서 장애학 하기』(조한진 외 6인, 2013)라는 책에서 사회복지학, 특수교육학, 여성학에 걸쳐 장애학의 관점을 아울러 제기한 것에 대해 필자는 중요한 의미를 부여하고 싶다.

우리에게 장애아동은 관리의 대상이 아니라 교육의 주체이다. 장애인이 진정 '자기 삶의 주체'(Nothing about us without us)로 우뚝 서게 하기 위해서는 근원적으로 사회자체가 장애 없는 사회(barrier free)로 재편되는 것이 우선은 급선무이지만, 장애인 당사자의 내면적 성찰과 인간됨(the human one)이 궁극적으로 중요하다.

바로 이런 막중한 책임을 감당하기 위해 기존의 특수교육(학)은 재구조화(restructuring)되어야 한다. 필자(김병하, 2013)는 근래 들어 농(인)학(Deaf Studies)의 관점에서 농교육을 어떻게 재편할 것인가를 고민하면서 '5W1H'[17]론을 거듭 제기해 왔다. 이 담론은 아직도 하나의 숙제로 현재진행형이다. 이제 「특수교육교과교육학회」에서도 회원 각자가 자신의 처지에서 장애학의 입장에서 본 '5W1H'론을 펼쳐 보기를 권고한다. 그러는 과정에서 한국특수교육(학)은 좀 더 역동적인 모습으로 자신의 정체성(identity)을 드러낼 것이다.

| 참 고 문 헌 |

김낙중 (2013). **인류문명사의 전환을 위하여**. 서울: 도서출판b.

김병하 (2013). "농교육의 쟁점과 과제: 5W1H론과 한국농교육". 서울농학교 개교100주년기념학술대회(2013.10.24), 11-21.

김병하 (2013). 회통(會通) · 체(體) · 개벽(開闢)의 한국특수교육론. **특수교육저널: 이론과 실천. 14(3)**, 307-315.

김병하 (2013). **유학 · 불학 · 프로테스탄티즘의 한국특수교육론**. 경북: 한국특수교육문제연구소.

김병하 (2012). **한국특수교육론: 우리나라 특수교육(학)의 정체성**. 경북: 대구대학교출판부.

김병하, 박경란 (2009). 유길준 『서유견문』 의 한국특수교육사적 함의. **특수교육재활과학연구, 48(2)**, 65-87.

김병하 (2008). "한국 특수교육(학)의 학문적 정체성".

17) '5W1H'론은 (1) Why; 교육의 목적, (2) Who; 교육의 주체, (3) Where; 교육 배치, (4) What; 교육의 내용, (5) How; 교육의 방법, (6) When; 교육의 주기 등에 걸친 논의이다. 특수교육의 주요 쟁점이 여기에 거의 다 포함될 수 있다.

제1회 창파학술제.(2008.01.04), 3-24.
김병하 (2008). 인물중심 한국특수교육의 역사적 고찰. 특수교육저널: 이론과 실천. 9(3), 167-198.
김병하 (2007). 대구특수교육사. 경북: 대구대학교출판부.
김병하 (1998). 특수교육학의 학문적 성격정립과 그 과제. 특수교육학연구. 33(1), 5-23.
백영서 (2013). 핵심현장에서 동아시아를 다시 묻다. 서울: 창비.
서울농학교 100년사편찬위원회 (2013). 서울농학교 백년사. 서울: 서울농학교 · 서울농학교총 동창회.
서울맹학교 (2013). 서울맹학교100년사. 서울: 서울맹학교 · 서울맹학교총동문회.
오강남 (1999). 장자. 서울: 현암사.
오천석 (1964). 한국신교육사. 서울: 현대교육출판사.
이광린 (1979). 한국개화사상연구. 서울: 일조각.
장병욱 (1979). 한국감리교여성사. 서울: 성광문화사.
정대위 (1986). 그리스도교와 동양인의 세계. 서울: 한국신학연구소.
조동일 (2010). 동아시아문명론. 서울: 서울대학교출판부.
조동일 (1997). 인문학문의 시명. 시울: 지식산업사.
조한진, 강민희, 정은, 조원일, 곽정란, 전지혜, 정희경 (2013). 한국에서 장애학 하기. 서울: 학지사.
최상한 (2012). 불국사에서 만난 예수. 서울: 돌베개.
홍이섭 (1984). "한국에 있어 프로테스탄티즘을 매개로 한 아메리카문화의 영향". 고려대학 교아세아문제연구소(편). 한국문화에 미친 미국문화의 영향. 서울: 현암사, 56-75.
Gallagher, D. J. (2004). *Challenging Orthodoxy in Special Education: Dissenting Voices*. Denver Colorado: Love Publishing Company.
Women's Foreign Missionary Society (1938). *Fifty Year of Light*. Seoul, Korea: YMCA Press.

02 심성함양-교과-교사론의 내적 연관성[18)]

머리말

모든 교육은 심성함양 혹은 본성회복에 연관되는 만큼 교육적이다. 특수교육을 비롯해서 모든 교육은 심성함양에 내적으로 연관되어 있지 않으면 교육이 아니다. 말하자면 그것은 교육이라는 이름으로 세상에 존재하지만, 기실은 교육과 내적으로 아무 관련 없는 도로(徒勞)에 불과하다. 이를테면 우리 특수교육은 아동의 장애 보상(補償; compensation)을 교육의 내재적(본질적) 목적인줄 알고 강조해 오는 동안, 장애(disabilities)만 보고 사람(human)을 놓쳐버리는 재앙에 빠져들고 말았다. 달을 가리키는 손가락 끝을 보고 달을 본 것처럼 착각하는 형국이다. 이른바 본말전도(本末顚倒)다. 거꾸로 가는 교육이다.

학교에서 행해지는 모든 교육과정 활동은 '심성함양'(心性涵養)에 연관되는 만큼 교육적이다. 전형적으로 학교교육은 교과교육이다. 따라서 교과교육은 기본적으로 심성함양과 연관되어 있어야 한다. 과연 그런가? '교과'라고 하면 우리는 언필칭 '점수'를 떠올린다. 그래서 교과교육은 '점수 따기'경쟁으로 인식된다. 우리에게 '교과–점수–학벌'이 하나의 연결

18) 이 글은 공주대학교 특수교육교사연수회에서 특강형식으로 강의한 내용이다(2013.07.07)

고리로 이데올로기화된 현실에서 교과와 심성은 역상관(逆相關)으로 둔갑해 있는지도 모른다. 이를테면 공부 잘해서 출세한 사람일수록 심성이 영악스럽다. 영악스러워야 점수 관리가 잘된다. 이런 기이한 현실을 깨기 위해서는 무엇보다 교과를 가르치는 교사가 바로 서야한다.

교권(敎權)이 바로서야 교육이 머리 둘 곳을 찾는다. 일차적으로 교사의 교권은 교사 스스로가 교과를 '교과답게' 가르쳐 내는 일에 달려 있다. 그래서 교사의 삶은 '교과적 삶'의 화신(化身)이어야 한다. 교과가 교사의 몸에 녹아있어야 한다. 일컬어 교사에 의한 교과의 내재화(내면화)이다. 우리는 오늘의 특수교육 현실에서 특수교사는 교육과정운영에서 연금술사(鍊金術士)인지 혹은 역(逆)연금술사인지 심각히 되물어 봐야 한다. 특수교사가 하는 일은 '아동관리'(caring)인가 '교육'(educating)인가? 실제로는 두 가지를 겸하지만, 교육이 중심이고 관리는 부차적이어야 한다. 하지만 현실은 거꾸로 가고 있지 않은가?

이런 문제의식에서 필자는 특수교육에서 '심성함양-교과-교사론의 내적 연관'을 어떻게 정립할 것인가를 문제 삼는다. 그게 따로 돌아가는 것이 오늘의 특수교육 현실이라면, 그것은 교육이 아니다. 교육본질 복원으로서 특수교육이 제자리를 찾아야 한다는 것이 필자의 믿음이다. 그래야 특수교육은 '교육 중의 교육'이고 그 교육을 담당하는 특수교사는 '교사 중의 교사'이다. 특수교육이 공교육의 중심에 서야 전체 교육이 바로 선다. 그러기 위해 우리가 '의사 중의 의사'를 명의(名醫)라 하듯이, 특수교사는 '교사 중의 교사'로 거듭나야 한다.

I. 특수교육과 심성함양

앞에서 교육의 궁극 목적은 심성함양 혹은 본성회복에 있다고 했다. 특수교육이라 해서 결코 예외가 아니다. 영어로 특수아동을 지칭하는 용어로 아직도 'Exceptional'이라는 말이 버젓이 통용되고 있는데, 필자가 보기에 이 용어는 전형적으로 잘못된 특수아동관을 반영하고 있다. 왜냐하면 특수아동은 '예외적' 존재가 아니라 단지 좀 특별한 요구(special needs)를 지닌 아동일 뿐이다. 따지고 보면 모든 아이들은 다 특별한(special) 존재다. 그리고 인간본성(human nature)은 누구에게나 날 때부터 똑같이 내장(內藏)되어 있다. 모든 과일에는 그 과일의 본질을 규정하는 씨앗이 내장되어 있는 이치와 같다.

'심성함양'으로서 교육본질은 『중용(中庸)』첫 머리에서 다음처럼 큼직하게 그리고 분명히 내걸고 있다.

天命之謂性, 率性之謂道, 修道之謂教

즉, 하늘이 명하는 것이 이른바 성(性; human nature)이요, 이 성(性)에 따르는 것이 이른바 도(道)이고, 이 도(道; tao/way)를 닦는 것이 이른바 교(教; education)라는 것이다. 여기서 性-道-教의 관계를 教-道-性으로 뒤집어 놓으면 교육이 설 자리가 어떤 것인지 명백해진다. 즉, 교육은 道를 닦는 과정이고, 이 道라는 것은 하늘의 지엄한 명령으로 모든 인간에게 품부(稟賦)된 본래의 성(性)에 따르는 것이다. 그래서 『중용』에서 道라는 것은 잠시도 나를 떠날 수 없으며, 떠날 수 있는 것이라면(可離) 그것은 이미 도가 아니다(非道)고 했다.

해서 우리 인간은 나서 죽을 때까지 평생 일련의 교육과정에 끊임없이 참여하는 존재이다. 이것은 인간교육의 무한한 가능성과 더불어 그 필요성을 극명하게 제기하고 있다. 그리고 이 교육은 하늘의 지엄한 명령에 의한 것이므로 우리가 자의적으로 이리저리 편한 데로 바꿀 수 있는 그런 것이 아니다. 여기에 교육본질의 엄중성이 드러난다. 우리가 특수교육에서 '특수'를 지나치게 의식한 나머지 '교육'을 특수한 교정이나 치료기법으로 착각하지 말아야 한다. 특수아동에게 치료기법이 적용되는 것은 장애 보상을 위한 보조적 지원이지 그 자체가 교육의 목적은 아니다. 은연중에 교육보다도 치료(therapy)를 강조하다가 오늘의 특수교육은 교육도 아니고 의료행위도 아닌 기구한 운명에 빠지고 말았다.

필자는 교육본질 복원으로서 특수교육의 정립을 다시 강조한다. 그리고 교육본질은 결국 심성함양 혹은 본래성(本來性)을 회복하는 것에 다름 아니다. 우리 특수교육 내부에서 제기되는 큰 의문 가운데 하나는 "과연 장애아동에게도 '심성함양' 혹은 '본성회복'이라는 게 가능한가? 혹여나 장애아동은 본래 심성이나 본성 자체에 심각한 결함 혹은 장애를 지니고 있는 게 아닌가?" 라는 생각이다. 만약 이런 의문이 은연중에 우리 특수교육계를 지배하고 있다면 이것은 근원적으로 장애아동에 대한 지독한 편견이다.

왜 그런가? 특수아동의 장애(disabilities)는 하나의 손상(impairment) 혹은 기능적 불편함이지 인격(personality)의 결함이 아니다. 장애에 대한 이런 관점은 '장애'를 전형적으로 개인의 병리문제로 환원지우려는 '개인모델'(individual model)의 반영이다. 우리 특수교육은 장애의 '개인모델'에 전통적으로 강한 영향을 받아왔다. 한편, 이에 대응하여 장애학(disability studies)의 관점에 의하면 '장애'는 개인의 질병과 같은 그런 것이 아니라, 당대 사회가 가공 혹은 구성한 병리문제로 규정한다. 그래서 원천적으로는 우리가 몸담은 사회가 장애

없는(barrier free) 사회로 바뀌어야 한다는 것이다. 이런 입장을 우리는 장애의 '사회모델'(social model)이라 일컫는다. 우리 특수교육(학)계는 이제 특수아동의 장애를 '개인모델'에서 '사회모델'로 전환해서 보는 일종의 패러다임 전환이 요청된다. 장애를 보는 새로운 패러다임에 따라 기존의 특수교육은 질적으로 재구성되지 않으면 안 된다. 이것이 당대 특수교육의 과제다.

특수아동의 장애는 인격 혹은 심성의 장애가 아님에도, 사회가 그들을 그렇게 만드는 메커니즘이 하나의 문화로 자리 잡고 있는 한에서 그렇게 될 수밖에 없다. 우리에게 진정 문제가 되는 것은 당대 사회가 정치적, 경제적, 문화적, 교육적으로 끊임없이 가공해 내는 '병리적 문제'이다. 원천적으로 학교의 병리적 문제가 장애학생을 끊임없이 재생산한다. 인간의 본성은 하늘의 지엄한 명령으로 누구에게나 꼭 같이 품부되어 있으나, 우리 사회가 실성(失性)한 쪽으로 기우니 그 속에 몸담은 우리 모두가 그렇게 되어 가고 있다.[19] 그래서 교육은 본질적으로 심성함양 혹은 본성회복이어야 한다.

---

19) 일찍이 공자는 신하가 임금을 살해하고, 자식이 어버이를 죽이는 일은 어느 날 갑자기 일어나는 게 아니라, 그렇게 될 수밖에 없는 이유가 쌓이고 쌓인 끝에 일어난다고 했다. 그런데 이런 일이 한 번 일어나면 걷잡을 수 없다고 경고했다. 지금 우리는 이 걷잡을 수 없는 무서운 세상에 살고 있다. 그래서 교육의 '교육다움'이 절실한 때이다.

Ⅱ. 특수교육에서 심성함양과 교과

학교교육에서 교과가 '심성함양'에 무슨 도움을 주는가? 과연 도움을 주기는 하는가? 교과가 아동의 심성함양에 내적으로 연관되게 하기 위해서는 도대체 교과교육을 어떻게 수행해야 하는가? 과연 우리 특수교육에서 심성함양으로서의 교과가 존재하기나 하는가? 이런 질문은 오늘의 학교교육 현실에서 부질없는 것이라는 생각이 은연중에 우리를 지배하고 있지나 않은지 걱정이다. 이게 부질없는 걱정이 아니라, 현실이 그렇다면 그것은 우리가 극복하고 청산해야 할 잘못된 현실이다. 그 현실을 어쩔 수 없는 것으로 용납하고 체념하는 동안 (특수)교육은 그 설 자리를 잃어버리고 반다.

학교교육에서 교사가 해야 할 1차적 중심 업무는 당연히 교과를 가르치는 일이다. 그런데 우리 특수교사의 전공은 특수교육인가, 교과교육인가? 모든 특수교사는 특수교육과 교과교육의 '복수'전공자다. 그 중 어느 쪽이 1차적인가? 특수교육과를 졸업한 모든 특수교사는 일차적으로 자신의 주된 전공은 '특수교육'이라 여길 테지만, 현장에서 그가 일차적으로 하는 일은 교과를 가르치는 일이다. 특수교육을 가르치는 게 아니다. 다만 특수교사는 장애아동에게 '교과'를 제대로 가르치기 위해 특수교육적인 지식과 방법을 적절히 활용해야 한다. '교과'는 특수교사에게 '부전공'과 같은 그런 것이 아니다. 사실은 한 때 그렇게 명시한 적도 있었지만 그것은 아주 잘못된 편의주의였다.

필자는 여기서 교과는 심성함양의 도구이자 내용 그 자체라고 규정한다. 어째서인가? 교과는 우리 인류가 축적해온 문명 가운데 '진선미'(眞善美)의 진수만 골라 뽑아서 모아 놓은 문서(교육과정자료)다. 인간의 심성함양은 바로 진선미의 세계와 맞닿아 있다. 즉, 진선미의 세계 자체가 우리의 심성이 추구해야할 이상세계이자 표준이다. 우리가 교과를 점수 따기를 위한 도구로 여기는 동안 교과의 목적은 수단으로 굴절 되었다. 점수 따기 수단으로서의 교과는 진선미 세계의 내재적 목적과는 무관하다. 이런 현실에서 교과는 단지 입신출세의 수단으로 전락하고 말았다.

이홍우(李洪雨) 교수는 "교과의 의미라는 주제는 사람들이 모르면서도 그 모른다는 사실을 모르기 쉬운 그런 주제"라고 했다. 우리는 교과의 진정한 의미를 문제 삼기 이전에 그냥 외우고 익혀야 할 지식의 더미로 수용할 뿐이다. 이런 지식의 더미가 어찌해서 '심성함양'과 의미 있게 연관될 수 있단 말인가? 성리학자 주희(朱熹)는 인식(즉, 격물과 치지)의 최종 단계로 '활연관통'(豁然貫通)이라는 표현을 했다. 이것은 우리의 마음이 이상적 기준(즉 성리학에서 말하는 '미발의 표준')과 일치했을 때의 상태를 인식론적 관점에서 표현한 말이다. 교과를 공부하는 사람은 교과를 공부하는 바로 그 일에 전념하는 동안에 자신도 모르는 사이에 하늘이 명한 그 본래성으로서의 마음상태(즉, 天命之性)를 가장 잘 유지하고 있다. 이게 '활연관통'(豁然貫通)이다.

그러나 교과 공부를 통해 이런 마음상태에 이른다는 것은 학교교육을 받은 필자의 경험과 내력에 비추어 보더라도 까마득한 이야기다. 교과내용을 매개로한 '활연관통'은 그야말로 '천인합일'(天人合一)의 경지에 든 성인(聖人)에게나 가능한 말이다. 그러나 사람은 누구나 천인합일 혹은 성인의 경지에 들 수 있는 가능성으로서 그 씨앗을 내장하고 있다. 문제는 그 씨앗이 싹트게 할 수 있는 조건이다. 그 조건의 구성이 교육과정이다. 교과를 공부하는 사람은, 그가 교과를 공부한다는 바로 그 사실 때문에 자신도 모르는 사이에 '진선미(眞善美)의 세계'와 교감이 일어난다. 이 '교감'(交感) 혹은 교육적 경험에 빨려드는 순간 우리는 교과=마음, 혹은 교과공부=마음공부에 입문하게 된다.

교과공부에서 교과의 일회적 배움에서 마음공부가 처음부터 저절로 따라 붙는 게 아니다. 교과공부를 거듭해서 꾸준히 하는 동안에 교과공부가 마음공부로 이어진다. 흔히 차돌처럼 단단한 『중용』을 '성'(誠)의 철학이라 일컫는다. 『중용』(20장)에서 성(誠) 그 자체는 하늘의 도(誠者, 天之道也)이고, 성(誠)해지려고 노력하는 것은 사람의 도(誠之者, 人之道也)라 했다. 여기서 성(誠)해 지려고 노력한다는 것(즉, 誠之)은 선(善)을 택하여 굳게 잡고 실천하는 자세(擇善而固執)라 할 수 있다. 그래서 도올 김용옥(金容沃)은 우리 인생은 '성지'(誠之)호의 기차를 타고 '성자'(誠者)라는 종착역에 도달하기 위해 끊임없이 달리는 여정(旅程)이라 했다. 기차는 달려야만 기차다. 우리 인간은 교과를 공부하는 동안 인간이 된다. 이 과징(過程)은 선(善)을 택하여 굳게 잡고 실천하는 과정이자 곧 교육의 과정이다.

『중용』에서는 우리가 교과공부를 수행하는 과정적 단계를 **널리 배우기(博學)-자세히 묻기(審問)-신중히 생각하기(愼思)-말이나 글을 분명하게 하기(明辯)-돈독히 행하기(篤行)**로 제시하고 있다. 이것은 교과공부를 제대로 하는 '과정적 단계'이다. 이 5 단계의 한문 끝 자는 **學問-思辨-行**으로 이어진다. 이 과정은 교과공부가 삶의 과정(즉, 앎이 삶이되는 것)으로 어떻게 이어지는 가를 여실히 드러내준다. 즉, 지행합일(知行合一)의 과정이다. 이 과정이 우리 특수교육에서는 어떻게 실천가능한가?

그 실천가능성을 따지기 전에 그 가능성에 대한 믿음의 문제를 짚어볼 필요가 있다. 불학에서 『대승기신론(大乘起信論)』은 그 제목 자체에서 명백하게 논의 요지가 제시되고 있다. 여기서 '대승'(大乘)은 큰 수레로서 중생의 마음을 지칭한다. 즉, 모든 중생이 여래(如來)의 세계에 들 수 있다는 큰 믿음을 일으키는(起信) 논술이다. 물론 여기 중생은 모든 장애인을 포함한다. 문제는 장애아동은 안 된다는 잘못된 믿음이다. 부모도 그렇고 교사조차 그렇게 생각하면 당사자는 영락없이 스스로를 그렇게 규정해 버린다. 우리가 어떤 믿음으로 장애아동을 보는가에 따라 그들의 교육가능성은 규정된다. 그렇게 함으로써 '대승(大乘)이 기신(起信)'하는 세상이 도래한다. 그래서 『중용』에서는 이렇게 말한다.

> 배우지 않음이 있을지언정, 배울진대 능하지 못하면 도중에 포기하지 마십시오. 묻지 않음이 있을지언정, 물을진대 알지 못하면 도중에 포기하지 마십시오. 생각하지 않음이 있을지언정, 생각할진대 결말을 얻지 못하면 도중에 포기하지 마십시오. 분변(分辨)하지 않음이 있을지언정, 분변할진대 분명하지 못하면 도중에 포기하지 마십시오. 행하지 않음이 있을지언정, 행할진대 독실하지 못하거든 도중에 포기하지 마십시오. 남이 한 번에 능하거든 나는 백번을 하며, 남이 열 번에 능하거든 나는 천 번을 하십시오. 과연 이 호학역행(好學力行)의 도(道)에 능하게만 되면, 비록 어리석은 자라도 반드시 현명해지며, 비록 유약한 자라도 반드시 강건하게 될 것입니다(김용옥, **중용 인간의 맛**. 통나무, 2011, pp.255-257).

필자가 보기에 『중용』의 이 말은 바로 특수교육을 향한 경구(警句)이다. "남이 한 번에 능하거든 나는 백번을 하며(人一能之己百之), 남이 열 번에 능하거든 나는 천 번을 한다(人十能之己千之)"는 말은 우리 특수교육인이 장애아동과 함께 '호학역행'(好學力行)하는 자세 혹은 태도를 극명하게 드러내고 있다. 이런 노력의 경지를 『중용』에서는 '지성'(至誠)이라 했다. 그래서 '지성여신'(至誠如神)이라 했다. 이것이 바로 '천인합일'(天人合一)의 경지요, 교과공부=마음공부의 극치다. 이런 노력의 과정(process)에 교육의 목적은 내재(內在)한다. 그래서 특수교육은 '교육 중의 교육'이다.

Ⅲ. 특수교육에서 교과와 교사론

교과교육에 관한 한 원칙적으로 일반교육과 특수교육은 다르지 않다. 교육의 질은 교사의 질을 능가할 수 없다고 할 때, 그 교사의 질은 결국 그가 가르치는 교과를 교과답게 가르치는 수행능력(competency)에 달려 있다. 학교교육에서 교과교육이 갖는 일반적 맥락에 비추어 볼 때, "교사교육에서 배출되는 교사의 질은, 적어도 상당한 정도로는, 그 교사가 교사교육을 받으러 오기 전에 그가 받은 '일반교육'의 질에 의하여 결정된다. 그래서 교사가 교과를 교과답게 가르치기 위해서는 그가 교과를 교과답게 학습한 경험이 초등학교 단계에서부터 체계적으로 내축(內築) 되어 있어야한다.

어찌 보면 교과는 우리가 교사양성과정에서 전공의 일환으로 배우기 이전에 이미 초등학교에서 중등학교과정에 이르기까지 익혀온 바로 그것이다. 그런 의미에서 모든 교사는 그가 교사교육을 받으러 오기 이전에 받은 교과교육에 의해 그 질이 규정되며, 따라서 우리가 학교에서 교과교육을 하는 동안 미래의 교사를 길러내는 일을 하고 있는 셈이다.

그러나 필자가 보기에 교사에 의한 교과의 생명은 그가 교사가 되고난 다음에 교과를 얼마나 내 것으로 만드는 일에 천착하느냐에 달려 있다. 즉, 교사가 되기 전에 그가 받은 교과교육이 교사의 질을 규정하는 핵심이 될 수 있지만, 더욱 중요한 것은 그가 교사가 되고 난 다음에 '교과적 삶'을 얼마나 일관되게 열성적으로 살아가느냐에 달려 있다.

교과는 인간의 '자기 이해의 표현'이다. 따라서 교사는 자기가 '이해'(理解)하는 것만 가르칠 수 있다. 교사는 그가 이해한 교과내용을 다시 학생들이 알아들을 수 있는 언어와 그들이 이해할 수 있는 자료와 방법을 동원하여 교과를 운영할 수 있어야 한다. 따라서 교과교육에서 교사는 일차적으로 가르칠 교과내용에 정통해야 하고, 그와 더불어 그가 지도하는 학생들에 대한 이해와 쌍방 코드 맞추기에 능숙해야 한다. 교사의 교과교육에서 가장 이상적인 상태는 불교에서 말하는 사섭(四攝; 즉, 가르침을 베푸는 布施, 친절한 말로 격려하는 愛語, 올바른 행동으로 이끄는 利行, 상대방과 동일한 수준에서 말하고 행동을 같이하는 同事)의 마지막 단계인 '**同事**'에서 잘 드러난다. 즉, 교사는 교과내용을 매개로 학생과 같은 수준에서 같은 일에 임 할 수 있어야 교과를 교과답게 가르친다고 할 수 있다.

우리 특수교육계에서는 과학적 측정도구로 장애학생을 진단 · 분류한 다음 그 기준에 따라 학생을 박제(剝製)하여 언필칭 개별화교육프로그램(IEP)을 금과옥조처럼 교과교육의 경영도구로 적용한다. 게다가 가르칠 내용에 정통하지 못한 채 소위 '진단-처방적 교수'를 아무리 강조해 봤자, 필자가 보기에는 교육에서 또 하나의 본말전도를 가중 시킨다. 일찍이 듀이가 지적했듯이 교육에서 내용이 방법을 규제하지 방법이 내용을 규제하지 않는다. 이제 우리 특수교육은 가르치는 방법(how to teach) 중심에서 가르치는 내용(what to teach) 중심으로 패러다임 전환이 일어나야 한다.

교과교육이 단지 지식의 획득이나 지식의 전달이 아닌 심성함양으로 연관되게 하려면 우리는 교과교육의 도덕적 내지는 종교적 함의를 설명할 수 있어야 한다. 학교에서 교과를 가르치는 교사의 삶을 '교과'로부터 분리시키는 모든 관행은 엄격히 시정되어야 한다. 교사들은 잡무에 시달려 막상 교과교육을 제대로 할 수 없다고 한탄한다. 잡무 때문에 교과교육을 제대로 못한다는 것은 교육에서 전형적인 본말전도다. 일차적으로 잡무를 줄이는 게 급선무이지만, 궁극적으로는 교사 스스로가 잡무로부터 자신을 철저히 방어해야 한다. 중요한 것은 교사 스스로가 잡무 땜에 교과교육을 등한히 하지 말아야 한다. 이게 교사의 지조(志操)다.

교사는 '교과적 삶'의 화신(化身)이어야 한다. 그래서 교과가 완전히 자기 것으로 육화(肉化)되도록 자신의 삶 속에 집어넣어야 한다. 즉, 교과와 교사의 삶이 2원적으로 분리되지 않고 교사의 삶 속에 교과가 녹아들게(즉, 교과와 교사의 일원화) 해야 한다. 이홍우(李烘雨)는 교과를 가르치고 배우는 도덕적 의미는 바로 교사의 삶의 도덕적 의미 이외의 다른 것일 수 없다고 했다. 『대승기신론』에서 여래(如來)와 중생이 영원에서 영원으로 이어지는 하나의 길을 걸어가듯이 교사와 학생은 교과를 가르치고 배우는 동안 진정으로 '평등한' 동류(同類)가 되어야 한다. 이렇게 될 때에 학생에게 교사는 진여(眞如)의 세계에서 온 여래와 같은 절대적인 권위를 가진 존재로 비친다. 오늘날 학교현장에서 교사들의 권위가 형언하기 어려운 정도로 실추된 근원적인 원인이 어디에 있는가를 교사에 의해 체현된 교과의 도덕적 의미와 연관해서 성찰해 볼 필요가 있다.

교육에서 교과와 그 교과를 대면하는 인간-교사와 학생-의 관계 속에는 하나의 파라독스(이율배반적 모순)가 존재한다. 교과교육에 참여하는 사람-즉, 교육을 하고 받는 사람-은 누구나 그의 능력과 여건이 허락하는 한도 내에서 자신을 교과가 요구하는 최고의 수준으로 끌어 올리려고 노력한다. 하지만 교육이 존재한 이래로 아무도 그 완전한 수준에는 도달하지 못했다. 이것이 교과를 대면하는 인간의 파라독스다. 인류의 영원한 교사로서 공자가 평생을 호학(好學)하는 자세로 살아온 것(力行)은 바로 우리에게 교사의 전범(典範)을 보여준 삶일 뿐, 완벽한 교사의 삶은 아니다. 누구보다도 공자 스스로 그렇게 자신을 평가했다. 이것이 교육에 몸담은 교사의 운명이다. 이 운명을 거역할 교사는 아무도 없다.

교사는 가르치면서 배우는 사람이다. 교사의 이런 모순적 역할이 가지는 의미는 교과를 다루는 교사의 역할에서 교육과정과 교과서의 차이에 비추어 생각해 볼 수 있다. 교육과정이 교과의 원천이라면, 교과서는 교육과정이 문자의 형태로 표현된 것이다. 교과서가 표현 수준의 교과를 나타내는 것이라면, 교육과정은 표현되기 이전 수준의 교과에 해당한다. 문자의 형태로 존재하는 '표현수준'의 교과와는 달리 '표현이전' 수준의 교과는 오직 '마음' 속으로 존재한다. 따라서 표현이전 수준에서 보면 교과공부는 곧 '마음공부'(즉, 심성함양)로 이어진다. 우리에게 교과공부의 난점(難點)은 교과서에 적힌 표현수준의 교과와 오직 마음으로만 존재하는 표현이전의 교과를 어떻게 연관 지우느냐에 있다.

수업사태에서 교사는 교과의 지식을 가르치면서 그와 동시에 자신이 파악하고 있는 수준에서 교과 이면에 담겨 있는 마음을 드러내는 일을 한다. 교사가 수업에서 교과 이면의 마음을 드러내는 것은 일종의 '간접전달'이다. 이 '간접전달'은 죽어 있는 문자에 생기를 불어 넣어 문자 이면의 마음을 현시할 수 있는 살아 있는 교사에 의해서만 이루어진다. 즉, 살아 있는 교사는 교과를 가르칠 때에 교과와 더불어 교과공부를 통해 형성된 자신의 내면세계(마음)까지 함께 드러낸다. 이런 수업사태에서 학생은 교과내용과 더불어 교사의 마음까지 전수받게 된다.

결국 교과공부는 학생의 심성함양이며, 학생이 함양해야할 심성은 교과교육과 맞붙어 있다. 따라서 특수교사는 그가 가르치는 교과를 매개로 장애학생의 심성함양을 이끄는 사람이어야 한다. 특수교사에게 이 일은 참으로 지난(至難)하지만, 특수교육이 '교육'이기 위해서는 기꺼이 감당해야 한다. 장애학생에게 적용되는 특수학교 교육과정과 그에 담긴 교과가 장애학생의 심성함양에 연관되는 것은 바로 그 교육을 담당하는 특수교사에게 달려 있다.

교과공부가 곧 심성함양에 내면적으로 연관된다는 것은 교육이 궁극에는 심층종교와 맞닿아야 함을 시사해 준다. 이 때 심층종교는 의례

(儀禮)로서의 표층종교와 대비된다. 그래서 필자는 '심층종교와 특수교육의 만남'(김병하, 2012)을 제기했다. 같은 맥락에서 이미종(2010)은 『불교수행과 교과교육』을 논의하고 있어 주목을 끈다. 교과를 배우는 사람은 누구나(그래서 공자는 有敎無類라 했다) 교과내용을 배우면서 동시에 마음의 이상적 기준인 진선미(眞善美)의 세계를 접한다. 교과 이면에 맞붙어 있는 진선미(즉, 眞如)는 '신의 은사(恩賜)'로 교과공부를 하는 동안 우리 마음속에 내재한다.

베트남 출신의 세계적 불교지도자 틱 낫 한(Thick Nhat Hanh)은 불교수행에서 '마음의 신비'(the miracle of mindfulness)를 거듭 강조한다. 우리에게 마음의 신비는 곧 교육의 신비로 이어진다. 결국 특수교육은 마음의 신비에 입문하는 교육이다. 이 신비의 실재를 믿지 못하는 교사는 교사의 반열에 들기 어렵다. 그리고 그 신비를 믿지 못하는 자는 감히 '교육'을 논할 자격이 없다. 우리에게 교육만이 희망인 근거가 바로 여기에 있다.

맺음

특수교육이 '교육 중의 교육'으로 자리 잡기 위해서는 '심성함양-교과교육-교사론의 내적 연관'을 확실히 정립해야 한다. 이것은 특수교육에서 교육본질의 복원이다. 특수교육은 '교육함'(educating)이지 결단코 보육(caring)이나 치료(therapy)가 아니다. 특수교육에서 보육이나 치료는 교육과정을 정상적으로 운영하기 위한 보조적 지원이다. 특수교육이 변두리 교육이 아니라, 교육의 중심에 당당히 서기 위해서는 '심성함양-교과교육-교사'의 내적 연관성을 분명히 정립해야 한다.

『중용(中庸)』에는 교과공부(知育)의 전형적 과정으로 박학(博學)-심문(審問)-신사(愼思)-명변(明辯)-독행(篤行)을 제기한다. 이것은 앎이 곧 삶이 되는 과정이다. 앎이 삶이되기까지는 반드시 '마음 다함'(mindfulness)[20]이 그 과정에 내재해 있다. 이 '마음 다함'을 『중용』에서는 '지성'(至誠)이라 했다. 교과를 가르치고 배우는 과정에서 교사의 '마음 다함'(즉, 至誠)이 있고서야 학생의 마음을 움직일 수 있다. 그래서 '지성능화'(至誠能化)다. 즉, 교사가 지성으로 교과를 가르치는 동안 학생에게 마음의 감화가 일어나기 마련이다. 이렇게 교과공부는 마음공부로 이어진다. 어떤 경우에나 교육에서는 교과를 매개로 교사에 의한 '마음 다함'이 있고서야 학생에 의한 '마음 챙김'이 일어난다. 그래서 교직은 지난(至難)하다.

20) 'mindfulness'는 세계적 불교지도자 틱낫한이 즐겨 사용하는 독특한 용어로 우리나라에서는 '마음 챙김' 혹은 '마음 깨침' 혹은 '마음 다함' 등으로 옮겨 통용되고 있다.

03 '통합'은 마음의 소통이다[21)]

1.

모든 교육은 '심성함양'이자 '본성회복'입니다. 특수교육에 몸담아 오면서 특수성이란 걸 지나치게 강조한 나머지 우리는 자칫 교육본질을 등한시하지 않았는가를 뒤늦게 되돌아보게 됩니다. 되돌아봄은 깨침이자 성숙입니다. 사실 우리는 그동안 특수교육이라 하면 맹아동에게는 점자지도나 보행훈련, 농아동에게는 언어지도나 보청기 착용, 지적장애아동에게는 행동수정이나 생활훈련, 신체장애아에게는 물리치료나 보장구 제공 같은 것을 연상해 왔습니다. 그러는 동안 특수교육에서 '교육'은 어디론가 증발해 버렸습니다.

그러다가 언제부터인가 특수교육에서는 '통합교육'이 주요 화두로 등장했습니다. 특수아동이라 해서 이들만 따로 분리해서 교육할 게 아니라, 일반아동과 함께 어울려 교육받게 하자는 겁니다. 명분으로야 그 좋은 통합교육을 누가 반대하겠습니까? 교육은 실천적 문제입니다. 즉, 명분이 아무리 그럴듯해도 실천적으로 불가능하면 아무런 의미가 없습니다. 어찌 교육뿐이겠습니까? 인간사가 다 그렇지요. 장애아동의 통합교육을

---

21) 이 글은 모자이크장애전담어린이집 부모강좌에서 특강한 내용이다(2013.06.15).

위해서는 '통합'의 전제조건 충족이 무엇보다 긴요한 과제입니다. 전제조건이 충족되지 않은 상태에서 '통합'은 공염불입니다. 그렇다고 그 전제조건이 충족되기까지 무턱대고 통합을 마냥 보류할 수도 없는 일입니다. 그러다간 통합교육은 영원히 실현 불가능한 유토피아로 남게 될 테니까요. 아닌 게 아니라 우리에게 통합교육은 그런 면이 다분히 있습니다.

어차피 통합교육의 전제조건을 한꺼번에 충족시킬 수 없는 것이라면, 가장 우선적으로 그러면서 궁극적으로 갖춰야 할 조건으로 뭘 들 수 있을까요? 앞에서 나는 교육은 결국 심성함양 혹은 본성회복이라 했습니다. 그러니 통합도 결국 '마음'의 문제입니다. 그래서 저는 "통합은 마음의 소통"이라고 규정합니다. 이런 취지에서 오늘 강의 주제도 "통합은 '마음'의 소통이다"로 잡았습니다. 가장 함축적이면서 본질적인 의미에서 '통합'은 네 마음과 내 마음의 소통(疏通;communication/interaction)입니다. 물론 여기서 '소통'은 일방적 코뮤니케(communique)가 아니라 쌍방소통(two-way communication)입니다.

이 쌍방소통의 주요 전제는 '역지사지'(易地思之)입니다. 이것은 상대방의 처지에서 나를 되돌아봄입니다. 노무현 대통령이 북한 방문 시에 김정일 위원장을 만나 '역지사지'(易地思之)로 문제를 풀어야겠다는 마음을 가지고 임했더니, 손님을 초청한 주인이 파격적으로 하루 더 머물다 가라는 제안을 하였다고 합니다. 이즈음 NLL 문제와 관련하여 노무현 대통령이 '역지사지'로 접근하여 서해평화공동구역 설정을 제안한 게 '영토포기'로 회자되고 있습니다. 텍스트의 자구에만 얽매여 콘텍스트(전후맥락)를 놓친 격입니다. 손가락 끝을 보고 그게 진짜 달인 줄로 착각한 것이지요.

미국에서 통합교육을 지칭하는 '통합'이 원래는 흑백통합을 의미하는 데서 나온 말입니다. 흑인아이와 같은 통학버스를 타고, 같은 교실에서 공부를 하더라도 백인아이들이 굳이 흑인아이와 잘 어울려 놀지 않더라도 그 '통합'은 별 문제가 없습니다. 상호교류가 중요한 게 아니라 일단 물리적인 통합이 시급하고 중요하니까요. 그러나 장애아동에게 통합교육은 그런 수준의 '통합'은 오히려 분리교육보담 더 역기능적일 수 있습니다. 즉, 장애아동에게 통합교육은 반드시 분리교육보다 좋다는 단순 논리가 통할 수 없는 복잡한 교육적 문제입니다. 70년대와 80년대에 미국에서 Mainstreaming(주류화)으로서의 통합교육이 실패한 이유가 바로 여기에 있습니다. 일반학급에서 장애아동이 불편함 없이 교육받을 수 있는 내적(질적) 조건이 형성되어 있지 않은 상황에서 '통합'은 장애아동에게 물과 기름입니다. 그래서 90년대 이후에 통합교육을 지칭하는 용어로 Inclusion이라는 말이 새로 등장했습니다만, 내가 보기에 미국의 현실에서 조차도 소위 'Full Inclusion'은 아득한 이상입니다.

어째서 일까요? 문제는 '마음'입니다. 마음의 결이 통해야 진정한 소통이 가능하고, 그래야 진정 Inclusion이 가능한 겁니다. 그래서 저는 '통합'은 장애아동과 비장애아동 간의 '이해'(理解; understanding)의 과정이자 '상호주관'(inter-subjectivity)의 만남으로 규정하고자 합니다. 여기 '이해의 과정'은 바로 앞서 말한 '역지사지'의 과정입니다. 그래서 '이해의 과정'은 네 주관과 내 주관이 서로 만나는 '상호주관의 만남'입니다. 교육은 '서로주관'의 만남입니다. 같은 맥락에서 김상봉 교수의 서로주체성철학이 우리에게 주는 시사는 주목 할만 합니다. 교사의 주관과 학생의 주관이 서로 만나야 마음의 소통으로서 교육이 가능합니다. 장애학생의 주관과 비장애학생의 주관이 만나야 '마음의 소통'으로서 통합이 가능합니다. 심성함양이 교육의 본질적 목적이라면 '마음의 소통'은 통합교육의 궁극 실재입니다.

2.

교육의 과정에서 '마음의 소통'으로서 통합은 여러 차원에서 작용합니다. 좀 더 분석적인 차원에서 이 문제를 생각해 봅시다. 먼저 부모와 자녀 간의 '마음 소통' 문제입니다. 부모의 자식 사랑은 극진한 짝사랑입니다만, 자녀가 나이 들어감에 따라 그게 잘 통하지 않습니다. 왜냐구요? 그게 서로 코드가 잘 맞지 않기 때문입니다. 부모의 자식 사랑이 부모의 욕심에서 비롯될 때에 흔히 그렇게 됩니다. 이를테면 부모 자식 간의 '마음 소통'에 실패한 것입니다. 기본적으로 아이들은 잘 자랄 수 있는 본래성(本來性)이 과일의 씨앗처럼 내장(內藏)되어 있습니다만, 부모의 욕심 때문에 이 '본래성'이 제대로 싹을 틔우지 못하고 이런저런 때와 먼지로 가득 덮여 버릴 수 있습니다. 본래성이 엉뚱한 데에 마실 나가 있으니 실성(失性)하게 되는 겁니다.

또 장애자녀를 매개로 한 부모(부부) 간의 '마음 소통'은 어떤가요? 여기 오신 아버지-어머니 내외간에 서로 맘이 잘 통합니까? (앞에 앉은 어머니가 아버지를 쳐다보면서 '아니요'라며 고개를 저으며 웃는다.) 말이 났으니 말이지 부부간에 맘 소통 참 어렵습니다. 어려운 정도가 아니라 답이 없다는 게 우리네 삶입니다. 너무 가까이 있으니 부부간의 다툼은 다반사입니다. 게다가 장애자녀를 가진 가정의 부부간에는 자녀의 장애 때문에 갈등이 더 심각하기 십상입니다. 그러나 장애자녀로 인해 부부의 결속이 더욱 단단해 지는 가정도 얼마든지 있습니다. 이 아이로 인해 하늘이 우리를 시험해 보는지도 모른다고 자성(自省)하는 겁니다. 결국은 맘먹기에 달렸습니다.

학교에서 교사와 아동학생간의 '마음 소통'은 어떤가요? 앞에서 교육은 결국 '마음 소통'이라고 했습니다. 학생-교사 간에 '마음 소통'이

되어야 학생은 교사를 진심으로 '존경'하게 되고, 교사는 학생을 동반자로 '이해'하게 됩니다. '스승'은 학생에게 존경 받는 교사에게만 주어지는 특별한 존칭입니다. 어떤 경우에나 존경하는 스승을 맘속으로 간직하지 못하는 학교교육은 실패한 교육입니다. 학생이 맘속으로 교사에 대한 존경심이 우러나야 교권이 바로 섭니다. 오늘날 학교에서 교권이 왜 이처럼 추락했는지 원천적으로 되짚어 봐야 합니다. '교학상장'(敎學相長)의 일차적 책임은 언제나 가르치는 사람 쪽에 있습니다. 오늘날 특수교사는 장애학생을 돌보는 일(caring), 관리하는 일(training), 교육하는 일(educating) 중 진정 무엇이 자신의 본업이라고 생각합니까? 실제로는 세 가지의 일이 한데 섞여있습니다만, 당연히 본업은 교육이고 나머지는 전부 부차적이거나 보조적입니다. (특수)교사들 가운데 스스로 이걸 착각하는 자가당착(自家撞着)에 빠지지 말아야 합니다. 이런 게 특수교육에서 전형적인 '본말전도'(本末顚倒)입니다.

통합교육에서는 특수교사와 원적학급 교사 간에 동반자적 협력(co-operation)을 퍽 강조합니다. 강조하는 만큼 잘 되지 않는 게 교사 간의 협력적 소통입니다. 특히 우리나라처럼 학력경쟁이 치열한 상황에서는 더욱 그렇습니다. 원적학급 교사의 입장에서는 학급평균 점수를 갉아먹기만 하는 특수학급 학생이 늘 부담스럽습니다. 특수아동은 특수교사가 그냥 알아서 적당히 해주길 바라고 있습니다. 그러니 말만 통합이지 실제로는 '소록도' 교육입니다. 말인 즉은 통합교육이지만, 실제는 '제외교육'입니다.

통합교육에서 장애아동 당사자의 입장에서 볼 때, 가장 절실히 와 닿는 건 또래 아이들 간의 '마음 소통' 문제입니다. 맹학생이 학업성취 면에서는 일반학급에서 성공적인 통합교육을 받고 있다손 치더라도 쉬는 시간에 늘 혼자 외톨박이로 앉아있으면서 옛날 맹학교 시절을 맘속으로 그리워

하고 있다면 이게 정녕 성공적 통합이라 할 수 있겠습니까. 통합은 함께 격의 없이 어울리는 교육입니다. 옛날(1950년대)에 내가 초등학교에 다닐 때 심한 뇌성마비학생이 있었지만, 우리는 교실에서나 운동장에서나 격의 없이 그와 어울려 지냈습니다. 그때는 마을공동체 문화가 바로 학교공동체 문화로 이어졌기에 특수교육이라는 게 존재하지도 않았지만, 자연히 마을과 학교에서 통합(inclusion)이 된 겁니다. 원래 통합은 가장 자연스러운 겁니다. 인위적인 통합은 아무래도 부자연스럽습니다.

학교에서 또래 간의 통합도 중요하지만, 집에서 형제자매 간의 '마음 소통'도 절실합니다. 한 가정 안에서 형제자매 간에 소통이 원활치 않다면 항차 학교에서 또래들 간의 소통문제는 더 말할 나위도 없습니다. 다른 사람보기에 창피하다든가, 아버지 어머니가 왜 우리한테는 역차별을 하는지 모르겠다는 등으로 불만이 쌓일 수 있습니다. 그러나 대부분은 형제자매 간에 장애를 가진 동생이나 형(혹은 누나)에게 스스로 알아서 잘 대해줍니다. 그게 본래 사람의 심성입니다. 가정 안에서 장애자녀와 비장애자녀들 간에 마음 소통이 잘 되지 않는다면 내가 보기에는 장애 당사자보다 비장애자녀들 쪽의 마음문제에 달렸다고 봅니다. 네 아픔이 곧 내 아픔이라는 맘이 가족들 간에는 극히 자연스럽게 일어나기 마련입니다. 그래서 맹자가 말하는 사단(四端) 가운데 측은지심(惻隱之心)이 으뜸입니다.

마음의 소통으로서 통합이 성공적으로 실현되기 위해서는 교실 안에서 뿐만 아니라 가정, 이웃, 지역사회 안에서 다면적으로 소통의 공동체를 만들어 내야 합니다. 내 마음이 닫히면 장애아동의 마음은 더 굳게 잠기기 쉽고, 내 마음이 열리면 그만큼 장애아동의 마음도 쉽게 열립니다. 그래서 마음 소통을 위해서는 무엇보다 내 마음 알아차리기(mindfulness)가 중요합니다. 베트남 출신의 세계적 불교지도자 틱 낫 한

(Thich Nhat Hanh)은 불교 수행에서 'Mindfulness'를 특별히 강조합니다. 이 말은 틱 낫 한 스님이 특별히 지어낸 용어로 우리나라에서는 '마음 챙김', '마음 다함', '마음 깨침', '마음 알아차리기' 등으로 옮겨 사용됩니다. 틱 낫 한의 저서 가운데 『마음 챙김의 신비』(The Miracle of Mindfulness, 1975)라는 작은 책이 있습니다(우리나라에서 이현주가 옮겨 최근에 '틱낫한 명상'이라는 제목으로 불광출판사에서 냈다). 요즘 와서 우리나라에 틱 낫 한 스님의 어록과 글이 부쩍 많이 소개되고 있습니다. 요즘 모두들 마음이 편치 않다는 걸 방증(傍證)합니다. 이 '마음 챙김'에는 살아가는 모든 순간을 기적으로 바꾸는 그런 신비의 힘이 담겨 있습니다. 그래서 통합은 '마음의 소통'이고, 그것은 곧 교육의 신비로 이어집니다.

3.

"통합은 '마음의 소통'이다"는 이 주제는 결국 교육을 종교 차원까지 끌어 올리는 것을 함의하고 있습니다. 으뜸 되는 가르침이 종교(宗敎)이고, 가르쳐 길러내는 것이 교육(敎育)이라면, 그 교육의 궁극은 결국 종교와 만나지 않을 수 없습니다. 교육은 결국 마음의 실재에 연관되고, 종교는 그 마음의 궁극적 실재(ultimated reality)에 관심을 갖습니다. 그래서 나는 심층종교와 특수교육의 만남을 다시 강조합니다. 작년 8월 나의 정년기념 세미나에서 나는 일부러 "심층종교와 특수교육의 만남"이라는 제목으로 마지막 강의를 했습니다. 여기서 말하는 심층종교는 의례

중심의 표층종교와 대비됩니다. 교회 가서 기도하고 성당에서 미사 올리고, 절에 가서 불공드리는 의례적 행위 이면에 담겨 있는 예수 가르침의 본질, 붓다 가르침의 본질을 문제 삼는 것이 '심층종교'입니다.

나는 '인간학'으로서 특수교육학을 생각하면서, 특수교육은 결국 철학과 종교에 맞닿아 있을 수밖에 없다는 믿음을 최근에 더욱 다지게 되었습니다. 2011년 교수노릇 40년에 정년을 1년 남겨놓고 『한국특수교육론: 우리나라 특수교육(학)의 정체성』(2011, 대구대출판부)이라는 책을 내 딴엔 맘먹고 냈습니다. 다른 사람들이 어떻게 읽었는지 아직 확인할 도리가 없습니다만, 사실 글이든 말이든 피드백이 없으면 당사자로서는 난감하지요.

어쨌건 그 책을 내고 나서 나는 뭔가 『한국특수교육론』에서 '한국'의 고유명에 걸 맞는 알맹이가 빠져 있다는 아쉬움을 지울 수 없었습니다. 그래서 정년하자마자 곧장 정년에 따른 공백이라 할까 허전함을 달랠 요량으로 위 책의 후속편으로 『유학 · 불학 · 프로테스탄티즘의 한국특수교육론』(2013, 한국특수교육문제연구소)이라는 책을 썼습니다. 말하자면 이것은 한국특수교육사상사라는 의미도 있지만, 무엇보다 나는 이 책을 통해 특수교육과 심층종교의 만남을 좀 더 체계적으로 드러내 보고 싶었던 겁니다. 이 책에 대한 내 의도가 독자에게 어떻게 비칠지 역시 알 수 없는 숙제로 남아 있습니다.

이쯤해서 종교 차원의 '마음 소통' 문제를 짚어 봅시다. 유학에서는 '천명지위성'(天命之謂性)이라 해서 하늘의 지엄한 명령으로 모든 인간에게 품부되어 있는 본래성(本來性)으로 인간의 성(性)을 규정하고 있습니다. 그래서 내가 앞에서 '심성함양'은 곧 '본성회복'이라 했던 겁니다. 『중용(中庸』에서 교육은 이 본래성이 시키는 바에 따라서 인간이면 마땅히 가야할 길인 도(道 ; tao)를 닦는 과정이라 했습니다. 여기서 우리는 유학이 우리 특수교육에 시사하는 중대한 함의를 두 측면에서 해독할 수 있어야 합니다.

그 하나는 교육은 하늘의 지엄한 명령에 의한 것이므로 우리가 함부로 교육을 이리저리 마음대로 할 수 없는 그런 '엄중성'이 있다는 겁니다. 그래서 우리 특수교육은 교육본질의 복원이어야 합니다. 다른 하나는 인간 교육의 가능성이 모든 아동에게(장애가 아무리 무겁고 심할지라도) 품부(稟賦)되어 있다는 겁니다. 그래서 공자는 '유교무류'(有敎無類)라 해서 교육에는 그 부류가 따로 없다고 했습니다. 실제로 타이완의 지적장애 특수학교에 가보면 입구에 '有敎無類'라는 말을 커다랗게 새겨놓은 것을 볼 수 있습니다.

불교는 다른 종교에 비해 유독 우리들 '마음 안의 문제'에 주목합니다. 그래서 불교에서는 누구든지 자기 마음을 바로 보기(즉, 見性)만 하면 깨친 사람(즉, 成佛)이 될 수 있다고 했습니다. 불교수행은 곧 우리에게 마음공부의 전형을 보여줍니다. 심성함양이라는 측면에서 불교수행은 오늘날 학교교육에서 교육과정의 본질과 맞닿아 있습니다. 불학의 가르침은 곧 '마음공부'입니다. 그리고 이 마음공부는 곧 '마음소통'과 직교(直交)합니다. 즉, 내 마음공부가 바로 서기만 하면 다른 사람과의 마음소통이 원활해지기 마련이라는 겁니다. 그래서 불학에서는 말로하지 않고 무언중에 마음으로 통하는(알아차리는) 교육(즉, 不言之敎)이 으뜸이라고 했습니다.

유학과 불학은 이론적인 측면에서, 즉 마음의 수준에서 우리 특수교육에 지대한 함의를 제공해 주고 있음에도 실천적으로 특수교육에 특별한 기여를 하지 않았습니다. 그 이론의 실천적 과제는 우리들 마음의 문제로 남겨놓은 셈입니다. 그에 비해 기독교, 특히 프로테스탄티즘은 우리나라에서 근대특수교육의 실천에 그 선구적 도관(導管)이 되었습니다.

주지하는 것처럼 우리나라에서 특수교육은 19세기 말 평양에서 프로테스탄트 선교사인 Rosetta Sherwood Hall에 의해 처음 시작된 이래, 20세기 초에는 역시 평양에서 이창호(李昌浩) 목사가 한국인으로는 최초로 평양광명맹아학교(平壤光明盲啞學校)를 설립하여 맹교육과 농교육을 실천했습니다. 이처럼 평양은 프로테스탄티즘의 보급과 더불어 우리나라 특수교육의 성지(聖地)가 되었습니다. 한편, 광복직후에는 이영식(李永植) 목사가 대구맹아학교(大邱盲啞學校)를 설립함으로써, 남한에서는 대구가 특수교육의 선구가 되었습니다. 이처럼 우리나라에서 특수교육의 성립과 전개는 프로테스탄티즘의 도래 혹은 그 전파와 직접 연관되어 있습니다.

이런 역사적 · 사상적 배경에 기초하여 저는 유학-불학-프로테스탄티즘을 가로지르는 즉, 회통(會通)의 한국특수교육론을 정립코자 했습니다. 내가 보기에 유학-불학-프로테스탄티즘을 가로지르는 마음의 요체는 '자애'(慈愛)라는 말로 집약될 수 있다고 봅니다. 이것을 유학의 입장에서는 '인자'(仁慈)라 할 테고, 불학의 입장에서는 '자비'(慈悲)로, 기독교에서는 '박애'(博愛)라는 말로 표현한 겁니다. 그러니 이 삼자를 가로지는 마음은 '자애'(慈愛)입니다. 원래 한자에서 '慈'라는 말의 뜻은 숲이 우거진 상태를 지칭합니다. 결국 '보듬는 마음'을 지칭하는 것으로 저는 이해합니다.

저는 유학-불학-프로테스탄티즘을 회통(會通)하는 '마음의 소통'을 통합의 궁극 실재로 오늘 여러분들께 제기하고자 합니다. 이게 아직 여러분들에게 좀 생뚱맞게 들린다면 그것은 전적으로 저의 책임입니다. 어쩌면 이렇게 말하는 내 맘이 아직 영글지 못한 탓일 수도 있습니다. 끝으로, 오늘 이 자리에 함께해 주신 부모님과 선생님들은 모자이크 어린이집의 통합프로그램을 매개로 부디 '마음소통'의 공동체로 거듭나시길 간절히 기원합니다.

04 회통-체(體)-개벽의 한국특수교육론[22)]

필자는 『한국특수교육론』(2011)에서 한국특수교육(학)의 정체성 정립을 위한 방법적 원리로 (1) 우리의 역사적 현실에 천착하는 실사구시(實事求是)의 한국특수교육론, (2) 세계화 시대에 상응하는 화이부동(和而不同)의 한국특수교육론, (3) 동아시아문명의 전통을 되살려내는 온고지신(溫故知新)의 한국특수교육론을 제기한 바 있다. 이어 필자는 한국특수교육론의 뿌리를 찾고 싶어, 그 후속 작업으로 『유학 · 불학 · 프로테스탄티즘의 한국특수교육론』(2013)을 집필했다.

이 작업을 통해 나는 한국특수교육론의 핵심이 되는 열쇠 말로 (1) 가로지르는(會通) 한국특수교육론, (2) 뿌리로 돌아가는(體) 한국특수교육론, (3) 세상을 새로 여는(開闢) 한국특수교육론을 제기한다. 이것은 한국특수교육론의 내용을 규정하는 핵심원리다. 한국특수교육론의 방법원리와 내용원리가 씨줄과 날줄로 만나 어떤 무늬의 한국특수교육론이 직조(織造) 될 것인지가 남은 과제다. 이하에서는 한국특수교육론의 핵심개념으로 '회통'(會通), 체용론(體用論)의 '체'(體), 동학이 제기한 '개벽'(開闢)의 특수교육(학)적 함의를 논의한다. 편의상 '회통 · 체 · 개벽'이

22) 이 글은 한국특수교육문제연구소가 대구대학교 특성화연구소로 선정된 것을 기념하는 세미나(2013.08.06. 대구대 사범대학 강당)에서 발표한 내용을 일부 수정한 것이다.

따로 논의되지만 내용상으로는 회통-체-개벽이 하나로 뚫린다. 그 뚫림의 중심은 개벽이다. 하지만 그 논의는 아직 서막에 불과하다.

I. 가로지르는(會通) 한국특수교육론

당대 지식 권력은 명분이 닿는 대로 분과학(分科學)의 성을 쌓는다. 특수교육(학)은 종합응용학인 교육학의 하위 분과학으로 자리 메김 되어 왔다. 분과학으로서 '특수교육학'은 다시 발달단계(유치 · 초등 · 중등)와 장애영역별(맹 · 농 · 지적장애...) 등의 하위분과로 칸막이 쳐져 있고 그 칸막이는 이런저런 명분으로 계속 견고하게 늘어나고 있다. 목하 대구대의 학부와 대학원 전공은 우리나라에서 이 칸막이를 가장 충실히 반영하고 있다. 이게 특수교육 선구대학의 학문적 권위로 통한다.

분과학의 칸막이가 강조될수록 학제적(學際的; inter-disciplinary) 소통은 물론, 특수교육학 내부의 하위전공 영역간의 소통도 어려울 수 밖에 없다. 그래서 특수교육학은 학문세계에서 외딴 섬으로 스스로를 소외시키고 말았다. 그리고 그 섬 속에서조차 자신들만의 아성(牙城)을 명분이 닿는 대로 쌓아가기에 급급하다. 이처럼 분화(分化)는 학문적 성장과 발전의 측도인양 세력을 불린다. 어찌할 건가?

삼각형은 밑변이 길수록 꼭지 점이 안정되게 올라간다. 여기 밑변의 '길이'는 바로 학문세계에서 '가로지르기'(會通)의 범위와 정도다. 필자는 학문의 전문성 제고를 위해 분과학의 창출을 능사로 삼는 걸 경계하지만, 그렇다고 분과학의 칸막이를 무조건 헐자는 건 물론 아니다. 이미 그 칸막이는 난공불락의 성이 되어 버렸다. 그러나 세부전공의 깊이(즉, 그 聖域)가 안정되게 구축되게 하기 위해서는 그 밑변의 길이가 늘어나야 한다. 『중용』에서 학문(學問)은 박학(博學)과 심문(審問)이다. 즉, '학문'은 두루 배우기와 묻기다. 이즘은 학문에서 '박학'(博學)보다 훨씬 적극적인 '회통'으로 '통섭'(通攝)을 강조한다. 그만큼 학문세계에서 '가로지르기'를 중시한다는 의미이다.

필자는 특수교육(학)을 '인간학'(人間學)으로 규정한다. 인간의 문제는 궁극적으로 철학과 종교학에 맞닿는다. 세르티양주(Sertillanges; 1863-1948)는 『공부하는 삶』(The Intellectual Life, 1920)에서 "지식의 여왕인 철학 없이는 어떤 학문도 자급자족할 수 없고, 신성한 학문인 신학에서 비롯되는 지혜 없이는 인간의 지식 전체가 자급자족될 수 없다.[23]"(이재만 옮김, 2013, p.160)고 했다. 인간학으로서 특수교육학이 그 기반(밑변의 길이)의 터를 좀 더 넓고 튼실하게 다지기 위해서 밑으로는 생리학과 심리학에서부터 위로는 철학과 종교와 만나야 한다.

나는 정년에 즈음해서 심층종교와 특수교육의 만남을 말했다. 여기 '심층종교'는 의례중심의 '표층종교'와 대비된다. 우리에게 특수교육(학)의 뿌리는 유학(confucianism), 불학(buddhism), 프로테스탄티즘(protestantism)에 맞닿아 있을 뿐만 아니라, 그것을 가로지르는 회통(會通)으로 그 정체성이 드러난다. 우리에게 '회통' 정신은 고대의 '풍류도'(風流道)와 근대의 '동학'(東學)에 잘 반영되어 있다. 다만 우리가 그 정신

23) 그는 철학이 본분을 다하지 못하면 학문들은 저급한 수준으로 떨어져 노력을 헛되이 낭비하고, 신학을 모르는 철학은 그 결실을 얻지 못한다고 했다. 우리 시대의 지성에 필요한 것은 실증적 내용이 아니라 제1원리들에 대한 성찰이라고 했다. 그래서 이성을 중시하는 철학자로서, 영성의 빛을 수용하는 신학자로서 인간 탐구의 중심에 서야한다고 권고한다. 그는 지식을 철학화 함으로써, 그리고 심원한 신학으로 철학에 왕관을 씌움으로써 지식의 궁극 질서를 세울 수 있다고 했다(이재만 옮김, 2013, pp. 160-162).

을 이어 살리지 못했을 뿐이다. 지금은 우리가 동아시아문명론과 동학을 뿌리로 삼아 동·서를 회통하는 새로운 미래학을 구성해야 할 때이다.

한편, 특수교육학계 내부 속에서도 '가로지르기'의 공부는 훨씬 두터워져야 한다. 이를테면, 특수교육학계의 한 분과학으로서 '유아특수교육'은 유아교육과 거리를 유지하고 특수교육과도 차별성을 강조하면서 '유아특수교육'의 성역 쌓기에 자족한다. 마찬가지로 장애영역에 따른 전공에서는 특정 장애영역의 성(城) 쌓기가 전공심화로 강조된다. 장애영역 범주화(categorizing) 자체의 정당화는 차치하고라도, 이런 식으로 분과학을 강조하다보면 우리는 본의 아니게 '유식한 무식꾼'을 길러내기 십상이다.

학문은 독백이 아니라 소통이다. 널리 배우고 자세히 묻는(소통하는) 게 학문(學問)이다. 거시적으로나 미시적으로나 지금 우리에게 '회통'(가로지르기)의 한국특수교육론이 절실하다. 원래 '회통'(會通)은 '화쟁'(和諍)과 더불어 원효(元曉; 617-686)의 불학을 특징짓는 핵심 주제어다. 동아시아 불교의 여러 분파를 회통하여 원효는 분쟁을 화쟁으로 엮어 통합했다. "낫 가리가 천이라도 주저리가 으뜸"이라는 속담이 있다. 원효의 창발성이 돋보인다.

II. 뿌리로 돌아가는(體) 한국특수교육론

교육에서 가장 경계해야 할 재앙(災殃)은 본말전도(本末顚倒)다. 여기서 본(本)은 나무의 뿌리이자 '체용'(體用)의 '체'(體)이다. 교육에서 지말(支末)을 근본으로 착각하는 경우는 별로 문제 될 게 없지만, 지말에

끄달린 나머지 근본을 잃어버리는 경우 엄청난 재앙을 초래한다. 필자가 보기에 교육에서 본말전도는 당대 사회가 자초한 위기의 원천이다.

동서고금을 막론하고 교육의 내재적 목적은 '심성함양'(心性涵養) 혹은 '본성회복'(本性回復)이다. 따라서 심성함양이나 본성회복에 연관되지 않는 교육행위는 어떤 경우에나 교육이 아니다. 오늘날 학교교육에서 학생과 학부모는 '점수병'에 걸려 있고 교사는 '점수제조기'로 전락한 상황에서 교육은 제 머리 둘 곳을 잃어버렸다. 끊임없이 재생산되는 '학교폭력'의 근원적 뿌리가 어디에 연유하고 있는가를 되짚어 봐야한다. 뿌리가 먼저고 가지치기는 그 다음이다.

오늘날 특수교육은 전형적으로 '진단-처방적 교정' 모형으로 정립되어 있다. '장애'(disabilities)를 질병처럼 진단하고 그 진단 결과의 목록에 따라 처방적 조처(즉, 처방전)가 취해지는 것이 이른바 특수교육인 것처럼 착각하고 있다. 그러는 동안 치료나 교정적 훈련(therapeutic training)은 언제나 교육에 우선하는 것으로 인식되어 왔다. 해서 장애아동은 치료나 관리의 대상으로 '대상화'될지언정 교육의 '주체'로 대접받지 못하는 게 현실이다.

그러는 동안 특수교육은 장애만 보고 사람을 놓쳐버렸다. 불학에서 지적하듯이 손가락 끝을 보고 마치 달을 본 것처럼 착각하는 형국이다. 『중용(中庸)』 첫 머리에는 하늘의 지엄한 명령(天命)으로 모든 인간에게 품부되어 있는 것이 성(性; human nature)이라고 큼직하게 내 걸고 있다. 이 성(性)에 따르는 것이 곧 도(道)이고, 교육은 곧 그 도(道)를 닦는 과정(즉, 修道)이다[24].

---

24) 『중용』 첫 머리에는 인간관과 그에 따른 교육관이 명쾌하게 제시되고 있다.
天命之謂性, 率性之謂道, 修道之謂教

여기서 우리는 어떤 경우에나 교육은 천명(天命)으로 인간에게 품부된 성(性)에 연관되지 않으면 안 된다는 것을 확인하게 된다. 교육은 하늘의 명령에 의한 것인 만큼 지엄(至嚴)하다. 따라서 교육은 우리가 마음 내키는 대로 이런 저런 명분으로 함부로 바꿀 수 있는 그런 것이 아니다. 그래서 특수교육은 '교육본질'을 복원하는 교육이어야 한다. 노자는 "도는 자연을 따르는 것"(道法自然)이라면서, 이 도(道)를 위해 복성(復性)공부를 강조한다. 여기 '復性工夫'는 심성의 뿌리(근본 혹은 본래자리)로 돌아가는 공부이다.

불학에서도 자기 마음을 똑 바로 보고(見性) 알아차리기만 하면 누구든지 부처가 된다(成佛)고 했다. 모든 중생이 함께 큰 수레를 타고(大乘) 열반의 세계로 들어가는 큰 믿음을 일으키는(起信) 논술이 바로 '대승기신론'(大乘起信論)이다. 우리는 누구나 부처가 될 수 있는 가능성(씨앗)을 내장(內藏)하고 있지만, 사는 동안 이런저런 때와 먼지가 끼어 원래는 투명했던 거울이 보이지 않게 되었을 뿐이다. 그래서 공자도 '성상근'(性相近)이지만 '습상원'(習相遠)이라했다.

교육은 우리 심성(心性)에 끼어 있는 때와 먼지를 걷어내는 공부이자 과정이다. 붓다는 심한 지적장애를 가진 출라판타카라(周梨槃特)에게 매일 절간을 쓸고 닦는 일을 하루도 빠지지 않고 지속하게 함으로써, 마침내 그에게 마음의 때와 먼지를 걷어내는 것을 깨치게 하였다. 붓다는 방편(方便)의 기재(奇才)이자 위대한 특수교사였다. 일본은 '특수교육'을 '특별지원교육'으로 개명했는데, 나더러 불교의 입장에서 특수교육을 말하라면, '특수방편교육'으로 개명하겠다. 『중용』에서도 '수도지위교'(修道之謂教)에서 교육의 과정으로서 '수도'(修道)는 사람의 능력과 특성에 따른 '품절'(品節)을 뭣보다도 중시했다. 그래서 공자는 '유교무류'(有教無類)라며 교육에는 그 부류가 따로 없다고 했다. 여기에서 인간교육의 가능성과 필요성을 절묘하게 결합시켰다.

이처럼 동아시아문명의 뿌리인 유학과 불학의 가르침에 의하면, 인간교육의 가능성은 누구에게나 무한정(unlimited)으로 열려 있다. 오늘날 특수교육은 장애 보상(補償; compensation)을 위한 기법(用)에 현혹된 나머지 교육의 근본(體)를 잃어버렸다. 원래 '체용'(體用)에서 '체'(體)와 '용'(用)은 떼려야 뗄 수 없는 불이(不二)의 관계지만, 그 선후(先後)와 주종(主從)을 따지자면 그 근본인 '체'(體)가 먼저다.

퇴계(退溪) 선생이 이기논쟁(理氣論爭)에서 끝까지 용(用)으로서 기(氣)보다 체(體)로서 이(理)를 중시한 이유를 우리는 놓치지 말아야 한다. (특수)교육에서 '본말전도'(本末顚倒)는 더 이상 되풀이되지 말아야 한다. 그래서 필자는 교육본실 복원으로서 한국특수교육론의 정립을 제기한다. 뿌리 깊은 나무는 바람에 쉬이 넘어지지 않는다. 세계화의 거센 바람 앞에서 한국 특수교육론이 자기 정체성을 드러내기 위해서는 '체'(體)를 중시하는 뿌리로 되돌아가야 한다. 교육이 결국 '심원'(心源)으로 되돌아가기라면, '원시반본'(原始返本) 혹은 반본환원(返本還元)은 지금 우리에게 더욱 소중하다. 노자의 『도덕경(道德經)』에서도 근본으로 되돌아감이 도의 움직임(反者 道之動)이라 했다.

III. 세상을 새로 여는(開闢) 한국특수교육론

19세기에 수운 최제우는 서세동점(西勢東漸)에 대응하여 후천개벽(後天開闢)의 동학(東學)을 창도했다. 도올 김용옥(2004)은 동학이 이끈 플레타르키아(pletharchia)의 신세계를 이렇게 평가한다.

> 동학에 이르러 조선역사에 내재해온 플레타르키아의 열망은 이전과는 전혀 다른 새로운 패러다임을 구축하게 된다. 그것이 '개벽'이었다. 조선의 20세기 암흑과 21세기의 희망은 모두 이 개벽의 패러다임 속에서만 논의될 수 있는 것이다(김용옥, 2004, p.140)[25]

그는 동학의 '민본성'에 의거한 개벽사상은 단계론적 · 직선적 역사인식 속에서는 이해될 수 없는 것이라 했다. 문명사적 측면에서 볼 때, 동학은 19 세기에 서학과 개신교라는 두 거물 사이에 위치하면서('서학-동학-개신교') 역동적인 한국종교문화의 얼굴로 등장했다.[26] '개벽'(開闢)의 주인공인 민중은 사람이 하늘(人是天)임을 알아 시천(侍天)에서 양천(養天)으로, 양천(養天)에서 체천(體天)으로 나아가는 삶을 열어가야 한다. 이것이 후천개벽의 삶이다.

장애당사자 중심성에 의거한 '장애학'(disability studies) 담론은 특수교육의 개벽(開闢)이다. 필자는 인권의 주체로서 장애인 당사자 스스로가 새로운 세상을 열어가는 것을 '개벽의 특수교육론'이라 명명한다. "우리를 빼놓고는 우리에 대해 말하지 말라"(Nothing about us without us)는 것은 깨친 장애인의 자기권리 주장이다. 이런 목소리가 장애인 당사자에 의해 제기되도록 하기 위해 기존의 특수교육 패러다임을 어떻게 바꿀 것인가를 심각하게 고민해야 한다. 이것이 '장애학'에서 본 특수교육의 재구조화(restructuring) 과제이다.

지적장애인은 자기 권리를 당당히 주장할 수 있게 되기까지 많은 인내와 노력이 필요하다. 남이 한 번에 능하면 그들은 백 번을 하게하고, 남이 열 번에 능하면 그들은 천 번을 하게 기다려 주어야 한다. 지적

---

25) 김용옥 (2004). **도올심득 동경대전**. 서울: 통나무.

26) 최종성 (2009). **동학의 테오프락시**. 서울: 민속원.

장애인은 기본적으로 발달이 더딘 사람이지 보호와 관리(즉, 대리자 중심)의 대상이 아니다. 참여에 의한 자기역량의 발휘(empowerment) 기회 혹은 권리가 부단히 주어질 때, 장애인도 삶의 주체자로 우뚝 설 수 있다.

최근 미국의 29세 다운증후군 여성 제니가 "이제 후견인은 필요 없어요. 내 선택의 자유를 돌려주세요."라면서 자신의 부모를 상대로 벌이고 있는 '자기 결정권' 소송이 세인의 시선을 끌고 있다[27]. 인권단체와 지역 주민들은 "제니를 위한 정의"를 앞세워 그의 선택을 지지하고 있다. 제니의 변호사는 "이 사건이 지적장애인 후견인에 대한 논의를 바꿀 산사태를 일으킬 바위가 되길 희망한다"며 "우리는 지적장애인들이 할 수 없는 것이 아니라 할 수 있는 것에 초점을 맞춰야 한다"고 했다(한겨레, 2013.07.23). 다운증후군 여성의 '독립선언'을 옹호하는 판례를 기대한다.

『중용』에서는 우리가 성(誠)하고자 노력함에 있어 "남이 한 번에 능하거든 나는 백번을 하며(人一能之 己百之), 남이 열 번에 능하거든 나는 천 번을 하리라(人十能之 己千之)"라 한 것은 바로 특수교육을 향한 경구다. 특수교육은 이런 경험을 부단하게 재구성해주는 과정으로 존재한다. 교육은 자기권리 주장을 일회적으로 펼치는 '운동'이 아니다. 특수교육은 장애인을 향한 구원의 손길이 아니라, 장애 당사자로 하여금 자기 십자가를 감당하게 하는 교육이다.

공교육으로서 특수교육은 장애아동에게 자기 권리를 온당하게 실현하는 교육적 경험을 적절히 제공해주는 체계적 '과정'(process)이다. '성'

27) 제니(IQ 52 수준)는 친구인 켈리 모리스 커플과 함께 살기를 원한다. 그는 5년 전에 버지니아 주 어느 쇼핑가에서 이 커플을 만났다. 빈티지 상점을 운영하고 있는 켈리 커플은 제니를 점원으로 고용했다. 제니는 이들의 삶에 잘 녹아들었고, 곧 친구가 되었다. 커플은 넓은 자택의 일광욕실을 제니의 방으로 꾸몄다. 동거가 시작된 것이다. 특히 켈리의 15살 딸 조던은 제니와 허물없이 지내며 마음을 나누고 있다. 제니는 이런 삶이 계속 유지되기를 바라고 있다(한겨레, 2013.07.23).

(誠)은 과정의 철학이다. 그래서 지성(至誠)이래야 능히 화(化)할 수 있고(至誠能化), 지성은 언제나 쉼이 없다(至誠無息). 그리고 우리 특수교육인들은 모든 장애인과 큰 수레를 타고(大乘) 함께 진여(眞如)의 세계에 들 수 있다는 불퇴전의 믿음으로 (특수)교육에 임해야 한다. 이런 믿음이 뒷받침된 교육과 그렇지 않은 교육과는 하늘과 땅의 차이이다. 이런 교육적 경험의 부단한 축적을 통해 장애인은 더디지만 마침내 자신의 세상을 열어간다. 자신의 세상을 주체적으로 열어가는 사람들에 의해 세상은 진정 '개벽'(開闢)된다.

'개벽'의 한국특수교육론은 『대학(大學)』에서 말하는 '선내성후외왕'(先內聖後外王)의 순리를 따른다. 크게 배우는 학문과 교육을 총괄한 『대학』은 8조목의 순차적 논리로 구성되어 있다. 그 여덟 가운데 앞의 다섯(格物[28], 致知, 誠意, 正心, 修身)은 자기를 닦는(修己 혹은 內聖) 덕목이고, 나머지 셋(齊家, 治國, 平天下)은 다른 사람을 다스리는 것(治人 혹은 外王)과 연관된다. 여기서 주목해야 할 것은 전자의 수기(修己)가 체(體)이고, 치인(治人)은 그 용(用)이다. 그래서 '선내성후외왕'(先內聖後外王)이다. 즉, 특수교육의 '교육다움'이 먼저이고, 그런 교육을 받은 사람에 의해 세상이 바뀌어지는 것은 그 다음이다.

세상을 새로 여는 '개벽의 특수교육'은 먼저 장애인 당사자의 내면적 각성에 의한 수기(修己)가 있은 다음에, 진정 장애인의 인권을 존중하는 세상을 열 수 있다고 믿는다. 장애학(disability studies)에서 강조하는

---

28) 팔조목의 설계에서 수신(修身)이 그 근본인 것은 움직일 수 없는 것이지만, 내적인 심성함양에 격물치지(格物致知)를 앞세우고 있어 주목을 끈다. 이 때 격물치지(格物致知)는 사물의 이치를 궁구하는 노력이 지극하면 하루아침에 활연(豁然)히 천하사물의 이치를 꿰뚫어 알게 되어, 사물의 안과 밖 그리고 근본과 지엽적인 것이 나의 지식으로 들어오게(지식의 내면화)된다는 것이다. 『대학』은 지식의 추구(내면화)가 수기치인(修己治人)에 두루 관통하는 것임을 강조하고 있다.

장애당사자 중심 사회가 도래하도록 하기 위해서는 운동중심의 투쟁일변도만으로는 세상을 바꾸는 데에 한계가 있다. 먼저 내면적으로 장애인당사자가 거듭나는 만큼 세상도 달라진다. 개인적 · 내면적 개벽이 먼저 일어나야 집단적 · 외현적 개벽이 온다. 그래서 특수교육의 '교육다움'이 막중하다. 하지만 '심성함양'으로서의 교육과 세상을 바꾸는 운동은 하나의 프락시스(praxis)로 맞물려 돌아가야 한다.

마무리

한국특수교육론의 내면적 특성을 규정하는 핵심 주제가 왜 '회통(會通) · 체(體) · 개벽(開闢)'인가? 이게 정말 한국특수교육 담론의 핵심개념으로 합당한가? 답이 정해져 있지 않다. 문제는 우리가 얼마나 공감하면서 실천하느냐에 달렸다. 우선은 공감을 불러일으키는 설명력이 긴요하다. 필자는 앞에서 이들 세 개념을 편의상 따로 떼어 설명했지만, 그 바탕은 한국사상이라는 전체 틀 속에 서로 연관되어 있다. 한국사상의 심층에 '회통-체-개벽'이 어떻게 연관되는가?

회통(會通)은 원래 원효(元曉)가 처음 지어낸 원리다. 불교의 서론은 인도가, 본론은 중국이, 결론은 조선이 내렸다고 한다. 인도에서 불교가 중국으로 건너와 불교는 여러 종파로 갈라져 발전했는데, 여러 불교종파를 하나로 묶어 통불교(通佛敎)를 원효가 제기한 탓에 그렇게 말한다. 우리끼리 하는 말이 아니라, 중국과 일본에서 그렇게 인정해 준다. 이즈음 말로 원효는 통섭(通攝)의 학자다. 가로지르기(會通) 특수교육담론 정립을 통해 유럽과 미국의 특수교육 담론을 회통해서 동아시아문명론에 기반 한 한국특수교육론을 제기하자는 것이 필자의 의도다.

'체'(體)는 동양철학의 '체용론'(體用論)에서 가져온 말이다. 원래 '체용'(體用)은 나무의 뿌리(體)와 가지나 그 잎(用)과 같은 관계다. 뿌리가 튼실해야 가지와 잎이 무성하기 마련이다. 학문, 특히 교육에서 근본(體)을 중시한 나머지 지말(用)을 간과하는 경우는 별 문제될 게 없지만, 지말(支末)의 쓰임(用)을 중시한 나머지 근본(體)을 간과하는 경우 어김없이 심각한 재앙을 초래한다. 교육이 머리 둘 곳을 잃어버린다. 지금 한국특수교육담론은 바로 이런 본말전도(本末顚倒)에 빠져 있지 않은지 심각히 되짚어 봐야 한다. 우리는 기법(技法)으로 특수교육을 해오는 동안 우리도 모르는 사이에 장애(disabilities)만 보고 사람(human)을 놓쳤다. 특수교육에서 뿌리 찾기는 '인간학'으로서 한국특수교육론을 정립하기 위함이다.

'개벽'(開闢)은 19세기 후반 서세동점과 서학(西學)에 대응하여 동학(東學)을 제기한 수운(水雲) 최제우 선생의 민중혁명에 의한 '새 세상 열기'(후천개벽)이다. 동학에서 '개벽'의 주인은 일하는 여성과 철없이 노는 어린이다. 19세기말 외세의 각축(청일전쟁)에 밀려 동학의 플레타르키아는 역사에서 실패한 혁명이지만, 그 정신과 혼을 오늘 우리는 다시 살려내야 한다. 김상봉(2014)은 동학을 한국철학의 시원으로 본다. 장애인에 의해 새 세상을 여는 개벽의 특수교육론이 제기되는 역사적 당위가 특수교육학인들의 어깨에 걸려 있다. 장애인을 중심에 세워 보듬는 세상, 특수교육을 중심에 세워 피폐한 공교육을 살려내는 그 날이 와야 한다. 그래서 개벽의 한국특수교육론이다. 앞서 말한 '회통'과 '체'의 특수교육도 결국은 '개벽'의 특수교육론에 하나로 꿰인다. 한국특수교육은 먼저 스스로의 내면적 개벽으로 거듭나야 한다. 그래야 세상이 개벽된다.

'개벽'의 특수교육을 위해 무엇보다 특수교육(학)계 내부에서 그리고 장애인 당사자로부터 '메타노이아'(Metanoia; 悔改)의 깨침이 일어나야 한다. 그래서 장애인 스스로가 자신의 십자가를 지고 의연히 일어나는 그 날을 고대한다.

05 농교육의 쟁점과 과제: 5W1H론과 한국 농교육[29)]

농교육은 특수교육 분야에서 가장 오랜 전통을 지니고 있다. 오늘날 농교육은 특수교육계 내부에서조차 또 하나의 마이너리티 그룹으로 전락하고 말았지만, 그 특수성이 강한만큼 짚어야 할 쟁점은 여전히 풍부하다. 그래서 농교육이 풀리면 특수교육이 풀리고, 특수교육이 풀리면 모든 교육이 풀린다. 여기서는 농교육의 쟁점을 왜(why), 누가(who), 어디에서(where), 무엇을(what), 어떻게(how), 언제(when)라는 순서로 소위 '5W1H'론에 입각하여 논의해 볼 것이다.

'Why'에서는 농교육의 목적론을, 'Who'에서는 농교육의 주체성을, 'Where'에서는 농학생의 교육배치를, 'What'에서는 농교육의 내용론을, 'How'에서는 농교육의 방법론을, 그리고 'When'에서는 농인의 평생교육을 각각 논의하게 될 것이다. 이것이 5W1H의 논지다. 필자는 이 5W1H의 논지에 따라 21세기 한국 농교육의 과제를 세 갈래로 짚어 볼 것이다. 즉, 그 하나는 농교육에서 '학습자 중심(learner-based)'교육이 진정 의미하는 바가 무엇인지, 그 둘은 농교육에서 심성함양으로서 교과교육 정립과제를 짚어보고, 마지막으로 농(인)학(Deaf studies)의 관점에서 본 한국 농교육의 개선 과제를 제기할 것이다.

---

29) 이 글은 서울농학교 개교100주년 기념학술대회에서 기조 발표한 내용이다(2013.10.24. 서울농학교 대강당).

I. 농교육에서 '5W1H'론

Why: 농교육의 목적은?

인간의 문제는 결국 마음의 문제다. 그래서 교육은 심성함양(心性涵養)이다. 농교육은 농학생의 심성함양에 관여하는 만큼 교육적이다. 우리는 오늘의 농교육이 '마음 안'의 문제를 겨냥하는지 '마음 밖'의 그 무엇에 꺼둘리고 있는가를 엄중히 짚어 봐야 한다. 교육이 목적 그 자체(즉, 교육의 내면적 · 본래적 목적)에 충실하고자 하는지, 아니면 목적을 빌미로 한 수단에 종속되는 것을 정당화하는지를 따져 봐야 한다. 맹자(孟子)는 어떤 경우에나 목전의 이익을 염두에 두고 하는 일은 도(道)에 어긋난다고 했다. 『중용(中庸』에서는 이 도를 닦는 것(修道)이 곧 교육이라 했다. 그리고 이 도(道)는 하늘의 지엄한 명령(즉, 天命)으로 모든 인간에게 품부된 본래성(本來性)에 따르는 것이라 했다. 이처럼 교육의 길(목적)은 엄중하다. 때문에 교육은 우리가 자의적(恣意的)으로 이리저리 마음대로 그 길(way)을 바꿀 수 있는 그런 것이 아니다.

문제는 사람들이 목전의 이익에 끌려 교육을 이리저리 바꾸는 동안에 어김없이 교육 본래의 목적이 실종되고 말았다는 사실이다. 일반교육은 '점수병'에 걸려 있고, 농교육은 '말훈련' 환상에 빠져 있다. 그러니 교육 본래 목적은 실종될 수밖에 없다. 점수는 출세의 측도이고, 농교육에서 '말하기'는 정상화 혹은 표준화의 강요다. 농교육이 교육다운 것이 되기 위해서는 무엇보다도 '심성함양'을 위한 교육본질 복원에 주력해야 한다.

그러면 농교육에서 교육본질 복원을 위해 무엇을 어떻게 할 것인가? 일차적 책임은 그 교육을 담당하는 교사의 손에 달려 있다. 왜냐하면 교육본질 복원은 원칙적으로 교사들이 운영하는 교육과정을 통해 가능하기 때문이다. 『중용(中庸)』에서 '수도지위교'(修道之謂敎)로 교육을 규정한 것에 비추어 볼 때, 이 도를 닦는 '修道'는 요즘 말로 하면 '교육과정계획과 운영'에 해당된다. 교육과정은 심성함양을 위한 도구이자 매체(내용)이지 점수 따기의 요령이 아니다. 그리고 이 '도'(道)는 잠시도 나를 떠날 수 없는 마땅한 길(way)이다. 『중용』에 의하면, 교육은 '성'(誠)하고자 부단히 노력하는 품위 있는 삶의 과정(過程; process)이다. 그래서 지극한 정성으로 끊임없이 노력하는 사람에게는 스스로의 인격(人格) 변화는 물론, 다른 사람에게도 인격적 감화(感化)를 안겨 준다.

심성함양을 위한 교육에서 교사는 학생들을 여래(如來)의 땅으로 안내하는 진여(眞如)의 화신(化身)이어야 한다. 『중용』에서는 "지극한 정성이라야 자기의 타고난 성(性, 즉 본래성)을 온전히 발현할 수 있고, 자기의 타고난 성(性)을 온전히 발현할 수 있게 되어야 타인의 성(性)을 온전히 발현케 할 수가 있다."(22장)고 했다. 그래서 "지성이래야 능히 화(化)할 수 있다."(至誠能化)고 했다. 여기 '화'(化)는 인격적 '감화'(感化)와 같은 의미다[30].

필자가 보기에 『중용』의 이 말은 농교육에서 교사론의 백미(白眉)다. 이것이 교직의 본래 성격이자 교사의 운명이다. 이 운명을 거역할 교사는 아무도 없다. 그러나 교직의 본래 사명을 완벽하게 수행하는 교사는 이 세상에 아무도 없다. 다만 그렇게 살고자 부단히 헌신하고 노력(소위 誠之의 삶)할 뿐이다. 그러는 동안 (농)교육의 내재적 목적은 조금씩 현실화된다. 그래서 교육은 이상의 현실화 과정이다. 『중용』의 가르침에 의하면, 교육은 '성'(誠)의 과정이고, 이 성(誠)은 '화'(化)의 과정으로 이어진다.

---

30) 도올 김용옥은 '지성능화'(至誠能化)에서 '화'(化)의 의미를 이렇게 규정했다.
「여기 '화'(化)라는 것은 우리가 보통 쓰는 '감화'(感化)라는 말과 상통하는 것인데, 그 '감화'의 본뜻은 "영향을 준다"는 정도의 의미가 아니라 "근원적인 패러다임 쉬프트(paradigm shift)를 이룩한다"는 것을 의미한다. 인격체에 있어서는 어떤 "아이덴티티의 변화"가 일어나는 것이다.」(김용옥 (2011). **중용 인간의 맛**. 서울: 통나무, p.295)

Who: 농교육의 주체는 누구인가?

두 말할 나위도 없이 교육의 주체는 아동학생과 그 교육을 이끄는 교사다. 과연 한국교육의 냉혹한 현실에서 교육 주체가 주체로서 주인노릇(隨處作主)을 제대로 하기나 하는가? 또 주체로서 대접을 받기나 하는가? 여기 '냉혹한' 교육현실은 '가혹한' 교육경쟁체제 혹은 학벌 이데올로기를 지칭한다는 걸 모르는 사람은 없을 게다. 달리 말하면 오늘의 한국교육에서 학생과 부모는 '점수병'에 걸려 있고, 교사는 '점수 제조기'로 전락하고 말았다. 그리고 출세는 학벌체제로 엄격히 서열화(일렬화)되어 있다. 농교육은 이런 경쟁체제에서 조차 국외자(exceptional children)로 몰리니 아예 교육 권력의 서열에 끼어들기조차 어렵다. 게다가 최근에 와서는 특수교육계 내부에서도 농교육은 소수의 마이너리티 그룹으로 밀려나 그 위상이 더욱 초라하게 되어버렸다. 이제 농학교는 그 존립자체에 위협을 받는가 하면, 농교육은 그 어느 때 보다도 자기 정체성 위기에 빠져 있다.

어찌할 건가? 동양철학의 열쇠 말 가운데 '원시반본'(源始返本)이라는 말이 있다. 원래 시작한 본래 자리로 되돌아가 그 근본에서 되비춰본다는 의미다. 그래서 노자 『도덕경(道德經)』에는 되돌아보는 것이 도의 움직임(反者道之動)이라 했다. 이와 비슷한 의미로 불교에서는 '반조'(返照)라는 말을 즐겨 쓴다. 어찌 보면 오늘의 한국 농교육은 본말(本末)이 심각하게 전도(顚倒)되어 있다. 이 본말전도(本末顚倒) 증상이 심하면 그 게 그런 줄도 모르고 도리어 당연한 것으로 정당화하는 자기모순에 빠지게 된다. 교육에서 지말(支末)을 근본으로 착각하는 경우는 별로 문제될 게 없지만, 거꾸로 근본을 지말로 착각하는 경우에는 어김없이 심각한 재앙(災殃)을 초래한다.

필자가 보기에 농교육에서 본말전도에 따른 재앙은 교육의 목적, 내용, 방법에 걸쳐 두루 퍼져 있다. 그 실상은 Why(목적), What(내용), How(방법)의 측면에서 각각 다루어져야 할 게다. 다만 여기서는 'Who' 라는 주제가 제기하는 소위 주객전도(主客顚倒)의 문제를 중심으로 살펴보자. 농교육에서 주객전도의 문제는 특수교육 내에서도 좀 더 심각하고 민감한 문제를 제기한다. "우리를 빼놓고 우리에 대해 말하지 말라" (Nothing about us without us)는 장애인 당사자 중심성을 강조하는 소위 '장애학'(disability studies) 담론에서도 '농(인)학'(Deaf Studies)은 각별한 함의를 지닌다.

듣지 못함(deafness)은 과연 장애(disabilities)인가? 이것은 농교육이 소위 'Audism' 중심인가, 'Deafhood'에 기반 한 것인가에 따라 그 대답은 전혀 다르다. Audism 입장에서야 듣지 못함은 명백한 장애이지만, 'Deaf studies' 혹은 Deafhood의 입장에서 농은 결코 장애가 아니다. 이 문제는 언어지도방법과 관련하여 농교육에서 구화주의(oralism/audism)와 수화주의(manualism) 간의 해묵은 논쟁이 되어왔다. 이 논쟁이 소모적인 것이 아니고 생산적인 것이 되려면 당사자에 의한 선택의 '주체성'(즉, 立處皆眞)[31]이란 것을 그 중심에 놓고 원점에서 다시 봐야 한다. 최근 인공와우이식수술의 결정과정에서도 당사자의 인권과 주체적 결정권과 관련해서 복잡하고도 미묘한 윤리문제를 야기하고 있다. 농인세계에서는 청인 부모들이 일방적으로 농자녀의 CI를 결정하는 것에 대해 다수의 청인에 의한 소수 농인에 대한 '신식민주의'(neo-colonialism)로 비판하고 있다.

---

31) 이 말은 『임제어록(臨濟語錄』의 "隨處作主, 立處皆眞"(어느 곳에서나 주인이 된다면, 자기가 있는 그 곳이 모두 참되다.)에서 따온 말이다.

농인 당사자가 자신의 행복을 위해 주체적으로 선택할 수 있는 길은 언제나 열려 있어야 한다. 그 선택의 개방성 혹은 주체성을 보장하기 위해서는 기본적으로 다음 두 가지 원칙이 존중되어야 한다. 그 첫째는 당사자 중심의 원칙이다. 당사자의 행복권과 인권 자체가 무엇보다도 우선되는 기준에서 선택되어야 한다. 그 둘째는 선택의 개방성이 존중되어야 한다. 이거냐 저거냐 라는 배타적 선택으로서의 '냐냐주의'(either/or)보다는 이것도 저것도 개방적으로 수용하는 '도도주의'(borth/and)가 훨씬 온당하다. 그런 점에서 하나의 철학으로서 토털 커뮤니케이션 접근은 여전히 타당하다. 최근 종교다원주의(syncretism) 입장에 의하면, 종교문제에서조차도 '냐냐주의'보다는 '도도주의'를 권고한다.

그런데 농교육의 현실은 당사사의 행복권과 인권이라고 하지만, 실상 그 열쇠를 누가 쥐고 있느냐는 데에 있다. 진정 우리의 농교육에서 농아동은 인권의 주체인가, 관리의 대상인가? 과연 당사자 중심인가, 대리자 중심인가? 심각하게 되물어 봐야 한다.

Where: 어디에 배치할 것인가?

농교육은 특수교육에서 가장 오랜 분리교육의 전통을 유지해 왔다. 지금도 농학교는 전형적인 분리교육체제이다. 서울농학교의 개교 100주년은 기본적으로 분리교육체제로서의 100주년이다(그동안 조기교육 단계에서 역통합의 성과를 일부 보이긴 했지만). 오늘날 정책 지향성으로서 통합교육은 'Full Inclusion'을 지향하고 있지만, 현실적으로 그것은 많은 난관을 지니고 있다. 그 난관의 벽은 두껍고 높다. 장애학생이 일반학교에서 불편함 없이 공교육을 받기 위해서는 기존의 모든 학교들이 질적으로 전면 재편(total/full restructualizing)되지 않으면 안 된다. 그러나 신자유주의적 무한경쟁체제에서 장애학생들이 일반학생들과 더불어 불편함

없이 교육을 받을 수 있게끔 모든 학교가 품위 있게 개편된다는 것은 아득한 꿈이다. 그야말로 우리에게 그것은 'Edutopia'에 불과하다. 실제로 우리는 제7차 교육과정 개정과정에서 이 말을 겁도 없이 즐겨 사용한 적이 있다.

게다가 이명박 정권하에서 표준학력검사가 일제고사로 둔갑해서 치러짐에 따라, 개인 간에 그리고 지역 간에 점수 서열은 막강한 교육 권력의 도구가 되고 말았다. 그 결과 우리는 계층과 지역 간에 학력 격차는 끊임없이 벌어지고 있음을 확인하게 되었다. 교육에서도 빈익빈 부익부 현상이 아주 노골적으로 드러나고 말았다. 이런 무한경쟁체제하에서 통합은 명분일 뿐이다. 그렇다고 분리교육에 안주하자니 농교육은 '소록도' 교육이 되고 만다. 필자가 보기에 지금의 농학교 교육은 분리교육과 통합교육의 틈새에서 정체성 혼란에 빠져 있다.

그러나 우리에게 통합교육은 하나의 '방편'(方便)이지 그 자체가 최선의 목적은 아니다. 우리는 통합교육이라는 명분으로 독수리를 까마귀로 만들 수는 없는 일이다. 따라서 농교육에서 분리냐 통합이냐는 교육 배치(placement)가 중요한 게 아니라, 농학생들이 어디(where)에서 양질(high quality)의 교육을 받을 수 있느냐가 중요하다. 그렇다면 지금의 농학교는 교육의 수월성 제고를 위해 어떤 노력을 얼마나 하고 있는가? 세력 판도를 놓고 볼 때, 특수교육계 안에서 농교육의 전성시대는 지났다. 우리나라에서 70년대 말에서 80년대 초반까지만 하더라도 전체 특수학교 가운데 농학교가 가장 많은 분포를 점하고 있었다. 그러나 지금은 전성기의 농학교 수(26개교)의 절반에 불과하면서도 그나마 대도시의 대표적 농학교를 제외하고는 학교로서의 존립 자체에 위협을 받고 있다. 지금이야말로 농학교들은 슈마허의 『작은 것이 아름답다』(Small is Beautiful)[32]는 강점을 살려 낼 때다. 철저히 개별화된(individualized/

personalized) 지도를 통한 명품(名品) 교육을 창출할 절호의 기회다. 문제는 그럴 의지와 구도를 가지고 끈질기게 노력하는가, 않는가이다.

원래 통합은 자연성이다. 인위적 전문성을 강조하다 보니 이런저런 명분으로 분화와 분리가 재생산되었다. 가장 좋은 것은 가정에서, 학교에서, 그리고 지역사회에서 농아동이 자연스럽게 통합되어(included) 살아가는 공동체문화를 재현하는 일이다. 그리고 통합교육은 '사회통합'(social inclusion)이 대전제로 실현되지 않고는 그 뿌리를 내릴 수가 없다. 이를테면 다문화가정 자녀들이 일반 공교육 안에서 자연스럽게 통합될 때에, 장애아동의 통합가능성은 훨씬 수월해 진다. 그래서 통합교육은 사회통합의 반영이자, 사회통합을 향한 과정(process)의 문제이다. 이런 맥락에서 필자는 우리에게 분단극복으로서의 통일(unified)은 특수교육의 통합(inclusion)과 다르면서 같다고 했다.

What: 무엇을 가르칠 것인가?

필자가 보기에 우리 농교육에서 '무엇을 가르칠 것인가?'는 가장 핵심적인 질문이다. 어째서 인가? 교육에서 내용(what)은 목적(why)과 방법(how)을 하나로 연관지우는 매개이자 실재(reality)이기 때문이다.

---

32) 슈마허는 이 책에서 현대사회에서 교육문제의 본질을 이렇게 진단하고 있다.
「교육의 문제는 우리 시대의 가장 어려운 문제를 그대로 반영한다. 이 문제는 조직이나 관리, 또는 돈으로 해결될 수 없다. 물론 이것들의 중요성을 부인하는 것은 아니다. 우리는 형이상학적인 병으로 고통 받고 있으므로, 치료법도 형이상학적인 것일 수밖에 없다. 우리의 근본적인 확신을 명확하게 제시하지 못하는 교육은 단순한 훈련이거나 방종이다. 왜냐하면 오늘날 혼란에 빠진 것은 우리의 근본적인 확신 자체이며, 또 현재의 반형이상학적인 분위기가 지속되는 한, 이 혼란은 더욱 악화될 것이기 때문이다. 그렇다면 교육은 인류의 최대 자원이기는커녕 '최고의 것이 부패하면 최악'(corruptio optimi pessima)이라는 원리에 따라 파괴의 도구가 될 것이다.」(이상호 옮김. **작은 것이 아름답다**. 서울: 문예출판사, 2011, p.130)

그런데 우리 농교육에서는 '무엇을 가르칠 것인가?'(내용으로서 교과교육)를 기반으로 하여 목적과 방법을 하나로 꿰는 일에 실패했거나 그 일을 등한히 했다. 누가 나더러 농교육의 실패이유를 묻는다면, "교과를 교과답게 가르치고 배우지 못한 데에 있다."고 하겠다.

일찍이 Johnson(1989)[33] 등은 '열린(잠기지 않은) 교육과정'(unlocked curriculum)이라는 유명한 논문에서 농교육의 실패이유를 두 가지로 적시한 바 있다. 즉, 그 하나는 언어수행능력(language competency)의 결핍이고, 다른 하나는 낮은 기대수준 때문이라고 했다. 여기서 그들이 언어수행능력을 'language performance'라 하지 않고 'language competency' 라고 표현 한 것에 유의할 필요가 있다. 이 때 '언어수행능력'은 구어든 수어든 1차 언어 획득을 기반으로 한 2차 언어로서 문자언어 획득까지를 포괄하는 수행능력(competencies)이다. Johnson 등이 이 논문의 제목에서 교육과정(curriculum) 문제를 내걸고도 주로 농학생의 언어획득 문제에 집중한 것은 농교육의 문제를 언어교육 문제 쪽으로 부각시킨 탓이다.

필자는 원칙적으로 농교육에서 언어교육도 교육과정 혹은 정규교과교육의 틀 속에서 정립되어야 한다고 본다. 여기서 교과내용은 언어양식(language mode)에 우선할 뿐만 아니라, 오히려 그것을 규정하는 힘을 가져야 한다. 무슨 말인가? 농학생이 교과내용을 소화하는 데에 도움 되는 최적의 언어양식이 개방적으로 선택 · 활용되어야지, 특정의

---

33) Johnson, R. E., Liddell, S. K., and Erting, C. J.(1989). Unlocking the curriculum: principles for achieving access in deaf education. Gallaudet Research Institute Working Paper. 이 논문은 여러 나라에서 번역하여 세계적으로 두루 읽혀진 주목할 만한 논문이다. 우리나라에서는 김병하, 강창욱, 최영주 편역(1994). **청각장애와 언어**. 대구대출판부, pp.247-285에 완역되어 소개됨.

언어양식이 교과내용을 규제하는 도구가 되어서는 안 된다. 언어는 의사소통 도구이지 그 자체가 목적과 내용을 규정하지는 못한다. 만약 농교육에서 특정 언어양식이 교육의 목적과 내용까지 규정하려 든다면 그것은 분명 교육의 재앙(災殃)이다. 이것은 농교육에서 또 하나의 심각한 본말전도(本末顚倒)이다.

앞에서 모든 교육은 심성함양에 연관되는 한에서 교육의 반열에 들 수 있다고 했다. 물론 농교육도 그 예외가 될 수는 없다. 그러면 '교과공부=마음공부'의 내적 연관을 어떻게 정립할 수 있는가? 유학을 성(性)과 이(理)의 학문으로 정립한 주자(朱子)는 우리가 지식을 내면화(즉, 格物致知)한 최종단계로 '활연관통'(豁然貫通)이라는 말을 썼다. 이것은 우리의 마음이 진선미(眞善美)의 이상적 기준과 일치했을 때의 상태를 인식론적 관점에서 표현한 말이다.

『중용』에서는 앎(교과)이 삶(마음)으로 연관되는 과정적 단계를 다음의 5단계로 제시하고 있다. 즉, 널리 배우기(博學)-자세히 묻기(審問)-깊이 생각하기(愼思)-분명하게 표현하기(明辯)-돈독히 행하기(篤行)로 이어진다[34]. 여기 5단계의 한문 끝 자는 학문(學問)-사변(思辨)-행(行)으로 이어져, 앎이 삶이되는 과정을 여실히 드러내고 있다. 이것은 교과공부가 어떻게 마음공부로 합일(合一)되는가를 우리에게 명백히 제시해 준다.

---

34) 양명(陽明)에게 한 제자가 "『중용』에는 '박학'(博學)이라는 말이 있고, 또 '독행'(篤行)이라는 말도 있는데 분명히 지(知)와 행(行)은 두 가지가 아니겠습니까?"라고 물었다. 이에 양명은 "박학(博學)이란 모든 일에서 천리(天理)를 발견한다는 뜻이고, 독행(篤行)이란 실제로 그러한 공부를 계속하는 것을 말한다."고 답했다. 중국사상사에서 양명학은 '지행합일설'(知行合一說)로 대변된다. 그에 의하면, 博學-審問-愼思-明辯에 이르는 전체 과정이 마지막 단계인 篤行에 일관되게 연관되는 것을 강조한다. 이것이 바로 그의 '양지'(良知) 혹은 '치양지'(致良知)설의 핵심이다.

How: 어떻게 가르칠 것인가?

농교육의 역사는 언어지도 방법논쟁의 역사라고 해도 과언이 아니다. 논쟁은 학문 발전의 핵심이다. 백가쟁명(百家爭鳴)의 시대를 거쳐 중국은 문명국으로 우뚝 설 수 있었고, 소크라테스의 논쟁제기를 거쳐 헬레니즘문화가 뿌리를 내리게 되었고, 이기(理氣)논쟁을 통해 조선의 성리학이 중국을 능가하는 데에 이르기도 했다. 그런데 논쟁이 역사발전에 기여하기 위해서는 그것이 생산적이어야지 소모적이어서는 안 된다. 농교육역사에서 언어지도 방법논쟁이 어느 정도로 생산적인 논쟁이었는지 쉽게 결론이 얻어지지 않는다. 그만큼 빛과 그림자가 공존하기 때문이다. 게다가 쟁점 자체가 기실은 그리 복잡하지 않은 것임에도 쉽게 합의된 결론이 도출되지 않고 있다는 점이다.

왜 그런가? 그 쟁점에 매몰되어 꺼둘리는 동안 우리도 모르는 사이에 논쟁을 위한 논쟁에 휘말려 들었는지도 모른다. 전술한 것처럼 이것은 농교육에서 또 하나의 심각한 본말전도(本末顚倒)다. 여기서 우리는 "누구를 위한 논쟁인가?"를 되물어 봐야 한다. 논점의 주체가 농인당사자인가 부모 혹은 전문가들인가 하는 질문을 원점에서 다시 제기해 봐야 한다. 물론 부모나 전문가들은 당연히 그들(농인)을 위해서(for)라지만, 그들의(of) 입장이라는 것과 제3자의 그들을 위해서라는 것과는 이치상(즉, 개념적으로)으로나 윤리적으로나 하늘과 땅의 차이다.

농교육의 원조(元祖)인 C. M. de l'Epee는 1760년 파리농학교에서 농교육을 시작하면서 "수어는 농인의 모국어(first/natural language)"라는 입장을 천명했다. 어느 분야를 막론하고 선구자(先驅者; pioneer)는 위대하고 탁월하다. 필자가 보기에 레페의 이 원칙은 농교육을 관통하는 제1원칙이다. 그러나 이 제1원칙은 소위 정상화(normalization)를 표방하는 구화주의자(oralist)들의 힘에 밀려 끊임없이 상처받는 마이너리티로 몰려나야 했다. 작년 런던 장애인 올림픽 개막식에서 호킹 박사는 우리에게 어떤 경우에나 정해진 '표준'(standard)은 따로 없다고 했다. 그 표준은 각자의 내면에 존재할 수는 있을지언정, 모두를 규격화하는 표준은 절대로 존재하지 않는다.

19세기 말 이태리 미라노(Milan)에서 개최된 세계농교육자대회(1880)는 표결 결과 구화주의의 일방적 승리로 소위 '구화일변도주의'(only oralism)를 표방하기에 이르렀다. 필자가 보기에 이것은 '정상화'의 명분이 농교육의 실리(實利/實理)를 제압한 결과이다. 그 여파로 "수화는 구화의 적"이라는 슬로건까지 등장하게 되었다. 게다가 20세기에 접어들며 전자공학의 발달에 힘입어 보청기가 급속히 개발 · 보급됨에 따라 구화주의는 날개를 단 기세로 세세농교육을 주노했다. 그러던 중 1950년대 말 구소련을 중심으로 수정구화주의(neo-oralism)가 제기되면서 '구화일변도주의'에 대한 일련의 반성이 일어나기 시작했다. 그도 그럴 것이 구화주의의 표방이래, 농학생들의 학력이 그 이전에 비해 계속 떨어지는 기이한 현상을 보게 되자, 농교육계 내부에서 자성(自省)의 목소리가 점차로 고개를 들게 되었다.

이 자성의 연장선상에서 미국을 중심으로 1970년대 후반에 소위 토털 커뮤니케이션(total communication)이 등장하게 되었다. 이 TC 접근은 농인 당사자의 독특한 니즈(needs)를 존중하는 철학의 정당성에도 불구하고, 농교육 실천에서 반쪽의 성공과 실패를 함께 안겨 주었다. 이 접근은 모든 언어양식을 개방적으로 활용하는 것을 원칙으로 내세웠지만, TC에서 적용된 수어는 음성언어의 문법 틀에 수어를 적용한 것이어서 독자적 언어로서 수어의 생명력을 상실했다. 마치 우리나라에서 영어가 콩그리쉬(Konglish)로 변질된 격이다. 말하자면 가짜수어(spoken manual language)가 진짜수어(natural sign language) 행세를 하니

이도 저도 아닌 것이 되어 버리고 말았다. 게다가 현장에서는 하나의 변종(變種)으로 동시법(simultaneous method)을 적용하면서, 그게 곧 TC 접근인 줄로 착각하고 있었던 게다. 그래서 TC 접근은 빛을 발해 보지도 못한 채로 실천과정에서 퇴색되고 말았다.

이에 대한 또 하나의 반성으로 등장한 것이 1990년대의 소위 2Bi(bicultural/bilingual) 접근이다. 이것은 농인들이 향유하는 농문화(Deaf culture)를 하나의 독립된 문화로 인정해서 그 문화 속에서 자연스럽게 통용되고 있는 수어(natural sign language)를 농아동의 1차 언어로 획득되게 하자는 것이다. 꿩 잡는 게 매다. 농아동에게 1차언어로서 자연수어가 우선 안정되게 획득되어야, 2차언어로서 문자언어(즉, 읽고 쓰는 능력)가 제대로 획득될 수 있는 게다. 반대로 1차언어로 음성언어가 불안정하게 획득되면, 2차언어로서 문자언어는 더욱 그 획득이 불투명하기 마련이다. 목수에게 연장이 중요하듯, 도구로서 언어가 내축(內築)되어 있는 만큼 농아동에게 교과교육이 원활히 수행되고, 안정된 학력신장이 가능한 것이다. 그러나 고양이 목에 누가 방울을 달 건가? 어찌 보면 수어는 구어에 비해 그 지지세력 면에서 비교가 되지 않는다. 농자녀를 둔 부모의 95% 이상은 청인 부모다. 그들 청인 부모가 이 2Bi 접근을 얼마나 거부감 없이 수용하느냐가 문제다. 청인부모가 자신의 농자녀를 위해 농문화에 친밀감을 가지고 처음부터 적극 수용한다는 게 결코 쉬운 용단이 아니다. 기독교에서 말하는 Metanoia와 같은 의식변화가 일어나야 한다. 농을 보는 관점에서 메타노이아 없이는 2Bi 접근은 수용이 불가능하다.

게다가 인공와우이식수술이 하나의 복음(福音)처럼 부모들을 매료시키고 있다. 의사는 일차적으로 수술 자체의 성공여부에 책임이 있지, 언어재활은 결국 당사자와 부모의 노력에 위임된다. 수술은 물리적

처치(게다가 남아 있는 잔존청력마저도 함께 잘라버리는 것)이자 최후의 조처이기 때문에 당사자에게는 자신의 정체성에 평생을 두고 영향을 미치는 심각한 문제다. 이 자아정체성 문제는 어디까지나 당사자 자신이 평생을 두고 감당해야 할 몫이다. 그럼에도 인공와우이식수술의 결정과정에서 '당사자 중심성'이라는 게 소위 역지사지(易地思之)로 얼마나 존중되는지 아직은 예민한 윤리적 숙제로 남아 있다. 농아동에게 언어양식(language/communication mode)의 선택은 전적으로 그들에 의해, 그들을 위해, 그들의 것으로 열려 있어야 한다. 그래야 그들이 행복하다.

When: 배움은 언제까지인가?

배움은 죽을 때까지 이어진다. 자원은 한계가 있지만 배움에는 그 끝이 없다[35]. 공자가 70이 넘어 제자들이 이제 좀 쉬시는 게 좋겠다고 말하니 공자 왈 "하늘이 쉬더냐?"고 되물었다. 그래서 『중용』에서 '지성무식'(至誠無息)이라 했다. 공자는 죽을 때까지 배우는 일을 스스로 즐긴 사람이다. 그의 삶은 '호학역행'(好學力行)의 삶 그 자체였다. 그는 약 2600년 전에 '평생학습자'로서의 귀범을 우리에게 보여주었다. 이 시대는 지식정보의 홍수시대다. 따라서 끊임없이 학습하지 않으면 누구나 삶의 질 관리가 어렵게 되어 있다. 옛날에는 소수의 혜택 받은 계층으로서 지식인이 우대되기까지 했지만, 이 시대는 모두가 나름의 지식인 반열에 들지 않고는 살아남을 수가 없게끔 되어 있다. 그래서 언필칭 '지식기반'(knowledge-based) 사회이다.

35) 로마클럽에서는 1960년대에 인류의 성장과 자원의 한계를 경고하여 '고도성장과 개발'의 문제를 지적한 이래, 1970년대 말에는 '무한정의 학습'(No limit to learning, 1979) 시대 도래를 예견했다.

빈곤문제-장애(disabilities)-교육 불평등의 문제는 구조적으로 강고한 내적 연결고리를 형성하고 있다. 신자유주의적 무한경쟁 체제에서는 이 연결고리가 신의 힘으로도 떼어놓을 수 없을 정도로 강고해져 버렸다. 가난하기 때문에 장애인이 되기 쉽고, 장애인이기 때문에 제대로 배우지 못해 더욱 가난해지는 악순환의 재생산 고리로 이어진다. 한 조사(보건복지부, 2008)에 의하면, 18세 이상 장애인 가운데 초등학교 졸업학력 이하의 장애인 비율이 무려 전체의 절반(48.9%)에 이르고 있다. 게다가 무학을 포함해서 중학교 이하의 학력 소지자가 전체 장애인의 65.4%로 약 3분의 2정도에 이르고 있다. 이는 고등학교 졸업생 80% 이상이 대학에 진학하는 고학력 사회의 기준에 비하면 엄청난 학력 격차다. 이게 장애인에 대한 교육격차의 현실이다.

학교교육의 불평등이 이러하다면, 학교교육 이후의 평생교육기회 불평등은 더 말할 나위도 없다. 우리나라에서 장애인 평생교육이 처음으로 법제화된 것은 '장애인 등에 대한 특수교육법'(2007) 제32조에서 국가 및 지방자치단체는 초·중등교육을 받지 못하고, 학령기가 지난 장애인을 위하여 학교형태의 장애인평생교육시설을 설치·운영할 수 있게 하고, 이에 필요한 경비를 예산의 범위 안에서 지원하도록 한 것이다. 이 규정에 의거하여 지난 정부시절에 '장애성인 평생교육 활성화 방안'(2010.09.14)을 하나의 안으로 제시한 적이 있다. 이 안에서는 기존의 장애인야학 중심으로 장애성인에 대한 문자해득 능력을 길러주는 데에 주안점을 두고 있다.

그러나 장애인들이 실제로 이용하고 싶어 하는 평생교육 프로그램은 자립생활(21.8%), 정보교육(17.7%), 직업교육(16.9%), 여가교육(16.8%). 교양교육(12.8%), 문해교육(12.3%)의 순으로 나타나고 있어(곽승철 외, 2010), 장애인당사자의 평생교육 요구와 정부의 시책 간에는 상당한 괴리가 있음을 볼 수 있다. 장애인에 대한 평생교육을 정부에서는 검정고시 준비과정으로 인식하는 반면에, 장애인 당사자들의 입장에서는 자립생활에 필요한 지식과 기능을 광범위하게 요구하고 있다. 이제 우리는 농인들도 평생학습인으로서 자신의 삶의 품격을 스스로 높여 갈 수 있는 '학습 자활감'(learning empowerment)을 어떻게 체현(體現)할 수 있는가를 진지하게 고민해야 할 때다.

모든 농인들은 평생학습인으로 학습할 능력을 본래부터 구유하고 있다. 문제는 스스로 퇴굴(退屈)하거나 아예 그런 기회가 주어지지 않는 데에 문제가 있다. 우리는 농인들에게 무엇인가 말해주고 싶어 할 만큼 충분히 다르지만, 서로 이해하고 소통할 수 있을 정도로 충분히 비슷하다. 그게 사람 사는 모듬이자 우리네 삶이다. 이 시대에 농인의 평생학습권은 곧 그들의 생존권이다.

II. 한국 농교육의 과제

(1) 학습자 중심 교육

교육에서 '학습자 중심'(learner–based/centered)이라는 말은 진부할 정도로 회자되어 왔다. 그러나 우리는 '학습자 중심'이라는 말을 그동안 남용 혹은 오용해 오면서 그 진정한 함의를 간과해 버린지 모른다. 이 말은 흔히 '흥미 중심'이라는 경험중심 교육사조의 외피적 지향성에 잘못 감염되어, 뭐든 학습자가 하자는 대로 따라가는 교육으로 너무 안일하게 수용되거나 해석된 적은 없는지 되짚어 봐야 한다. 교육에서

'학습자 중심'은 학생들의 흥미보다는 진정 학생을 위한 중심 가치와 기준이 무엇인가를 우선해서 학습자의 경험을 구성하고자 한다. 교육적 경험은 반드시 흥미본위일 수 없다.

'흥미'가 교육적이기 위해서는 '중화'(中和)를 유지해야 한다. 『중용』 첫 장에서는 '천명지위성'(天命之謂性)을 커다랗게 내걸고, 군자의 도(道)로서 '신독'(愼獨)을 강조하면서 다음과 같이 '중화'(中和)를 말한다.

> 희노애락(喜怒哀樂)이 아직 발현되지 않는 상태를 중(中)이라 일컫고, 그것이 발현되어 절도에 들어맞는 것을 화(和)라고 일컫는다. 중(中)이라는 것은 천하의 큰 근본(大本)이요, 화(和)라는 것은 천하 사람들이 달성해야만 할 길((達道)이다. 중(中)과 화(和)를 지극한 경지에까지 밀고 나가면, 천(天)과 지(地)가 바르게 자리를 잡을 수 있고, 그 사이에 있는 만물(萬物)이 잘 자라나게 된다.[36)]

'중화'(中和)의 中은 희로애락이 발현되기 이전의 '미발'(未發)의 기준이다. 그리고 和는 희노애락의 감정이 발현되어 그것이 절도(節度)에 들어맞는 상태이다. 여기 '중'(中)은 모든 감정(혹은 흥미)이 동적인 평형을 이루고 있는 원초적(본래적) 상태이지만, 감정의 발현은 상황성을 갖는다. 그 상황성을 위에서는 '절'(節), 즉, '삶의 마디'로 보았다. 인간의 품위 혹은 격조는 그 삶의 마디마디(時中)에서 가장 적절한 감정 표현을 하는 것이다. 그러므로 중화(中和)를 지극히 할 때에 비로소 하늘과 땅이 바르게 자리를 잡으며, 그 속의 만물이 잘 자라게 된다는 것이다. 즉, 천지인(天地人)이 삼위일체(三位一體)의 경지에 드는 것이다.

---

36) 喜怒哀樂之未發, 謂之中. 發而皆中絕, 謂 之和. 中也者, 天下之大本也. 和也者, 天下之達道也. 致中和, 天地位焉, 萬物育焉.(『中庸』 第一障)

필자가 보기에 여기에서 '화'(和)의 절도가 곧 교육적 흥미의 절도이다.

농교육에서 '학습자 중심'교육의 위기는 '학습자 중심'을 가장한 부모중심, 교사를 비롯한 전문가중심, 나아가 점수중심 교육이 갖는 폐해다. 장애인운동에서 소위 당사자배재불가원칙(Nothing about us without us)은 대리자중심에 대한 당사자중심의 저항이다. 1980년대 말 Gallaudet University에서 농학생들이 "이제는 농인총장이다"(Now Deaf President)는 주장을 관철시켜 지금까지 이어져 오고 있는 것은 그 대표적인 저항의 성과다. 이 일이 있은 다음 미국에서는 농인들에 대한 사회적 인식은 물론, 장애인들을 보는 관점에서 긍정적인 변화를 초래한 것으로 평가되고 있다. 그러나 권리를 향한 저항만으로는 세상을 바꾸는 데에 한계가 있다.

필자는 이제 농교육에서 '학습자 중심'교육은 좀 더 품격 높은 '인간화 교육'(humanized instruction)으로 재현되기를 고대한다. 이것은 지금까지 하나의 기법 내지는 운영도구로 개별화교육(IEP)을 개발 · 운영해 온 것에 대한 반성이기도 하다. 역지사지(易地思之)로 교사–학생 간에 코드가 통해야 상호침투(two way communication)로서의 교수–학습이 존재한다. 불교에서 사섭(四攝)의 하나로 '동사'(同事)라는 말이 있다. 이 말은 '학습자 중심'을 깍아지른 듯이 반영하고 있다. 여기 '동사'(同事)는 교사가 학습자와 같은 일에 임하기 위해, 학생이 이해할 수 있는 언어와 방법으로 교육(수업)에 임하는 것을 의미한다. 선(禪)교육에서 '줄탁동시'(啐啄同時)라는 말이 있다. 병아리가 알에서 깨쳐 나오고자 할 때, 어미닭이 동시에 병아리의 파각(破却)을 도와주어야 부화(孵化)가 된다. 이 때 '동시'(同時)는 병아리의 사활이 걸린 문제다. 이것이 '학습자 중심'의 극치다.

(2) 심성함양으로서 교과교육의 정립

학교교육에서 교과가 '심성함양'에 어떤 연관이 있는가? 과연 연관이 있기나 한가? '점수=교과'로 인식되는 상황에서 영악스런 점수관리와 심성 문제는 오히려 역(逆)상관인 게 우리의 현실이다. 이홍우(李洪雨) 교수는 "교과의 의미라는 주제는 사람들이 모르면서도 그 모른다는 사실을 모르기 쉬운 그런 주제"라고 했다. 우리는 교과의 본래 의미를 문제 삼기 이전에 교과는 요령껏 외워서 점수 따기의 통로로 수용될 뿐이다. 그 점수는 어김없이 출세의 지표로 연결된다. 교과는 인류가 축적해 온 '진선미'(眞善美)의 반영이자 그 세계 자체이다. 앞에서 필자는 교과에 담긴 진선미의 세계와 내면적으로 소통되는 인식론적 상태로 '활연관통'(豁然貫通)을 말했다. 이 활연관통은 교과공부가 곧 마음공부로 이어지는 이상적 상태를 지칭한다.

과연 우리 농학생들에게도 교과를 매개로 한 이 '활연관통', 즉, 교과=마음이 가능한가? 아마 대부분 교사들은 묵시적으로 그 가능성을 믿지 않을 테고, 또 부모들은 농자녀와 그들 교사를 하나로 묶어 불가능을 깔고 있을 터이다. 우리가 교육에서 원칙적으로 가능함에도, 실제로 불가능한 쪽으로 믿고 있는 데에 심각한 문제가 있다. 전술한 것처럼 『중용』에 의하면, 교육은 하늘의 지엄한 명령으로 모든 사람에게 품부된 본래성(本來性; human nature)을 함양 · 회복하는 일에 다름 아니다. 불학(佛學)에서 『대승기신론(大乘起信論)』은 모든 중생이 여래(如來)의 세계에 들 수 있다는 큰 믿음을 일으키는(起信) 논술이다. 문제는 농아동은 안 된다는 잘못된 믿음이다. 기신론은 인간교육의 무한한 가능성에 대한 불퇴전의 믿음을 깔고 있다. 그래서 기신론의 특수교육학적 함의는 감동적이다. 『중용』에서도 인간교육의 가능성과 더불어 그 필요성을 다음처럼 강조한다.

> 배우지 않음이 있을지언정, 배울진대 능하지 못하면 도중에 포기하지 마십시오. 묻지 않음이 있을지언정, 물을진대 알지 못하면 도중에 포기하지 마십시오. 생각하지 않음이 있을지언정, 생각할진대 결말을 얻지 못하면 도중에 포기하지 마십시오. 분변(分辨)하지 않음이 있을지언정, 분변할진대 분명하지 못하면 도중에 포기하지 마십시오. 행하지 않음이 있을지언정, 행할진대 독실하지 못하거든 도중에 포기하지 마십시오. 남이 한 번에 능하거든 나는 백번을 하며, 남이 열 번에 능하거든 나는 천 번을 하십시오. 과연 이 호학역행(好學力行)의 도(道)에 능하게만 되면, 비록 어리석은 자라도 반드시 현명해지며, 비록 유약한 자라도 반드시 강건하게 될 것입니다(김용옥, 중용 **인간의 맛**. 통나무, 2011, pp.255-257).

필자가 보기에 『중용』의 이 말은 바로 특수교육을 향한 경구(警句)이다. "남이 한 번에 능하거든 나는 백번을 하며(人一能之己百之), 남이 열 번에 능하거든 나는 천 번을 한다(人十能之己千之)"는 말은 우리 특수교육인이 장애아동과 함께 '호학역행'(好學力行)하는 자세 혹은 태도를 극명하게 드러내고 있다.

이런 수준으로 교과교육을 끌어올리기 위해서는 반드시 교사에 의한 '교과의 내면화'가 전제되어야 한다. 위에서 '호학역행'(好學力行)하는 삶의 자세는 전형적으로 교사의 삶을 지칭한다. 교사의 교과적 삶을 통해서만 이 학생들을 그런 수준(교과=마음)으로 안내할 수 있다. 『논어(論語)』 첫 구절에서 '학이시습지'(學而時習之)에서 배우고 익힘이라는 것은 교과를 배워 익히는 것뿐만 아니라, 교사의 인품도 모방해서 익힌다는 의미가 내재해 있다. 그래서 교직은 지난(至難)하다.

(3) 농학(Deaf studies)에서 본 한국 농교육의 과제

88올림픽 무렵 서울농학교는 '서울선희학교'로 교명을 바꾸어 무려 14년간이나 이 교명을 사용했다. 이것은 무엇을 의미하는가? '농'(deafness)을 불명예스런 장애의 명칭으로 인식하여 의도적으로 교명에 '농'(聾)이란 말을 지우고자 한 것이다. 같은 감각장애이지만 서울맹학교는 당시 교육부의 지시에 굴하지 않고 교명을 그대로 유지해 왔다. 마침 서울농학교 동창들의 강력한 권유를 받아들여 선희학교에서 농학교로 다시 교명을 회복한 것은 그나마 다행이다. 하지만 이것은 당대 사회가 '장애'로서 '농'의 문제를 어떻게 인식하고 있는가를 단적으로 드러낸 일종의 해프닝이자 증거이다.

'장애'(disabilities)는 내밀한 개인의 실존적 문제로 당사자에게 깊은 영향을 미치긴 하지만, 그 장애는 결코 개인의 병리적 문제가 아니라 근원적으로는 당대 사회가 가공(加工)한 사회적 병리문제다. 장애에 대한 이런 인식의 전환과 더불어 장애인당사자들의 자기권리 주장 혹은 당사자배재불가의 원칙으로 담론화된 것이 소위 '장애학'(disability studies)이고, 이것이 농인세계에서는 '농(인)학'(Deaf studies)으로 등장하였다. 필자는 수년전에 한국특수교육학회가 마련한 학술대회에서 장애학의 관점에서 제기되는 특수교육담론과 기존의 특수교육학계에서 고수해온 주류담론 간에는 서로 건널 수 없는 강이 흐르고 있음을 직감했다. 그 형편은 지금도 별로 달라진 게 없다는 생각이다. 이것은 서로에게 불행한 일이다. 나는 장애학의 입장에서 본 특수교육의 재편(restructuring)이 향후 한국 특수교육의 중요과제가 된다고 본다. 마찬가지로 우리 농교육계에서도 '농학'의 입장에서 본 한국 농교육의 개선과제를 진지하게 논의해야 할 때다.

작년에 장진석(2012)[37] 교수는 『오디즘과 인간으로서의 농인』

(Audism & Deafhood, 2011)이라는 주목할 만한 책을 번역해서 내놓았다. 이 책에서 장 교수는 오디즘(Audism)을 그대로 음역해서 옮겼는데, 그것의 함의는 청인중심주의, 청인우선주의, 청능우월주의, 청각주의, 음성언어주의, 농인차별주의 등 여러 가지 의미로 해석될 수 있다고 보았다. 그에 비해 'Deafhood'라는 말은 농인을 한 인간으로 보고자 하는 사회학적 의미가 다분히 강조되고 있는 것으로 보아 '인간으로서의 농인'으로 풀어 옮겼다. 나는 'Deafhood'를 '농(인)다움' 혹은 '농(인)공동체' 정도로 이해하는 데, 막상 번역어로서는 마뜩치 않은 감이 없지 않다.

'오디즘'의 입장에서 농인은 언제나 채무자의 처지로 몰리고, 청인은 은근히 채권자로서의 위세를 드러낸다. 이 책에서는 미라노 세계농교육자대회가 개최된 1880년을 기점으로 그 이전을 '식민주의 이전'으로 명명하고, 그로부터 20세기 중반까지를 다수의 청인세계에 의한 소수의 농인세계에 대한 '식민주의 시대'로 분류하고 있다. 21세기는 정치·경제·사회·문화·교육 전반에 걸쳐 언필칭 '탈식민주의'시대다. 필자는 이 글에서 '청각장애'라는 말 대신에 '농'이라는 말을 의도적으로 사용하고 있다. 더욱이나 이 자리는 서울농학교의 100주년을 회고하고 기념하는 자리가 아닌가.

듣지 못함(deafness)은 결코 장애가 아니다. 농인들은 시각언어로서 수어(sign language)라는 독립(독자적) 언어를 사용하는 언어소수자일 따름이다. 게다가 수어는 언어적 자질을 완벽하게 구비한 또 하나의 독립된 언어양식일 뿐만 아니라, 다른 모든 언어에 비해 뛰어난 예술성까지 갖추고 있다.

우리가 사용하는 언어(용어)가 사람에 관계되는 것일 때, 그 말을

---

37) 장진석 옮김(2012). **오디즘과 인간으로서의 농인**. 서울: 교육과학사.

어떤 인식의 전제 혹은 틀 속에서 사용하느냐에 따라 그 용어는 심대한 영향을 미친다. 이를테면 '성'(性)이라는 말은 영어로 남녀를 구분하는 Gender를 의미하기도 하고, 남녀 간의 육체적 교접관계를 총칭하는 Sex이기도 하고, 『중용』 첫 구절의 '천명지위성'(天命之謂性)에서 '性'은 하늘의 지엄한 명령으로 모든 인간에게 품부된 Human nature와 같은 의미이다.

이처럼 우리가 '성'(性)이라는 말을 어떤 의도로 어떻게 사용하느냐에 따라, 그 말에 담긴 의미의 긍정성과 부정성은 극을 치닫는다. 젠더로서의 성(性)은 남녀평등을 주장하는 여성운동가들에게는 사회학적 함의가 강하고, 섹스로서의 성(性)은 동물적 본성으로서의 수성(獸性)을 함의하고 있는 반면, 인간 본래성(本來性)으로서의 성(性)은 하늘이 인간에게 품부한 이상적 인성(人性)으로 그 함의를 담고 있다.

여기 '농학'(Deaf studies)에서 D를 대문자로 표기하는 것은 Korean 혹은 American에서 대문자 표기를 하듯, 하나의 인종집단(ethnic group)으로서 농의 정체성을 존중하기 위함이다. 적어도 우리나라에서 '서울농학교'는 농인들의 자기정체성을 고양하는 의미에서 '농'이라는 말을 자랑스럽게 사용할 수 있어야 한다. 농에 대한 그런 메타노이아를 깔고 기존의 농교육은 패러다임적 이행(移行)을 해야 한다. 필자가 보기에 100주년에 즈음한 서울농학교와 한국 농교육의 근원적인 과제는 바로 여기에 달려 있다.

06 인간학으로서 농(인)학과 수화통역[38)]

1. 머리말

인간은 신비로운 존재입니다. 어찌 인간뿐이겠습니까. 살아 있는 모는 존재는 신비로운 생명체입니다. 그리고 우주와 자연현상 자체가 경이로움으로 가득 차 있습니다. 칸트는 자신의 삶을 경이롭게 하는 것으로 두 가지를 들고 있습니다. 그 하나는 밤하늘에 반짝이는 별이고, 다른 하나는 자기 속에 선험적(先驗的)으로 내재하는 도덕률이라 했습니다. 그렇습니다. 밤하늘의 별처럼 우리의 생명과 마음은 신비롭습니다. 과학은 자연과 인간존재의 신비성을 벗겨 내는 일에 몰두해 왔습니다. 그 결과 과학은 자연현상과 인간존재를 합리적으로 설명하는 데에 지대한 공헌을 해온 게 사실입니다.

그 덕분에 우리는 물질적으로 엄청 풍요로운 삶을 향유하게 되었고, 인간의 생명과 질병에 대한 합리적 정보를 두루 공유하게 되었습니다. 그래서 지금은 과학만능의 시대라고 해도 과언이 아닙니다. 중세까지는 종교가 과학을 지배했습니다만, 근세 이후 그 양상은 역전되어 오고 있

38) 이 글은 대구수화통역사협의회에서 마련한 「이정옥 박사 추모 1주기 기념세미나」 (2014.01.04. 대구청각장애인복지협회)에서 발표한 것이다.

습니다. 그래서 21 세기는 과학적 세계관에 의해 『다시 만들어진 신』(카우프만, 2012)이 논의되기에까지 이르렀습니다.

우리 인간은 과학적 설명(說明; description)을 능가하는 이해(understanding)와 해석(interpreting)의 존재입니다. 즉, 인간은 객관적으로 설명되어지기를 기다리는 존재가 아니라, 주관적으로 이해되고 적극적으로 해석되어야 할 존재입니다. 이런 관점에서 나는 이 글에서 인간학으로서 농(deafness)의 문제를 이해하고 해석하고자 하며, 이런 입장의 연장에서 농(인)학(Deaf Studies)을 제기합니다. 그리고 농(인)학의 관점에서 본 수어(sign language)와 수화통역사의 역할을 생각해 보고자 합니다.

2. 인간학으로서 장애학과 농(인)학

필자는 특수교육(학)을 인간학(humanics)으로 규정합니다. 특수교육은 장애 보상(補償; compensation)으로서의 교정이나 치료행위가 아닙니다. 특수교육은 '교육'입니다. 장애교정으로서의 재활이나 치료(therapy)는 교육의 보조적 지원 내지는 수단입니다. 그런데 치료와 교육은 상보적(相補的)일 필요는 있지만, 본말(本末)이 전도(顚倒)되지 말아야 합니다. 어떤 경우에나 지말(枝末)을 근본으로 착각하면 엄청난 재앙이 따릅니다. 오늘날 학교교육은 제 머리 둘 곳을 잃어버리고 말았습니다. 점수-학벌-출세로 이어지는 경쟁체제는 강력한 권력으로 작동하고 있습니다.

인간학은 인간에 대한 인문학적 접근이기도 합니다. 해서 인간학은 인문학적 상상력을 존중합니다. 과학은 인문학적 상상 혹은 창발을 지원하는 도구 내지는 수단이지 그 자체가 인간학의 목적은 아닙니다. 과학측정 만능론은 급기야 장애(disabilities)를 계량적 평균의 일탈로 규정하고, 장애인을 등급으로 대상화하는 데까지 이르렀습니다. 이것은 인간학적인 측면에서 전형적인 비인간적 모순입니다. 그리고 이것은 과학적 환원주의의 폐해입니다. 인간은 과학이 정립한 법칙에 일률적으로 환원될 수 없는 경이로운 존재입니다. 왜냐하면 우리 인간은 과학의 설명을 넘어서는 불가사의한 신비성(神秘性)을 지니기 때문입니다. 그래서 카우프만은 우주의 자연적 창조성 그 자체를 신(神)으로 불렀습니다. 신성(神性)은 재발명 되어야하며, 우리 속에 내재하는 것이기도 합니다. 해서 신성은 초월적이면서 동시에 내재적인 것입니다.

종교적 원형과 인문학적 차원을 결합하여 인간성(humanity)을 규정한 전형(典型)은 동양의 고전 혹은 그 종교적 전통에 잘 드러나고 있습니다. 『중용(中庸)』 첫 머리에는 '천명지위성'(天命之謂性)이라 하여, 하늘이 명령하는 것이 이른바 인간의 본래성(本來性; human nature)이라 하였습니다. 여기서 우리는 하늘의 지엄한 명령으로서의 '천명'(天命)이 인간의 본래성에 따르는 성명(性命)으로 이어짐을 봅니다. 그래서 '솔성지위도'(率性之謂道)라 하여, 이 성(性)에 따르는 것이 곧 우리가 마땅히 가야할 도(道; way)라 했습니다.

해서 노자(老子)는 '복천명즉 득성명지상'(復天命則 得性命之常)이라 하여, 천명(天命)으로 되돌아가는 것이 곧 성명(性命)의 항상(일관) 됨을 얻는 것이라 했습니다. 교육은 이 성명(性命)의 길을 한 결 같이 닦는 과정(process)입니다. 즉, '수도지위교'(修道之謂敎)라 해서, 교육이 본래 있어야 할 자리를 '天-性-道-敎'로 규정하고 있습니다. 특수교육은

'예외적'(exceptional)인 교육이 아닙니다. 특수교육은 지엄한 하늘의 명령에 의한 것입니다. '교육'은 어떤 경우에나 편의에 따라 이리저리 함부로 바꿀 수 있는 그런 게 아닙니다. 따라서 특수교육은 교육본질의 복원이어야 합니다. 이것이 인간학적 관점에서 본 특수교육의 존재이유입니다.

이런 인간학적인 기반 위에서 장애인관 내지는 장애담론을 정립하자는 것이 장애학(disability studies)입니다. 장애학에서는 인권의 주체로서 장애인당사자 중심성을 강조합니다. 그래서 장애인당사자 배제불가원칙(Nothing about us without us)이 장애학 담론의 기조를 형성하고 있습니다. 최근 우리나라에서도 주체적으로 장애학 담론이 생성되고 있어 주목을 끌게 합니다. 이번 가을에 나는 두 권의 책을 반갑게 펼쳐보았습니다.

그 하나는 조한진 교수 등(강민희, 정은, 조원일, 곽정란, 전지혜, 정희경)이 공동으로 저술한 『한국에서 장애학 하기』(2013)입니다. 지금까지 우리나라에는 번역물 중심으로 장애학 담론이 소개되었습니다만, 이 책은 한국에서 장애학을 전공했거나 공부하는 학인들 중심으로 장애학에 대한 주체적 글쓰기의 산물로 나온 것입니다. 이들은 '한국장애학연구회'를 이끄는 일꾼들입니다. 향후 이들의 활동이 기대됩니다.

다른 하나는 우리나라에서 장애인운동을 앞장서 이끌어 온 박경석(노들장애인야학 교장)의 『지금이 나는 더 행복하다』(2013)는 책입니다. 박경석은 1960년 대구 태생으로 행글라이드에서 추락(1983)하여 하반신마비 장애인이 되었습니다. 그의 표현에 의하면, 사고 후 5년 동안 '집구석'에만 처박혀 지내다가 1994년 장애인 운동에 뛰어들어 오늘에 이르고 있습니다. 박경석은 이 책 서문에서 이렇게 말합니다.

> 노들장애인야학이 20년이 되었습니다. ...(중략) 처음 노들을 시작했을 때와 지금은 많은 것이 변했습니다. 노들도 변하고 노들을 바라보던 세상도 변했습니다. 세상의 변화는 시간의 흐름에 따라 자연스럽게 이뤄진 것이 아니라 장애인 스스로 투쟁을 통해 이룬 것입니다. ...(중략) 노들은 중증 장애인들이 어떻게 하면 지역사회에서 함께 살아갈 수 있는가에 대해 고민하며 삶의 여백을 채워 나갔습니다. 중증 장애인들에게는 밥 먹는 것부터 사람과 관계하는 것에 이르기까지 모든 것이 여백처럼 비어 있었습니다. 그리하여 하나씩 배우고 채워 갔습니다. 그 채움은 공부고 투쟁이었습니다(박경석, 2013, 서문 중에서).

그렇습니다. 세상은 시간의 흐름에 따라 그냥 흘러가는 듯하지만, 세상의 변화는 장애인 당사자의 주체적 권리투쟁의 산물이라는 게 장애학의 입장입니다. 장애인 스스로의 참여를 통한 삶의 여백을 채워가기가 장애인운동입니다. 그래서 그 채움은 장애인들에게는 공부이자 투쟁입니다. 장애인야학에서는 '공부=운동'입니다. 장애인에게 '공부=운동'은 앎이 곧 삶으로 승화되는 것을 의미합니다.

이런 장애학 담론의 기조가 농세계(Deaf world)에서 제기된 것이 바로 농(인)학(Deaf Studies)입니다. 우리나라는 농의 자존성(Deaf pride)을 드러내는 농문화의 정체성이 아직은 분명하지 못한 면이 있습니다. 이것은 농인 자신들의 책임이면서 동시에 청인들의 입장에서 농세계를 바라보는 인식의 한계(편견) 때문이기도 합니다. 작년에 장진석 교수(나사렛대 수화통역학과)는 『오디즘과 인간으로서의 농』(Audism & Deafhood, 2012)이라는 책을 번역해서 내놓았습니다.

필자가 보기에 이 책은 우리나라에서 농(인)학의 입장에서 농의 문제를 부각시킨 것으로 주목을 끌게 합니다. 'Audism'은 청각(능)주의로 번역될 수 있겠습니다만, 이 책에서는 영어발음 표기대로 옮겨 놓았습니다. 'Deafhood'라는 말은 풀어서 '인간으로서의 농'이라고 옮겨 놓았습니다. 아마 장 교수 나름대로 고심 끝에 이렇게 옮겼을 겁니다. 여기 'Deafhood' 라는 말은 인간학적인 관점에서 본 농의 문제와 농세계를 잘 반영하는 용어입니다. 해서 '인간으로서의 농'을 이해하고 대접하자는 그런 측면에서 충분히 의미가 있는 번역입니다.

장진석 교수는 역자 서문에서 'Audism'과 'Deafhood'라는 말이 의미하는 바를 이렇게 설명하고 있습니다.

> 이 책의 문맥을 읽어보면 Audism은 청인사회 일반에서 농인은 쓸모없는 장애인으로 무시되고 배제되며, 말을 정상적으로 듣고 표현할 수 있는 청인이라야 사회의 일원으로서 일정한 역할과 구실을 할 수 있다고 보는 '청인중심주의', '청인우선주의', '청능우월주의', '청각주의', '음성언어주의' '농인차별주의' 등 여러 가지로 해석될 수 있다는 것을 알 수 있다. ...(중략) 한편 Deafhood는 농인을 병리학적으로 듣지 못하는 '장애인', '병신'(벙어리)이라는 뜻을 내포한 Dumb 또는 Deafness라고 하는 표현과는 달리 농인을 한 인간으로 보고자 하는 '사회학적'인 의미가 농후한 표현이라고 이해된다. 따라서 역자는 Deafhood를 '인간으로서의 농인(聾人)'이라고 번역하고자 한다(장진석, 2012, pp.6–7).

Audism은 청세계에서 듣지 못함(deafness)을 개인의 병리적 문제로 인식하는 입장을 단적으로 반영합니다. 오디즘의 입장에서 청인은 농인에게 항상 채권자처럼 당당하고, 농인은 청인 앞에서 채무자처럼 주눅 들어 있습니다. 오디즘은 장애와 비장애의 이분법을 극명하게 드러내고 있습니다. 그에 비해 Deafhood 라는 말은 듣지 못함은 장애가 아니라 단지 개인적 · 사회적 차이의 문제로 인식할 뿐만 아니라, 그 내면에는 농문화와 농 프라이드(Deaf pride)를 강조합니다. 하나의 공동체로서 '농인 공동체'의 사회학적 정체성을 긍정적으로 수용하고 존중합니다.

금년은 서울농학교가 개교100주년을 맞는 해입니다. 지난 가을(2013.10.24) 서울농학교 개교 100주년 기념 학술대회가 "청각장애교육의 동향과 발전과제"라는 주제로 개최되었습니다. 이 학술대회에서 필자는 기조 발표의 말미에서 '농(인)학에서 본 한국 농교육의 과제'를 제기했습니다. 그리고 장진권 선생이 "서울농학교의 어제와 오늘 그리고 내일"이라는 주제로 열성적으로 발표하는 것을 보고 퍽 자랑스러웠습니다.

이 학술대회의 마지막 순서로 서울농학교 동문 대표로 강주해 목사는 "농학생들의 학력신장에 대한 농교사의 효율성"이라는 주제로 발표를 했습니다. 강 목사는 이 발표에서 "농교육이 성공적이지 못한 이유는 여러 가지 있을 수 있겠지만 농인 교사의 부족이 주요한 이유로 꼽을 수 있다."고 했습니다. 능숙한 수화로 농학생들과 가장 잘 소통할 수 있는 농인 교사야말로 농학생들의 학력을 신장하는 데에 가장 중요한 인적 자원이 될 수 있다는 당사자의 권고를 우리 농교육계는 겸허히 수용해야 합니다.

한국농아인협회가 중심이 되어 우리나라에서 '수화기본법'제정이 지금 상당히 활발하게 추진되고 있습니다. 농아인협회에서는 2008년부터 수화기본법 제정을 위해 많은 노력을 기울여 왔습니다. 그런 노력의 결실로 지난 6월에는 한국장애인단체총연맹 외 11개 단체가 연대하여 '수화기본법안'을 마련하여 국회에 제출하였습니다. 구화교육을 강조하는 특수교육계 일각에서는 수화기본법 제정 자체를 퍽 못마땅하게 여기고 있습니다.

농교육에서 의사소통 방법문제는 토털 커뮤니케이션 접근에서 보는 것처럼 '냐냐주의'(either/or)가 아니라, '도도주의'(both/and)를 지향하는 게 온당합니다. 농자녀의 정체성을 중시하는 부모 가운데는 자녀에게 인공와우이식수술을 받게 한 다음에도 수어를 익히도록 하고 있습니다. 왜일까요? 그래야 청세계와 농세계를 함께 아우를 수 있기 때문입니다. 다만 그 선택은 본인의 몫입니다. 농자녀는 부모의 관리대상이 아니라, 인권의 주체로 우뚝 서게 해야 합니다.

3. 농(인)학에서 본 수어와 수화통역

저는 여기서 농(인)학을 인간학적 관점에서 본 농의 이해와 농인의 담론이라고 규정합니다. 인간학은 인간존재의 내면적 이해와 그 이해에 바탕 한 상호주관적(intersubjective) 해석을 중시합니다. 그리고 그 해석은 종종 기존의 입장을 따르기 보다는 비판적 입장을 견지합니다. 이런 입장을 사회학문의 상위이론 갈래에서는 '진보적 휴머니즘'(radical humanism)이라고 합니다. 여기 '농(인)학'은 농(인)에 대한 진보적 휴머니즘의 반영이기도 합니다.

사회학문을 지배하는 상위이론의 좌표에서 볼 때, '진보적 휴머니즘'은 비판적 · 갈등적 입장을 견지한다는 면에서 구조갈등주의(radical structualism)와 입장을 같이 할 뿐만 아니라, 인간 내면의 주관성을 중시하는 면에서는 해석주의(interpretivism)와 그 궤를 같이 합니다. 그러나 해석주의는 주로 '개인적' 차원의 해석을 강조하는 반면에, 진보적 휴머니즘은 '사회적' 해석주의를 취합니다. 그리고 이들은 세계에 대한 객관적 해석을 중시하는 구조갈등주의에 동의하지 않으며, 우리가 신뢰할 수 있는 지식과 실재는 참여자들 간의 상호주관적 '대화'의 과정을 통해 사회적으로 구성된다고 봅니다.

인간학으로서 진보적 휴머니즘은 우리 스스로가 설정한 '내재적'(immanent) 비판 혹은 성찰의 기준에서 볼 때, 우리들 스스로가 얼마나 모순적 존재인가를 끊임없이 되돌아보고, 그것을 삶의 진정한 고통이자 보람으로 삼고자 합니다. 브라질의 진보적 교육철학자인 파울로 프레이리(P. Freire)에게 '인간화'의 문제는 억눌린 자를 향한 자유와 해방의 과정입니다. 그는 자유 실천으로서 인간화의 본질은 '대화함'에 있다고 봅니다. 프레이리는 대화의 조건으로 사랑, 겸손, 상호신뢰, 희망을 이야기하면서 반대화적 조건으로서 지배와 통제를 경계합니다.

이제 우리는 프레이리가 말한 '인간화'의 문제로 '수어'(sign language)와 수어의 통역(interpreting)을 성찰해 볼 참입니다. 주지하는 것처럼, 수어는 농인세계에서 자연발생적으로 통용되어 온 하나의 완벽한 언어입니다. 즉, 수어는 음성언어에 대응하는 완벽한 언어학적인 자질을 구비하고 있습니다. 게다가 수어는 시각언어로서 뛰어난 예술성까지 지니고 있습니다. 저는 약 30년 전에 Gallaudet 캠퍼스 잔디밭 벤치에서 한 쌍의 남녀가 나란히 앉아 아주 자연스러우면서도 평화롭게 한 손으로 수화하는 모습을 보고 "저들이 수화를 속삭인다."는 기막힌 느낌을 받은 적이 있습니다. 그 느낌과 장면은 지금도 뇌리에 생생합니다.

수화 '통역'을 영어로 'Interpreting'이라고 합니다. 왜 'Translating'이 아니고 'Interpreting'이라고 할까요? 수화통역은 단순히 음성언어를 시각언어로, 혹은 시각언어를 음성언어로 옮기는 것이 아니라 의미해석의 과정입니다. 그래서 고도한 집중력과 순발력이 요청됩니다. 그리고 수화통역은 의미전달과 더불어 감응(感應)이 함께 따라 붙어야 합니다. 그 감응은 대부분 수화통역사의 표정으로 나타납니다만, 저는 여기서 인간학적인 측면에서 본 내면적 대응으로서의 '감응'을 문제 삼고자 합니다.

원래 동양에서는 우주변화에 내 몸의 리듬이 자연스럽게 맞아떨어질 때에 '감응'(感應)이라고 합니다. 자연에 순응하고 합치되는 삶입니다. 그래서 노자 『도덕경(道德經)』에는 "사람은 땅을 본받고(人法地), 땅은 하늘을 본받고(地法天), 하늘은 도를 본받고(天法道), 도는 자연을 본받는다(道法自然)."고 했습니다. 물론 이때 '자연'(自然)은 외적인 자연을 의미하기 보다는 스스로 그러한 '진여'(眞如)와 같은 것을 의미합니다. 그래서 이 구절의 본래 의미는 사람이 땅을 본받듯이, 하늘을 본받고, 도를 본받고, 나아가 스스로 그러한(suchness) 자연을 본받아야 한다는 것으로 봐야 합니다.

수화(手話)는 수어(手語)로 소통(communication)하는 것입니다. 진정한 의미에서 소통(疏通)은 쌍방소통(two-way communication)입니다. 즉, 농인의 수어에 수화통역사가 감응(感應)하고, 마찬가지로 수화통역사에게 농인이 감응하는 교섭 작용이 동시에 '왔다갔다'하는 상황의 연출이어야 합니다. 그것은 사람과 사람, 인격 대(對) 인격의 만남이어야 합니다. 자칫 농(인)학의 관점에서는 일방적으로 농인에 대한 청인들의 이해와 감응을 강조하기 쉽고, 수화통역사를 포함한 청인의 입장에서는 농인들이 청인들의 입장에 잘 감응해주지 못하는 것을 아쉬워하고 있습니다.

감응하지 못하면 불통(不通)이고, 불통이면 막혀버립니다. 막히면 굳어지고, 굳어지면 편견(偏見)이 생깁니다. 청인의 농인에 대한 편견이 먼저인지, 농인의 청인에 대한 편견이 먼저인지 가리기가 어렵습니다. 그러나 정의의 원리에 비추어 보면, 유리한 지위에 있는 쪽이 불리한 처지에 있는 소수의 사람에게 '역지사지'(易地思之)로 너그러움(仁)을 가지는 것이 온당합니다. 내가 보기에 수화통역사는 농인세계와 청인세계가 역지사지로 상호이해의 폭을 넓혀가게 하는 가교역할을 수행하는 데에 적임자입니다.

『금강경(金剛經)』에는 "본래 중생은 중생이 아니다."고 했습니다. 모든 중생은 본래 부처의 씨앗을 지니고 있으므로 일체 중생이 본래 부처라는 겁니다. 농인은 농인이기 이전에 본래 신비로운 인간존재입니다. 농인은 듣지 못하는 것 외에는 모든 인간과 조금도 다르지 않습니다. 해서 모든 농인은 본래 부처입니다. 그리고 모든 농인은 예수처럼 자신의 십자가를 감당하는 주체로 우뚝 서야 합니다.

『중용(中庸)』에 '지성능화'(至誠能化)라는 말이 있습니다. 지극한 정성이래야 능히 다른 사람에게 감통(感通)할 수 있습니다. 교사는 지극 정성으로 가르치는 일에 임할 때에 학생에게 감화(感化)를 줄 수 있습니다. 위에서 '능화'(能化)의 '化'는 바로 '감화'를 의미합니다. 그래서 지성(至誠)이면 감천(感天)이라 해서 하늘도 감통한다는 겁니다. 농교육교사와 수화통역사는 지성(至誠)으로 농인과 감통하는 사람이어야 교화(敎化)가 일어납니다.

수화통역사로서 이정옥 선생은 수화통역을 단지 노동의 대가로 수행하지 않았습니다. 농학생들이 교과내용을 이해하지 못하면 그 농학생의 수준에서 그가 이해할 수 있는 언어와 방법으로 소통했습니다. 튜터로서 이정옥 선생은 농학생들에게 끝내 감통과 감화를 안겨 주고자 지성으로 노력했습니다. 그래서 우리는 마음속으로 이정옥 선생을 존경하지 않을 수 없습니다.

이정옥 선생은 내가 박사과정에서 지도한 마지막 박사였습니다. 2012년 8월에 나의 정년기념으로 제자들이 만든 『교학(敎學)의 여정』이라는 사진첩에 이정옥 박사는 나와 함께 나란히 서서 찍은 사진 밑에 이렇게 적어 놓았습니다.

"사랑하는 교수님과 함께"
"존경하는 교수님과 함께"

두 장의 사진 밑에 이정옥 선생이 달아놓은 이 간결한 언표는 나에게 '감통'과 '감화' 바로 그것입니다. 지금 나는 이정옥 선생이 남긴 이 말에 대해 달리 더 설명할 말을 찾지 못합니다. 이런 경우에 대비해서 우리는 '언어도단'(言語道斷)이라는 말을 합니다. 오늘 우리는 이 땅의 영원한 수화통역사 이정옥 선생을 추모하면서, 농인과 청인이 서로 감응하고 감통하는 그런 세상을 함께 열어갑시다.

제 2부

마음공부

07 마음(1):『중용(中庸)』

마음공부는 삶의 주제이자 과정이다. 사람들은 닭이나 개가 집을 나가면 찾을 줄 알지만, 집나간 마음을 찾을 줄은 모른다. 맹자는 학문의 방법은 집나간 마음을 찾아오는 것일 따름이라했다. 그래서 교육은 곧 심성함양이다. 심성함양(心性涵養)은 없는 것을 따로 길러내는 게 아니라, 본래 있던 걸 다시 복원하는 본성회복(本性回復)과 같은 의미다. 잃어버린 본래성(本來性)을 찾아나서는 것이 곧 마음공부다. 선불교의 십우도(十牛圖)에서 목동이 소를 찾아나서는 것도 곧 마음공부의 여정이다.

틱낫한(Thick Nhat Hanh)은 '마음공부'에 상응하는 말로 'Mindfulness' 라는 말을 즐겨 사용한다. 우리말로는 흔히 '마음 챙김' 혹은 '마음 다함' 등으로 옮겨지고 있다. 근데 노자(老子)는 마음공부의 요체로 마음 비움으로서의 '심제'(心齊), 즉 '마음 굶김'을 강조한다. '마음 챙김'과 '마음 굶김'은 아마 동전의 양면과 같은 것일 터이다. 그래서 먹기 중에 가장 무섭고 어려운 게 '마음먹기'이다.

1.

예로부터 사서(四書; 논어, 맹자, 대학, 중용) 중에 가장 깨치기가 어려운 게 『중용』이어서 '차돌' 중용이라 했다[39]. 조선조 초에 양촌(陽村) 권근 선생은 말년에 낙향하여 후학을 가르치던 중에 어떻게 하면 어려운 『중용』을 젊은이들에게 쉽게 가르칠 수 있을까 궁리하던 끝에 유명한 『입학도설(入學圖說)』을 펴냈다. 그만큼 『중용』의 내용이 어렵기도 하거니와 요긴하다는 의미일 것이다. 이도설의 대표적인 작도(作圖)가 바로 '천인심성합일지도'(天人心性合一之圖)다. 필자가 보기에는 '천인심성합일'(天人心性合一)이라는 이 주제 속에 유학이 지향하는 마음공부의 요체가 다 포함되어 있다.

다석(多夕) 류영모[40] 선생은 노장철학이나 불학에 비해 유학은 형이상학적 깊이가 부족하다는 평가를 면하기 어렵지만, 『중용』때문에 유학의 형이상학적 체면을 그나마 유지할 수 있다고 했다. 다석은 중용을 이렇게 말한다.

---

39) 주희(朱熹)도 사서(四書)의 독서법을 논하면서, 『대학(大學)』을 먼저 읽어 유학의 대강을 정립하고, 다음으로 『논어(論語)』를 읽어 근본을 확립하고, 이어 『맹자(孟子)』를 읽어 『논어』의 주제가 발전되어 나가는 논리를 파악하고, 최후로 『중용(中庸)』을 읽어 고인들의 미묘한 사유세계를 파고들어야 한다고 했다. 이것은 『중용』이 얼마나 심오한 책인가를 후학들에게 일러주는 소중한 언사이다.

40) 다석 류영모(1890-1981) 선생은 서울 종로 YMCA 연경반을 35년(1928-1963) 동안 지도하면서 성경만이 아니라 동양고전을 두루 강의하였다. 1949년 무렵부터 YMCA의 금요강좌만으로는 시간이 모자라 『중용』 강의만은 구기동 집에서 했는데, 그 때 함석헌, 김흥호가 빠짐없이 출석하였다고 한다. 그 뒤 1967-1968년에 류영모 선생이 광주 무등산 김정호(목포대 교수)의 산양목장에 머물면서 『중용』을 우리말로 다 옮겼다. 그 복사본이 박영호에게 전달(1992)되어, 그의 풀이가 곁들인 '다석 강의로 다시 읽는 중용사상'이 『공자가 사랑한 하느님』(박영호, 2010)으로 출판되었다.

> 나의 인생관은 가온 씀(中庸)이다. 절대 하느님의 말씀인 얼(성령)을 받아쓰는 것이 중용이다. 참나(얼나)는 속의 속이다. 속의 속, 곧 가온(中)인 참나(얼나)는 어디 있느냐하면 내 맘속의 속에 있는 것 같다. 참나인 가온(中, 얼)으로 살아가는 것이 중용(中庸)이다(박영호 풀이, 2010, p.38).

류영모는 '중용'(中庸)을 "낱동인 내가 온통을 뚫고 올라가는 것"이라면서 '줄곧 뚫림'이라 했다. 우리 말 표현이 참으로 아름답고 기발하다. 그는 기독교를 깔고 동양사상을 두루 수렴하는 열린 철학자이다. 도올 김용옥은 『중용, 인간의 맛』(2011) 서문에서 이렇게 말한다.

> 정자(程子)가 논어의 독서법을 이야기하면서 "이 책을 읽기 전에도 그 사림, 이 책을 읽은 후에도 그 사람이면, 그 사람은 이 책을 읽지 않은 것이다."라고 말했는데, 『중용』이야말로 그 말을 되풀이해야 될 것 같다. 『중용』을 읽고 "일상적 삶의 혁명"이 일어나지 않은 사람은 결코 『중용』을 읽지 않은 것이다. 과연 그런가 아니 한가? 이 책을 다 읽은 후에 다시 한 번 자기의 삶을 반추해보라!(김용옥, 2011, pp.40-41).

도올은 "내가 평생 아무리 『중용』을 자주 못 읽었다한들 수천 번은 읽었을 것이다."고 했다. 그가 『중용』을 수천 번이나 읽었다는 것은 밥 먹듯이 『중용』을 손에서 떼지 않았다는 뜻이다. 그러니 어제의 도올은 오늘의 도올이 아니다. 필자가 그의 강의를 들은 느낌에 의하면, 2천년대에 접어들 무렵 그의 『노자』강의에 비해 그로부터 약 10년이 지난 『중용』강의는 맛이 훨씬 농익어 있다. 도올의 '학문함'이 '마음공부'로 그렇게 이어져 온 게 아닌가 싶다.

2.

『중용』 첫 장을 여는 세 구절은 유학의 형이상학적 진수이자 '마음공부'의 장엄한 서막이다.

天命之謂性, 率性之謂道, 修道之謂敎.

즉, 하늘이 명(命)하는 것이 이른바 성(性)이고, 이 성(性)을 따르는 것이 이른바 도(道)이고, 그리고 이 도를 닦는 것(修道)이 이른바 교(敎)이다. 하늘의 지엄한 명령으로 모든 인간에게 품부(稟賦)되어 있는 성(性)은 곧 살아 있는 인간의 본래성(本來性; human nature)이다. 이 본래성에 따르는 것(率性)이 인간이 가야할 마땅한 길(道; tao, way)이다. 그 길을 부단히 닦는(修道) 과정(process)이 곧 교육이다. 그래서 교육은 '敎-道-性-天'으로 이어지는 지엄한 '마음공부'의 과정(過程)이다. 이 과정을 제도적으로 표현(공표)한 것이 교육과정(敎育課程; curriculum)이다. 그래서 '교과공부'는 궁극(근원)적으로 '마음공부'에 다름 아니다. 하지만 교과=점수로 환치(換置)되면서, 교육이 그 성(性)을 잃어버리고도 그런 줄을 모르고 있다. 교육의 지독한 본말전도(本末顚倒)다.

전술한 것처럼 맹자(孟子)는 학문의 방법은 다른 것이 아니라, 집나간 마음(失性)을 찾아오는 것일 따름이라 했다. 약 2천5백 년 전에 맹자가 경세책(經世策)으로 '무항산무항심'(無恒産無恒心)을 말했다. 즉, "일정한 생산소득이 없으면 일정한 마음도 없다."는 이 명제는 오늘의 세태에서 더욱 와 닿는다. 그러나 맹자는 "일정한 재산(소득)이 없으면서도 항상 일정한 마음을 가지고 있는 자는 오직 선비(士)만이 그럴 수 있다."고 했다.

맹자의 이 말은 공부하는 사람에게 '마음공부'의 극치를 일러준다. 해서 사람됨의 궁극은 '득지'(得志) 하나에 달렸다. 일찍이 공자는 교육받은 선비(士)집단을 형성함으로써, 하학(下學)을 통해 상달(上達)하기를 바랐을 뿐이다. 『중용』 첫 머리에서 性-道-敎는 하나의 연결고리로 이어지면서, 중간에서 道가 性과 敎를 이어준다. 그래서 '道'라는 것은 잠시도 나를 떠날 수 없으며, 떠날 수 있다면 도가 아니라(可離非道也)고 했다. '도'(道)는 내 삶의 모든 활동 속에 내재한다.

도올 김용옥(2011)은 여기 '도'(道)는 나의 '삶의 길(way)'인 동시에 내가 '살아가는 방법(method)'이라 했다. 유학에서 도를 닦는다는 것(修道)은 곧 몸을 닦는 것(修身)이다. 그래서 『대학(大學)』의 8조목 가운데 그 체(體)가 되는 '격물(格物)-치시(致知)-성의(誠意)-정심(正心)-수신(修身)'으로 이어지는 5조목은 바로 나 자신을 향한 '수기'(修己)의 과정이다. 이처럼 '수신'(修身)은 나를 향한 주체의 심화과정이며, 그것은 고독의 과정이자 마음공부의 과정이다. 『중용』에 의하면, 마음공부의 전형은 바로 '신독'(愼獨)이다.

하늘의 지엄한 명령으로서 성(性)은 미발(未發)의 '중'(中)과 그 발현의 품절(品節)인 '화'(和)로 이어진다. 『중용』에서 희노애락(喜怒哀樂)이 아직 발현되지 않은 상태를 '중'(中)이라 일컫고, 그것이 발현되어 상황의 절도에 맞는 것을 '화'(和)라고 한다. 이 '중화'(中和)를 지극한 경지에까지 밀고 나가면, 천지가 바르게 자리를 잡고(天地位焉), 그 사이에 있는 만물이 잘 자라게 된다(萬物育焉)는 것이다. 따라서 『중용』에서는 '중화'(中和)의 지극한 경지가 마음공부의 이상태(理想態)다.

소크라테스는 성찰(省察)되지 않는 인생은 살 가치가 없다고 했다. 『중용』은 맛을 음미하는 게(知味) 인생이라 했다. 도올은 '중용'을 '인간의 맛'이라 했다. 그래서 맛은 인간의 몸과 마음의 궁극적 도덕성이란다.

인생의 맛은 수신(修身)의 결과 얻어지는 것이고, 그것은 곧 마음공부의 결과다. 혹자는 쓴맛이 사는 맛이라고 했다. 공자는 서슬퍼런 칼날조차 밟을 수 있을지라도 '중용'은 실천하기 어렵다고 했다. 이것은 일상의 매 순간마다 중용을 실천하기가 참으로 지난하다는 우환의식(憂患意識)의 발로다. 이런 마음의 상태를 『중용』에서는 '성'(誠)의 개념으로 함축하고 있다. 그래서 『중용』을 '성(誠)의 철학'으로 규정한다.

3.

『중용』(20장)에서는 성(誠)의 단초로 먼저 몸의 성실함(誠身)을 제기한다. 즉, 자기 몸을 돌이켜보아 성실하지 못하면(反諸身不誠) 부모에게 효순할 수 없는 것이다. 먼저 자기 몸을 성실하게 함(誠身)에는 방법이 있으니, 선(善)을 명료하게 드러내지 못하면 몸을 성실하게 할 길이 없다고 했다. 그래서 성(誠) 그 자체는 하늘의 도(誠者, 天之道)이고, 성(誠)해지려고 노력하는 것은 사람의 도(誠之者, 人之道)라 했다. 해서 성자(誠者)는 곧 성인(聖人)의 경지요, 성지자(誠之者)는 '택선고집'(擇善固執)하는 보통 사람의 경지이다. 도올은 이렇게 말한다.

> 인생이란 무엇인가? 인생이란 결국 성(誠)이라는 종착역을 향해 칙칙폭폭 끊임없이 달려가는 성지(誠之)호 열차의 모습이다. 그 종착역에 도달할지 안 할지는 여기 질문의 대상이 되질 아니 한다. 왜냐 열차는 달리는 한에 있어서만 열차이기 때문이다. 열차는 과정(process)이다. 인생은 과정이다. 인생의 목적이란 그 과정에 내재하는 것이다. '성자'(誠者)는 '성지자'(誠之者)에 내재하는 것이다(김용옥, 2011, 278).

그의 비유와 설명이 탁월하다. 삶의 목적은 그 과정에 내재하는 것이기에, 성(誠)하고자 노력하는 범인(凡人)은 성인(聖人)의 현재완료형이다. 우리는 삶의 과정에서 선(善)을 택하여 고집하는 삶을 견지하는 동안 본질적으로 성인(聖人)과 다르지 않다. 우리가 예수처럼 살 수 있을 때 예수와 다르지 않다. 우리가 붓다처럼 깨침을 얻을 수 있을 때 석가와 다르지 않다. 이처럼 마음공부의 목적은 그 과정에 내재해 있다.

『중용』에서는 마음공부의 전형적 과정을 5단계로 제시한다. 즉, 널리 배우는 '박학'(博學) – 자세히 묻는 '심문'(審問) – 신중히 숙고하는 신사(愼思) – 분명하게 말하고 쓰는 명변(明辯) – 돈독히 행하는 '독행'(篤行)이다. 널리 배우고 묻는 게 '학문'(學問)이고, 생각을 가다듬어 분명히 드러내는 게 '사변'(思辨)이다. 여기서 '學 –問–思–辨'은 앎(知)의 과정이고, 마지막으로 행(行)이 따라 붙는다. 즉, '지행합일'(知行合一)의 과정이자 '호학역행'(好學力行)의 길(道)이다. 이런 일련의 과정(즉, 學–問–思–辨–行)에서 중도에 포기하지 말고, 남이 한 번에 능하거든 나는 백 번을 하며, 남이 열 번에 능하거든 나는 천 번을 하란다. 이 말은 필자가 보기에 바로 특수교육을 향한 경구(警句)로 들린다. 우리의 삶에서 각자가 나름의 선(善)을 붙들고 끊임없이 노력하는 모습은 참으로 아름답다. 『중용』에 의하면, 이것은 이른바 '진성'(盡性) 혹은 '지성'(至誠)의 삶이다.

『중용』 21장 '자성명'(自誠明)에서 26장 '지성무식'(至誠無息)에 이르기까지 자사(子思)의 '성론'(誠論)이 본격적으로 펼쳐지고 있다. '자성명'(自誠明)의 장은 성론(誠論)의 총론에 해당된다. 이 장은 제1장의 性–道–敎의 연관성을 떠올리게 하면서 퍽 압축적으로 다시 성(性)과 교(敎)를 제기하고 있다.

自誠明 謂之性, 自明誠 謂之敎.

즉, 성(誠)에서부터 명(明)으로 구현되어 나가는 것을 성(性)이라 일컫고, 명(明)에서부터 성(誠)으로 구현되어 나가는 것을 교(敎)라고 일컫는다. 이게 뭔 말인가? 『중용』전체를 통틀어 필자가 보기에 그 해석이 가장 난감한 부분이다. 김충열(2007) 교수도 이 장은 거두절미한 문장이기 때문에 난해하다고 했다. 이 구절에 대한 영문 표기를 종합한 것을 보면(김용옥, 2011), 성(誠)은 sincerity, integral wholeness로, 명(明)은 intelligence, enlightenment, conscious understanding 등으로, 성(性)은 대개 nature로 통일되어 있고, 교(敎)는 instruction 혹은 education으로 옮겨놓고 있다. 이중 가장 헷갈리는 게 '명'(明)의 영문 표기다.

앞에서 논의한 것과 관련지으면, 여기 '성'(誠)은 앞장의 '성자'(誠者)에 상응하고, '명'(明)은 성(誠)하고자 노력하는 '성지자'(誠之者)에 상응한다. 여기 명(明)은 미명으로부터 문명(文明)으로의 밝음을 지칭한다. 도올의 해석을 인용해 보자.

> 더 간결하게 직접적으로 말하면 '성'(性)이란 자연에서 문명으로 가는 과정과 관련되고, 교(敎)라는 것은 문명에서 자연으로 가는 과정과 관련되는 것이다. 다시 말해서 우리는 끊임없이 천명(天命)을 받을 수 있는 개방적인 성(性; nature)이 있기 때문에 자연으로부터 문명을 창출해 낼 수 있고, 또 이미 문명에 소속해 있는 인간은 끊임없이 교육(education)을 통하여 자연으로 회귀해야 하는 것이다. 그러므로 인간은 성(誠)과 명(明), 즉 자연과 문명의 거리를 항상 좁혀나가야 하는 것이다. 그러니까 '성(性)의 과정'(process of nature)과 '교(敎)의 과정'(process of education)은 항시 동시적이며 중층적이며 오버랩되

> 는 것이다. 이것을 '성즉명의'(誠則明矣), '명즉성의'(明則誠矣)라고 표현한 것이다(김용옥, 2011, pp.284-285).

이런 해석에 덧붙여 도올은 현대 산업사회의 교육은 명(明)으로부터 성(誠)을 지향하지 않고, 더 말단의 명(明)만을 지향한다는 데에 문제가 있다고 지적했다. 마음공부의 입장에서 볼 때, 옳은 지적이다. 그리고 '성(性)의 과정'과 '교(敎)의 과정'이 동시적 · 중층적으로 오버랩된다는 것도 공감한다. 그러나 위에서 "이미 문명에 소속해 있는 인간은 끊임없이 교육을 통하여 '자연'으로 회귀해야 하는 것"이라는 언명에 이르러 오늘의 공교육체제에서 어찌 공감을 표하겠는가? 물론 필자는 여기 '자연'이 인간의 '본래성'을 함의하는 것으로 보아 맥락상 별 무리가 없는 것으로 본다. 그래도 뭔가 좀 찜찜하고 비약하는 감이 없지 않다.

김충열 교수가 『중용』 1장의 '性-道-敎'의 연관성에 비추어 볼 때, 여기 '자성명위지성'(自誠明謂之性)의 성(性)은 '솔성지위도'(率性之謂道)의 도(道)를 잘못 쓰는 것이 아닌가 의심이 간다는 지적은 일리가 있다. 그의 지적을 직접 들어보자.

> 상편의 수(1)장이 성(性), 도(道), 교(敎)를 논했다면, 하편의 수장인 여기(21장)서도 그러한 기조가 설정되어야 한다. 그런데 성(性), 교(敎)만 논하고 도(道)가 빠져 있어 무엇인가 부족함이 느껴진다. 여기서는 오히려 성(性)을 줄이고 도(道)와 교(敎)를 내세웠으면 문리(文理)에 맞지 않나 한다. 왜냐하면 '천명지위성'(天命之謂性)의 성(性)은 하편에서 성(誠)으로 대체될 수 있어서 '자성명위지성'(自誠明謂之性)의 성(性)이 '솔성지위도'(率性之謂道)의 도(道)를 잘못 쓰는 것이 아닌가 의심이 가기 때문이다. 내가 보기에 성으로 말미암아 밝아지는(自誠明) 것은 성(性)이 아니라 도(道)인 듯하다(김충열, 2007, p.220).

여기 '자성명'(自誠明)의 성(誠)이 첫 장의 '천명지위성'(天命之謂性)의 성(性)으로 대체될 수 있는 것이라면, '자성명위지성'(自誠明謂之性)의 성(性)이 도(道)로 바뀌는 게 자연스럽다[41]. 그러나 21장에서 중간 연결고리로 도(道)를 매개로하지 않고, 바로 '성'(性)을 '교'(敎)의 과정과 동시적이며 중층적으로 연관지운 것은 그만큼 마음공부로서 교육본질을 부각시킨 것으로 이해할 수도 있다. 어쨌든 필자가 보기에 김충열 교수의 문리(文理) 분석이 놀랍고, 한편으로 도올의 원문에 충실한 역동적 해석이 돋보인다.

이어 『중용』(22장)에서는 천지우주의 자연적 법칙을 '지성'(至誠)으로 연관지우는 '천하지성'(天下至誠)을 설정하고 있다. 그 전문을 옮겨놓는다[42].

> 오직 천하의 지극한 성(誠)이라야 자기의 타고난 성(性)을 온전히 발현할 수 있다. 자기의 타고난 성(性)을 온전히 발현할 수 있게 되어야 타인의 성(性)을 온전히 발현케 할 수가 있다. 타인의 성(性)을 온전히 발현케 할 수 있어야 모든 사물의 성(性)을 온전히 발현케 할 수 있다.

---

41) 이에 대한 김충열 교수의 설명을 추가로 들어보자.

「천(天)이 명(命)하여 성(性)을 낼 때 그 性은 天의 性으로 돌아오기를 바라는 그런 회수의 성격이 아니라 후천적으로 자기 성취의 길로 가는 것이다. ...(중략) 그렇다면 '솔성지위도'(率性之謂道)의 솔성(率性)은 순천리(循天理)의 성(性)이 아니라 후천적으로 인문세계를 창달(創達)할 수 있는 인간으로 성취시켜 주는 솔(率)이어야 한다. 따라서 도(道)는 천(天)으로 돌아가는 방향의 길이 아니라 천명지성(天命之性)에서 수도지교(修道之敎)로 향하는, 다시 말하면 인문세계의 창진으로 가는 길로 보아야 한다. 그러므로 '자성명'(自誠明)은 성(誠)이 밝게 함으로써 성(性)의 은미함이 현현(顯現)된 것을 말한다. 그 성(性)의 덕이 확인되어야 문명으로 갈 수 있는 도(道)를 설정할 수 있다. ...(중략) 그래서 나는 '자성명위지성'(自誠明謂之性)의 성(性)을 '솔성위지도'(率性謂之道)의 도(道)로 대체했으면 한다.」(김충열, 2007, pp.221-222)

모든 사물의 성(性)을 온전히 발현케 할 수 있어야 천지의 화육(化育)을 도울 수 있다. 천지의 화육을 도울 수 있어야 비로소 천(天)과 지(地)와 더불어 온전한 일체가 되는 것이다(김용옥, 2011. p.287).

'천하지성'(天下至誠)이라는 것은 인간으로서 우주적인 지극한 성(誠)의 가치를 자기 몸에 체현한 사람을 가리킨다. 지성(至誠)하면 자기의 성(性)을 다 발현할 수 있고(能盡其性), 나아가 다른 사람의 성(性)을 다 발현케 하는 데까지 영향을 주고, 마침내는 만물의 성(性)을 다 발현케 하는 데에 이른다. '자성(自性)-인성(人性)-물성(物性)'의 성(性)을 다 발현할 수 있으면 천지의 화육(化育)을 도울 수 있고, 마침내는 천지인(天地人)의 삼위일체를 이루게 된다. 이처럼 우리 인간은 천하의 지극한 정성으로 살아갈 때에 하늘-땅-사람이 한 몸이 된다. 이것이 동양적 마음공부의 극치이다. 이 모든 것은 우리 인간에게 지성(至誠)이 갖추어지고서야 가능하다. 성(誠) 자체는 천도(天道)이지만, 그것을 성지(誠之)하고 사성(思誠)하는 인도(人道)가 서고서야 소위 '여천지참'(興天地參)하는 문명건설이 가능하다. 해서 우리에게 지성(至誠) 공부는 그 끝이 없다.

그 과정에서 공부의 핵심은 '치곡'(致曲)에 있다. 그것은 소소한 사물에 이르기까지 지극하게 정성을 다하는 것이다. 그리하면 소소한 사물마다 성(誠)을 지니게 된다. 그 성(誠)이 사물에 형상화되면 드러나고(形則著), 드러나면 밝아지고(著則明), 밝아지면 움직인다(明則動). 움직이면 변하고(動則變), 변하면 화한다(變則化). 그래서 오직 천하의 지성(至誠)이라야 능히 화(化)할 수 있다는 것이다. 여기 화(化)는 감화(感化)와 상통한다. 해서 지성(至誠)이면 감천(感天)이다.

42) 唯天下至誠, 爲能其性. 能盡其性, 則能盡人其性. 能盡人其性, 則能盡物之性. 能盡物之性, 則可以贊天地之化育. 可以贊天地之化育, 則可以輿天地參矣.(『中庸』 第22章)

'지성능화'(至誠能化)는 마침내 '지성여신'(至誠如神)으로 이어진다. 여기서 지성(至誠)은 영성(靈性; spirituality)의 차원에서 신(神)의 경지에 이른다. 천지는 신령(神靈)하다. 유충열은 "이 세계는 생기 있고 신령한 세상이지 싸늘한 기계와 수리의 세계가 아니다."고 했다. 해서 생기(生氣)와 생명이 있는 모든 존재는 이 신비스런 영감이 있기에 생을 영위할 수 있다는 것이다. 인간은 신비로운 존재다. 우리의 마음은 감성-이성/지성-영성/신성이 역동적 · 중층적으로 어우러진 그 무엇이다. 『중용』에서 말하는 이 '지성'(至誠)의 화(化)가 감천(感天)의 경지에 이르게 되면, 마침내 우리 인간은 신과 같은 신령한 반열에까지 오르게 된다. 그래서 사람이 하늘이고, 중생이 부처다. 예수도 하늘나라는 네 맘속에 거한다고 했다. 이처럼 종교의 심층은 서로 만난다.

이어 『중용』(25장)에서는 '성자자성'(誠者自成)을 말한다. 즉, 천도(天道)의 성(誠)은 스스로 이루어 가는 것이란다. '성자자성'(誠者自成)을 도올은 이렇게 풀이한다.

> '성자자성'(誠者自成)이라는 말은 우주의 모든 성실한 법칙이 외재적인 존재자에 의하여 조작되는 것이 아니라 스스로 이루어져가는 과정에 있다는 것이다. 우주의 모든 법칙은 그 법칙성을 스스로 내부에서 생성해 간다는 뜻이다. ...(중략) 우주진화의 법칙이 어떠하든지 간에 그 진화의 법칙은 우주 스스로 이루고 길지워 가는 것이다. '자성'(自成)이라는 말은 지금도 생성중의 과정에 있다는 뜻을 내포한다. 우주는 그 자체가 창조이다. 하나님이 하나님을 스스로 창조하는 것이다. 따라서 창조는 일시적인 고정일수가 없으며, 끊임없이 지속되는 것이다(김용옥, 2011, p.305).

『중용』의 '성자자성'(誠者自成)에서 보면 창조론과 진화론의 다툼은 부질없는 논쟁이다. 여기 스스로 이루어져 가는 '자성'(自成)은 끊임없는 현재진행형으로 창조가 진화요, 진화가 창조다. 그래서 '불성무물'(不誠無物)이라는 말이 나온다. 성(誠)하지 않으면 물(物)도 존재할 수 없다는 게다. 하느님이 있으나 없으나 물(物)은 존재한다. 근데 성실한 우주의 법칙이 망가지면 물(物)은 존속할 길이 없다. 여기 『중용』의 '성'(誠)은 내 속의 마음뿐만 아니라 내 밖의 환경세계를 질서 지워 준다.

『중용』의 성론(誠論)은 마침내 '지성무식'(至誠無息)으로 그 대미를 장식한다. 도올은 중용의 이 장(26장)은 천지에 바치는 율로지(eulogy)의 최정상의 아름다운 문학이라 말해야 한다고 평했다. 이 '지성무식'(至誠無息)의 장은 이렇게 이어진다.

> 그러므로 지성(至誠)은 쉼이 없다. 쉼이 없으니 오래가고, 오래가면 징험이 드러난다. 징험이 드러나니 유원(悠遠)하고, 유원하면 박후(博厚)하고, 박후하면 고명(高明)하다. ...(중략) 박후(博厚)는 땅과 짝하고, 고명(高明)은 하늘과 짝하고, 유구(悠久)는 시공의 제약을 받지 아니한다. ...(중략) 천지의 도(道)는 한마디 말로써 다 표현할 수 있는 것이니, 그 물 됨이 두 마음이 없다는 것이다. 그러한즉 물(物)을 생성함이 무궁하여 다 헤아릴 길이 없다.
>
> 아! 천지의 도(道)이시여! 드넓도다(博也)! 두텁도다(厚也)! 드높도다(高也)! 밝도다(明也)! 아득하도다(悠也)! 오래도다(久也)! 이제 저 하늘을 보라! 가냘픈 한 가닥의 빛줄기가 모인 것 같으나, 그것이 무궁한데 이르러서는 보라! 해와 달과 별들이 장엄하게 수를 놓고 있지 아니하뇨! 만물을 휘덮는 도다! 이제 저 땅을 보라! 한 줌의 흙이 모인 것 같으나, 그것이 드넓고 두터운데 이르러서는 보라! 화악(華嶽)을 등에 업고도 무거운 줄을 모르며, 황하와 황해를 가슴에 품었어도 그것이 셀 줄을 모르지 아니 하뇨! (김용옥, 2011, p.309)

도올 김용옥은 대학교 때 처음 『중용』을 접하고 이 장을 읽다가 그만 눈물을 쏟고 말았단다. 이 눈물이 그로 하여금 평생 동양학에 몰두케 하지 않았나 싶다. 눈물을 쏟고, 뛰는 가슴으로 사는 사람에게는 쉼이 없다. 이른바 '지성무식'(至誠無息)이다. 공자(孔子)는 우리 나이로 74세를 살았는데, 이순(耳順)에 접어든 공자에게 그의 제자들이 이제 좀 쉬시라고 했다. 공자 왈 "하늘이 쉬더냐?"고 했단다. 죽는 날까지 진정 그가 하고자 하는 일에 몰두하다가 어느 날 천수(天壽)를 맞는 사람은 참으로 행복하다.

4.

성론(誠論)이 마무리되면서 『중용』은 전체적 결론에 이른다. 제27장은 '지성'(至誠)에 이어 '존덕성'(尊德性)을 말한다. 옛말에 "지극한 덕(德)이 아니면 지극한 도(道)는 응결(凝結)되지 않는다."고 했다. 그러므로 군자는 덕성(德性)을 존중하는 동시에 반드시 문학(問學)을 통한 도(道)의 실천을 중시한다. 여기 '존덕성이도문학'(尊德性而道問學)에서 '존덕성'(尊德性)과 '도문학'(道問學)은 상호의존적이자 보완적이고 상승적이다. 덕(德)은 몸으로 쌓아가야 하지만(涵養/存養), 여기 '도문학'(道問學)의 도(道)는 묻고 배우는 학문의 길이자 인식의 문제다. 『중용』은 덕(德)과 도(道) 양면의 상승적 통합을 성인(聖人)의 길로 삼는다.

『중용』은 '무성무취'(無聲無臭)의 장(33장)으로 끝을 맺는다. 지금까지 논의한 말들이 소리도 없고 냄새도 없는 지극한 세계로 회귀하는 것이다. 노자(老子)는 없음(無)은 있음(有)의 어머니라 했다. 여기 '무성무취'

(無聲無臭)는 『중용』 첫 장에서 말한 '신독'(愼獨)의 세계로의 회귀다. 도올은 『중용, 인간의 맛』(2011) 말미에서 "개인의 고독! 누구도 형체화할 수 없는 인간 내면의 덕의 쌓임! 밤새 소리 없이 소록소록 쌓이는 백설처럼 인간의 내면에 쌓이는 신독(愼獨)의 덕성이야말로 『중용』의 궁극적 주제"라고 했다. 『중용』 마지막 장(제33장) 첫 구절에서 "화려한 비단옷을 입고 그 위에 망사 덧옷을 드리운다."는 '의금상경'(衣錦尙絅)은 『중용』의 도(道) 혹은 삶의 자세를 함축적으로 상징한다. 그것은 인간의 무늬가 밖으로 너무 표출되는 것을 경계한다. 『중용』은 인간 내면의 무늬를 귀하게 여긴다. 이것이 『중용』이 우리에게 주는 마음공부의 요체다.

08 마음(2): 『노자(老子)』

노자(老子)는 기원전 580년에서 500년 사이에 생존한 인물로 알려져 있다[43]. 노자가 남긴 유일한 글인 『도덕경(道德經)』은 한문으로 5천자 남짓하여 2백자 원고 25매 정도다. 이 책은 간결한 운문체로 그 체제는 상(道經) · 하(德經)편 모두 81장으로 구성되어 있다. 여기 '도'(道)는 우주의 궁극실재 혹은 근본원리와 같은 것이라면, '덕'(德)은 그 도(道)가 구현될 때 인간에게 얻어지는 '힘'같은 것이다. 도(道)는 마음공부의 체(體)요, 덕(德)은 그 용(用)에 해당된다.

임어당(林語堂)은 "동양문헌 가운데 어느 책보다도 먼저 읽어야 할 책이 바로 노자의 『도덕경』"이라 했다[44]. 실제로 서양인들에게 가장 많이 읽혀지고 있는 동양고전으로 노자 『도덕경』이 꼽힌다. 도올 김용옥은

43) 하지만 여러 연구결과에 의하면, 노자의 생존연대에서부터 노자가 『도덕경』을 썼다는 사실조차 불확실하며, 심지어 노자라는 인물이 있었는지조차 확실치 않다고 한다. 이것은 노자에 관한 가장 오래된 기록인 『사기』에서도 노자를 이이(李耳), 노래자(老萊子), 태사담(太史儋)이라는 세 인물과 혼동하고 있는 걸 봐도 짐작할 수 있다. 노자는 춘추전국시대 초나라 고현에서 태어났다고 하며, 직업은 주나라 왕실의 도서관인 수장실의 사관이었다고 전한다. 『도덕경』은 주나라가 기울게 되자 노자가 서역으로 가기 위해 국경인 함곡관을 지나다 그곳 관령인 윤희의 부탁으로 짓게 된 글이란다. 후세 사람들은 노자는 인도로 가서 석가가 되었다고 그러기도 하고, 160 혹은 200세를 넘게 살았다고도 한다. 그렇게 노자는 전설이 되었다.

44) 오강남(2010). **도덕경**. 서울: 현암사.

"『노자』는 공부하는 책이 아니라, 그냥 부담 없이 정직하게 느끼는 책이어야 하는 것"이라 했다[45]. 그러나 그냥 정직하게 느껴지기 위해서는 상당한 정도로 마음공부가 축적되어 있어야 한다. 솔직히 필자의 경우 처음 『노자』를 읽고, 사람 힘 빼는 경(經)이라는 느낌을 받았다. 그게 마음 비우라는 조짐인가.

노자사상은 동양사상사에서 하나의 기축을 형성하고 있다. 우리나라에서도 삼국시대 이래로 유 · 불 · 도(儒 · 佛 · 道) 삼교(三敎)가 하나의 현묘한 도를 형성한 전통을 뚜렷이 지니고 있다. 유가(儒家)와 도가(道家)는 상호비판을 주고받는 가운데 동양사상을 풍부하게 발전시키는 두 축이 되었다[46]. 또 인도에서 유입된 불교는 노장사상의 바탕 위에서 동아시아 불교의 정착에 크게 기여하었다. 그린 불교의 옷을 입고 12~13 세기에 신유학으로 성리학(性理學)이 대두하였다. 이런 일련의 역사전개 과정에서 노장사상은 우리 몸속의 핏줄처럼 이런저런 모습으로 녹아들었다.

1.

『중용』에서처럼 『노자』 1장 첫 구절은 상편인 『도경(道經)』 전체를 함축적으로 아우르고 있다. 즉, 『중용』은 천명(天命)을 커다랗게 내걸었

45) 김용옥(2000). **노자와 21세기**. 서울: 통나무.

46) 공자철학이 인간성 회복에 집중한 것이라면, 노자철학은 인위적 체계를 약화시키는 쪽을 강조하고 있다. 흔히 노자는 공자와 대칭되는 반문명이나 반교육, 피세(避世, 반입세) 혹은 신비주의적이라기보다는 공자와는 차별화된 또 하나의 문명과 교육, 입세(入世)방식 혹은 인문주의를 주장한 것으로 보는 것이 훨씬 온당하다.

다면, 『노자』는 도(道)가 실현되는 이상적 세상을 내걸었다.

道可道 非常道, 名可名 非常名.

즉, 도(道)를 도라고 말하면 늘 그러한 도가 아니요, 이름을 이름 지우면 늘 그러한 이름이 아니라는 것이다. 여기 노자가 말하는 도(道)는 이름 지어 규정할 수 없는 형이상(形而上)의 길이다. 석가는 49년 동안 헤아릴 수 없이 많은 말로 중생을 가르치고도, 마지막엔 "한 마디의 법도 설하지 않았다"고 잡아뗀다. 왜 그런가? 여태까지 그가 설한 말에 붙잡히지 말라는 것일 터. 노자의 '도'(道)는 언어를 넘어서 있다. 달은 손가락이 아니고, 영토는 지도가 아니다. 해서 손가락에 꺼들리면 달을 못보고, 언어에 꺼들리면 실재(reality)를 놓친다.

붓다는 49년이나 설법을 행하고도 끝내는 그것을 지우고자 했지만, 노자는 책의 첫 머리에서 '도'(道)는 문자의 언표를 넘어서 있는 것이라 했다. 언어철학자인 비트겐슈타인도 "말할 수 없는 것에 대해서는 침묵할지어다."고 했다. 『대승기신론(大乘起信論)』에는 참으로 그러한 '진여'(眞如)에 대해 "진여(眞如)라는 말은 '말할 수 없는 것을 말하는 것'(謂言說之極)이며, '말로써 말을 없애려는 것'(因言遺言)과 같은 것"이라 했다[47]. 그래서 노자는 '도'(道)라는 것을 도(道)라고 말하면, 그것은 늘 그러한 '도'(道)가 아니다(非常道)고 했다. 여기에 '상도'(常道)를 흔히 '영원한 도(道)'로 잘못 해석하는 것을 도올은 경계한다.

> 여기 '늘 그러한'(常)이라는 말을 많은 『노자』의 번역자들이 '영원불변의'라는 말로 잘 못 해석한다. 첫 장부터 이렇게 『老子』를 잘 못 해석

47) 이홍우 (2006). **대승기신론통석**. 서울: 김영사.

> 하면 노자의 지혜는 마치 영원불변의 이데아적인 그 무엇을 추구하는 서양철학이나, 천국의 도래를 갈망하는 기독교의 초월주의가 되기 쉽다. ...(중략) 노자는 '항상 그러함'만을 말하지 '불변'(changelessness)을 말하지 않는다. 동양인들에게 '영원'(permanence)이란 '변화의 지속'일 뿐이다. 변하지 않는 것은 없다. 다만 변하지 않는 것은 변하지 않는다고 생각하는 우리의 생각이다. 그 생각을 노자는 여기 '말'이라고 표현한 것이다.
>
> "도를 도라고 말한다."는 것은 곧 시시각각 변하지 않을 수 없는 도를 변하지 않는 우리의 생각 속에 집어넣는다는 뜻이다. 그렇게 생각 속에 집어넣어져 버린 도(可道之道)는 항상 그러한 실체의 도일 수 없다는 것이다. 서양인들이 불변의 영원을 추구했다면, 동양의 지혜는 변화의 영원을 추구하고 있는 것이다(김용옥, 2000, pp.105-106).

도올은 '변화의 영원성' 추구를 동양적 지혜의 특성으로 내 세웠다. 김충열 교수도 여기 '상도'(常道)를 '순환 속의 영원'으로 해석했다[48]. 변화의 철학인 『주역』에서 말하는 변역(變易)과 불역(不易)에서 보듯이, 그것이 영원히 '도'(道)로 있기 위해서는 항상 멈추지 않고 변해야 하는 것이다. 오강남(2010)은 여기 '도'(道)란 직관과 체험의 영역이지 사변과 분석의 정의 대상이 될 수 없다고 했다. 해서 말할 수 있는 도(道)와 이름 붙일 수 있는 이름(名)은 구체적인 일이나 형체를 가리키니, 그것은 항상 됨이 아니라는 게다. 그러므로 '도'(道)는 말할 수 없고 이름 지을 수 없는 것이다. 노자는 인간과 사회문제의 원칙을 요순(堯舜)의 전통이 아니라

48) 원래 『노자』 백서(帛書)본에는 '常'자가 '恒'으로 되어있었는데 한문제(漢文帝) 유항(劉恒)의 휘(諱)를 피해 같은 의미의 '常'으로 바꾸었다고 한다(김충열. 노자강의. 서울: 예문서원, 2004). 『노자』 판본 가운데 가장 오래된 것이 곽점죽간본(기원전 4세기)이고, 그 다음이 백서본, 그리고 하상공본에서 왕필본으로 이어져 왔다.

자연(自然)에서 구하고자 했다. 최진석(2001)[49]은 노자에게 전통은 가도(可道)이자 가명(可名)이며 인도(人道)라면, 자연은 상도(常道)이자 상명(常名)이며 천도(天道)라 했다.

필자가 보기에는 여기 노자가 말하는 '상도'(常道)는 『중용』에서 말하는 '솔성지위도'(率性之謂道)의 도(道), 혹은 도(道)라는 것은 잠시라도 나를 떠날 수 없는 것이라고 규정한 그 도(道; way)보다 형이상학적이고 근원적인 것이다. 김충열(2004) 교수는 노자의 도(道) 개념이 나옴으로써, 중국철학사에서 종래의 상제(上帝)니 귀신(鬼神)이니 하는 무서운 개념들이 존재 발판을 잃거나 권위를 상실하는 등 많은 변화를 가져 왔다고 했다.

이어 노자는 "이름이 없는 것을 천지의 처음이라 하고, 이름이 있는 것을 만물의 어미라"(無名 天地之始, 有名 萬物之母) 했다. 여기 '무명'(無名)은 도(道)의 체(體)이고, '유명'(有名)은 도(道)의 용(用)이다. 노자에 의하면, 무릇 '유'(有)는 모두 '무'(無)에서 시작되므로, 아직 드러나지 않고 이름이 없는 때가 만물의 시작이 된다. 이처럼 도(道)가 무형(無形)·무명(無名)으로 만물을 시작케 하고 이루어주면, 만물은 그에 의해 이루어지되 그 까닭을 알지 못하니 현묘하고 또 현묘(玄之又玄)하다는 것이다. '도'(道)를 뭐라 설명하기가 어려워 현묘하고도 현묘하다고 표현한 것이다. 김충열 교수는 여기 '현'(玄)이란 모든 색깔을 하나로 합쳤을 때의 색깔이라 했다. 도(道)의 빛깔이 왜 '현'(玄)인가? '현'(玄)은 모든 것을 하나로 모았을 때 나타나는 빛깔이다. 실재하는 세상은 전부가 모여 있는 총상(總相)이다. 이 '현'(玄)이 바로 도(道)를 형용하는 '무'(無) 혹은 묘(妙)로 쓰인 것이다.

49) 최진석 (2001). **노자의 목소리로 듣는 도덕경**. 서울: 소나무.

『노자』 2장에서 "유와 무는 서로 살게 해 준다"는 '유무상생'(有無相生)을 말한다. 없음(無)과 있음(有)이 서로 상대편의 근거가 되면서 상생(常生)한다. 노자는 이 세계를 반대되는 것들이 꼬여서 이루어진 것으로 본다. 이 세계는 대립되는 쌍들(즉, 有無, 高低, 長短, 上下, 前後)이 서로 꼬여서 이루어져 있다는 것이다. 이것이 우주의 존재원칙(恒/常)이자 도(道)이다. 그래서 노자는 "반대편으로 나아가려는 것이 도(道)의 움직임/운동력"(反者 道之動)이라 했다. 그리고 이 운동력은 '자연'(自然)이 본래 갖추고 있다는 것이다.

도(道)를 체득한 성인(聖人)의 마음 경지를 노자는 이렇게 말한다. "성인은 함이 없음의 일에 처하고 말없이 가르침을 행한다. 만물은 스스로 지라나는데 성인은 내가 그를 자라게 한다고 간십함이 없고, 잘 되어가도록 하면서도 그것에 기대지 않는다. 공이 이루어져도 그 공속에 살지 않는다. 대저 오로지 그 속에 살지 아니하니 영원히 살리라."(『노자』 2장) 여기 '성인'(聖人)이라는 말은 『노자』 전체에서 자주(약 30번) 등장하는 말이다[50].

『노자』는 본시 성인(聖人)의 길을 밝힌 책이라는 설도 있다. 어원적으로 성인(聖人)은 귀가 밝은 사람이다. 귀가 밝아 보통 사람이 쉬이 감지하지 못하는 것도 잘 감지할 수 있다는 뜻이 들어 있다. 성인(聖人)은 물흐르듯이 함이 없는 일(無爲之事)에 처하고 말없이 가르침(不言之教)을 행하는 사람이다. 여기 '불언지교'(不言之教)는 '언지교'(言之教)와 대비되는 노자의 교육관을 단적으로 드러내고 있다[51]. 노자에 의하면, 성인은

50) 『노자』 전체 글에서 '도'(道)라는 말이 74군데로 가장 많고, 그 다음이 '선'(善)으로 50여 군데, 그 다음이 '덕'(德)으로 40여 군데, 그리고 '성인'(聖人)이라는 말이 31 군데 등장한다.

51) '도가도비상도'(道可道非常道), '명가명비상명'(名可名非常名)이듯이, '교가교비상교'(教可教非常教)이다.

일을 하되 일한 결과를 소유하지 않는다(生而不有). 나아가 자신이 이룬 공(功)에 머물지 않음으로써, 그는 영원히 살 수 있다. 원래 자연(自然)은 그 공을 내세우지 않는다. 그래서 대자유(大自由)다.

『노자』(제4장)에 "도는 텅 비어(道沖)" 있어서 아무리 퍼내어 써도 고갈되지 않는다고 했다. 노자에게 '빔'(虛)은 존재의 가능태이자 도(道)의 모습이다. 그에게 마음공부는 채움(有爲)이 아니라, 비움(無爲)이다. '허'(虛)의 여유를 지니는 만큼 존재는 자유롭다. 노자철학에서 '빔'(虛)을 유지하는 게 자연(自然)이고 도(道)이다. 그래서 무위(無爲) · 무욕(無慾) · 무아(無我) · 무명(無名)이 곧 도(道)의 모습이다. 그래서 노자철학은 '무위자연'(無爲自然)이다.

이어 도(道)는 '계곡의 신'(谷神)과 같아 결코 죽지 않으니 이른바 '신비의 여인'(玄牝)이란다. '곡신'(谷神)은 골짜기 가운데의 빈 곳이다. 여기 '계곡의 신'(谷神)은 도(道)의 모습을 형상화한 것이다. 그리고 신비의 여인 '현빈'(玄牝)은 천지의 근본이란다. 노자의 '도'(道)는 '여인'으로 상징된다. 『노자』에는 '도'를 상징하는 것으로 갓난아기, 통나무(樸), 물과 계곡, 그리고 여인이 등장한다. 여기 '도'(道)는 어머니와 같다. 도올은 『노자』 전체를 통하여 가장 시적인 장을 뽑으라면 '곡신불사'(谷神不死) 장(6장)을 택하겠다고 했다[52].

『노자』에는 도(道)의 성질을 '천장지구'(天長地久)로 표현했다. "하늘과 땅은 영원한데, 그것이 영원한 까닭은 자기 스스로를 위해 살지

---

52) 도올이 특히 이 장을 좋아해서 영역해 놓은 것의 일부를 소개한다.

The God of Valley never dies;
It is called the Mysterious Female.
The Gateway of the Mysterious Female
Is called the root of Haven and Earth.
谷神不死, 是謂玄牝. 玄牝之門 是謂天地根.

않기 때문이다. 그래서 성인은 그 몸을 뒤로 하기에 앞서게 되고, 자기를 버리기에 자신을 보존한다. 나를 비움으로 진정 나를 완성하는 게 아닌가."(『노자』 7장)

존재의 근원으로서 천지(天地)는 영원하다. 인간은 이 천지(천지)를 벗어날 수가 없다. 그래서 '천지인'(天地人) 삼위일체다. 성인(聖人)은 자기를 버리기에 자신을 영원히 보존한다. 나를 비우는 것이 나를 완성하는 길이다. 해서 "죽기 전에 죽으면 죽어도 죽지 않는다."(If you die before you die, you will not die when you die.)고 했다. 김흥호(2013)[53] 선생은 "내가 있다 그러면 난 없어지고, 내가 없어져야 내가 있다"면서 '무극이태극'(無極而太極)이랬다.

『노자』 8장에 유명한 '상선약수'(上善若水)가 나온다. 노사는 수준 높은 삶을 영위하는 훌륭한 덕을 말 할 때에 물(水)을 즐겨 인용한다. "가장 좋은 것은 물과 같다. 물은 만물을 이롭게 하면서도 다투지 않는다. 모두가 싫어하는 낮은 곳에 처하기를 좋아한다. 그러기에 도에 가깝다." (上善若水. 水善利萬物而不爭, 故幾於道. 『老子』 8장) 물은 자기 외의 모든 것들을 이롭게 할뿐, 그들의 이익을 뺏으려 다투지 않는다. 언제나 낮은 곳을 향하기에 '상선약수'(上善若水)다. 우리는 물을 통해 '순천응인'(順天應人)의 슬기를 배우게 된다.

---

53) 김흥호 (2013). **노자 · 노자의 강해**. 서울: 사색출판사. 이 책은 중국 남송시대 권재(鬳齋) 임희일(林希逸; 1193–1271)의 『노자권재구의』(老子鬳齋口義)를 교재로 삼아 김흥호(金興浩; 1919–2012) 선생이 강해한 것이다. 권재는 『노자』를 형이상학으로 본다. 그는 『노자』 81장을 절대자, 철인, 이상세계의 반복으로 본다. 그는 『노자』 81장 전체가 '절대자 · 철인 · 이상세계'가 27회 반복된 것이란다. 즉, 1장은 절대자이고, 2장은 철인이고, 3장은 이상세계다. 순서가 좀 바뀌는 경우도 있지만, '절대자–철인–이상세계'의 주제설정은 마찬가지란다. 김흥호 선생은 광복 후에 다석 류영모 선생의 가르침을 받고, 현재(鉉齋)라는 호를 받았다.

이어 『노자』(9장)에는 "쥐고 있으면서 더 채우려는 것은 그만두느니만 못하다."(持而盈之, 不如其已)고 했다. 여기 '지'(持)는 덕을 잃지 않음을 말한다. 이미 그 덕을 잃지 않았는데 또 더 채우려 하면, 반드시 위태로워지므로 그만 두느니보다 못하다는 게다. 공자도 지나침은 부족함만 못하다고 하지 않았는가. 그래서 "공을 이루면 자신은 물러나는 것이 하늘의 도"(功遂身退, 天之道)라 했다.

『노자』는 도(道)를 체득한 사람의 마음가짐 혹은 삶의 자세를 이렇게 말해주고 있다. "예로부터 도를 체득한 사람은 '미묘현통'(微妙玄通)하여 그 깊이를 알 수 없었다. 겨울에 살얼음 강 건너듯 머뭇거리고, 사방 주의를 경계하듯 주춤거리고, 손님처럼 엄숙하다가도 얼음 녹듯이 포근하고, 통나무처럼 질박하며, 계곡처럼 비고, 흙탕물처럼 (세속에) 섞여 있다." (『노자』 15장) 옛날에 도를 체득한 사람은 그 깊이를 헤아리기가 어려워 이렇게 비유한 것이다. 그 인격의 깊이를 가늠하기가 어렵다. 이어 "도를 체득한 사람은 그득 채우려하지 않기에, 그대로 덮어둘 뿐 새로 만들지 않는다."고 했다. 성인은 교만하지 않아 지혜를 감춘 채 억지로 이루려 하지 않는다.

도(道)를 체득한 사람의 마음은 어떤 경지인가? 『노자』 16장에는 마음을 완전히 비우고 고요함을 지키란다. 즉, '치허극'(致虛極)하고, '수정독'(守靜篤)하라. 한 편의 시처럼 이어진다. "만물이 무성하나 그 뿌리로 되돌아간다./ 근원으로 돌아가면 고요해지니 이를 일러 명(命)을 회복함이라 하고,/ 명을 회복하면 늘 그러하고, 늘 그러함을 알면(知常) 통한다./ 통하면 곧 공정하고(容乃公), 공정하면 곧 왕이 되고(公乃王), 왕이 되면 하늘과 같다(王乃天)./ 하늘과 같으면 도를 얻게 되고(天乃道), 도를 얻으면 오래 가니(道乃久), 죽을 때까지 위태롭지 않다(歿身不殆)."(『노자』 제16장)

왕필(王弼; 226-249)의 『노자주(老子註)』[54]에는 뿌리로 돌아가면(歸根) 고요해지고(靜), 고요하면 명(命)을 회복하므로 '복명'(復命)이라 했다. 이는 곧 천명(天命)의 회복이어서 성명(性命)의 한결같음을 얻을 수 있으니(復命則得'性命之常), 이를 '상'(常)이라고 했다. 그리고는 지상용(知常容) - 용내공(容乃公) - 공내왕(公乃王) - 왕내천(王乃天) - 천내도(天乃道) -도내구(道乃久)로 이어진다. 여기 '도'(道)는 곧 '성명지상'(性命之常)이어서 오래 간다. '성명지상'(性命之常)은 『노자』 1장 첫 구절의 '상도'(常道)를 떠올린다. 말미의 '몰신불태'(歿身不殆)는 마음공부를 몸의 공부로 연관 지운다. 노자에게 '허정'(虛靜)은 마음공부이자 몸의 공부다. 무예 혹은 무술이 몸의 공부이자 마음공부인 것처럼.

'지상용'(知常容)에서 '도내구'(道乃久)로 이어지는 구절에 대한 김흥호(2013)의 해석은 색다르다. '지상용'(知常容)을 영원이라는 걸 알게 돼야 죽음을 용납할 수 있다고 푼다. 죽음을 용납하기 시작하면 올바로 살게 되고(容乃公), 올바로 산 사람은 왕이 된다(公乃王). 왕이 된다는 건 주체가 된다(王乃天)는 것이고, 주체로서 살게 돼야 하늘을 알게 된다(天乃道). 그러면 진리가 뭔가를 알게 되어 영원히 죽지 않고 살게 된다(道乃久)는 게다.

『노자』에는 "스스로 그러하다"(It is so of itself.)는 '자연'(自然)이 하나의 열쇠말로 등장한다. 23장의 '희언자연'(希言自然)과 25장의 '도법자연'(道法自然)이 그 좋은 예다. 23장은 이렇게 시작한다. "말은 적은 게 자연스럽다(希言自然). 그러므로 회오리바람은 아침나절을 넘기지 못하고, 퍼붓는 소나기는 하루를 넘기지 못한다. 누가 이렇게 하는가? 하늘과 땅이다. 하늘과 땅도 오래 지속하지 못하거늘, 하물며 사람

54) 임채우 옮김 (2005). **왕필의 노자주**. 서울: 한길사.

에게 서라." 인간의 말은 유위(有爲)의 소산이다. 유위는 결국 우리에게 허(虛)를 앗아간다. 『노자』 35장에서는 "도(道)에서 나오는 말은 담담하여 아무런 맛이 없지만, 그 말이 자연스러워 완벽한 말"이라 했다. 깊이 깨쳐 아는 사람은 말이 없다.

『노자』 81개의 장에서 사상적으로 가장 포괄적이면서 핵심적인 장으로 25장이 꼽힌다. 「혼돈 속에 생성된 것이 있었으니 천지보다도 앞서 생겼다. ...(중략) 나는 그 이름을 알 길 없어, 그것을 일부러 글자로 나타내어 도(道)라 하고, 억지로 이름 지어 크다(大)고 말하지. ...(중략) 그러므로 도는 크고, 하늘은 크고, 땅은 크고, 왕(사람) 또한 크도다. ...(중략) 사람은 땅을 본받고, 땅은 하늘을 본받고, 하늘은 도를 본받는데, 도는 스스로 그러함(自然)을 본받을 뿐이다.」(有物混成, 先天地生. ...(中略) 吾不知其名, 字之曰道, 强爲之名曰大. ...(中略) 故道大, 天大 , 地大, 王亦大. ...(中略) 人法地, 地法天, 天法道, 道法自然.) (『老子』 25장)

천지(天地)는 혼성(混成)의 상태에서 선택된 가능성이며, 그 천(天)과 지(地)는 시간 속에서 어지럽게 섞여 있는 만물과 상호교섭 한다. 그런데 그 혼성자가 누구의 아들인지 알 수가 없어 "천지보다 앞서 생겨났다"고 말한다. 이름이란 어떤 형체의 규정성과 관련된다. 그러나 도(道)는 어떠한 형체적 규정성도 거부하기에, 그 이름을 알 수 없다는 게다. 그러나 굳이 문자로 나타내자니, 도(道)라 말한다. 그리고 억지로 이름 지어 '크다'(大)고 한 것이다. 그 크기로 말하면 도(道), 천(天), 지(地), 그리고 사람 중의 왕(王)도 크다. 즉, 道-天-地와 필적만한 것으로 사람(王 =人) 역시 크기에 사대(四大)다. 그래서 이렇게 말한다.

人法地, 地法天, 天法道, 道法自然.

즉, 사람은 땅을 본받고, 땅은 하늘을 본받고, 하늘은 도(道)를 본받고, 도(道)는 스스로 그러함(自然)을 본받는다. 그런데 여기 사람(人)은 地-天-道 모두에 연관된다. 따라서 사람은 땅을 본받고, 사람은 하늘을 본받고, 사람은 도(道)를 본받아 스스로 그러함(自然)의 경지까지 도달하는 것이다. 그래서 천 · 지 · 도(天 · 地 · 道)와 더불어 사람(人)이 큰 것이다. 이 모든 차원을 관통하는 게 사람이요, 그 중에 사람이 으뜸(王)이다. 필자가 보기에 노자철학은 높은 수준에서 자연주의와 인간주의를 결합한 것이다.

여기 스스로 그러한 '自然'에 대한 왕필(王弼)의 주석이 탁월하다. 왕필은 "自然者, 無稱之言, 窮極之辭也"라 해서 '自然'이란 말로 뭐라 칭할 수 없이, 언이의 극한을 말하는 것이란다. 즉, '말이 안 되는 말'이나. 『노자』에서 '스스로 그러함'(自然)은 '함이 없음'(無爲)과 깊이 연관되어 있다. 해서 노자철학에서는 자연의 섭리를 '자연이연'(自然以然)이라 하여 '스스로 그러함으로써 그러하다'고 했다. 『노자』는 전후의 맥락을 이어가기가 어렵다. 그래서 『노자』는 읽고 분석할 수 있는 게 아니고, 그 느낌이 중요하다고 했다.

『노자』 27장에 이런 말이 나온다. "착한 사람은 착하지 못한 사람의 스승이며, 착하지 못한 사람은 착한 사람의 거울이다. 그 스승을 귀하게 여기지 않고 그 거울을 아끼지 않으면, 지혜롭다 할지라도 크게 미혹될 것이다. 이를 일컬어 현묘한 요체라 한다."(善人者 不善人之師, 不善人者 善人之資. 不貴其師 不愛其資 雖智大迷 是謂要妙.) 이 세상에 버릴 사람은 아무도 없다.

여기 선인(善人)과 불선인(不善人)은 이분법으로 갈라지는 게 아니라, 나의 실존 속에 함께 있다. 해서 착한 사람은 나의 귀한 스승이고, 착하지 않은 사람은 거울처럼 내게 반면교사가 된다. 살아가면서 귀한 스승을 갖지 못한 사람은 참으로 불행하다. 그러나 자신을 향한 반면교사를 발견하지 못하면 더욱 불행해 질 수 있다. 여기에 삶의 오묘한 이치가 있다.

『노자』 29장에서 "천하는 신령스러운 그릇이어서, 도무지 거기에다 뭘 할 수가 없는 것"(天下神器, 不可爲也)이라 했다. 세상을 휘어잡기 위해 함부로 설치지 말라는 것인가. 여기서도 '무위'(無爲; trying without trying)를 내비친다. 세상과 자연에 대한 외경(畏敬)의 마음가짐을 말하고자 함인가. 그래서 "성인(聖人)은 극심한 것을 버리고(去甚), 사치한 것을 버리고(去奢), 과분한 것을 버린다(去泰)."고 했다. 노자는 삶의 세 가지 원칙을 들어 자기 삶의 실존적 고백을 이렇게 말하고 있다. "나에게 세 가지 보배가 있는데 이를 늘 지니고 지킨다. 첫째는 자애로움(慈)이다. 둘째는 검소함(儉)이다. 셋째는 천하에 감히 앞서지 않음(不敢爲天下先)이다."(『노자』 67장)고 했다. 이것(즉, 慈 · 儉 · 不先)은 위의 거심(去甚) · 거사(去奢) · 거태(去泰)와 서로 연관된다.

『노자』는 "도(道)는 언제나 뭐라 이름 지을 수 없는 것(道常無名)이지만, 도(道)가 천하에 있다는 걸 비유하자면, 온갖 계곡의 냇물이 강과 바다로 흘러 들어가는 것과도 같다."(『노자』 32장)고 했다. 여기서 도(道)는 무명(無名), 즉 비상명(非常名)이면서 강해(江海)에 비유되고 있다.

결국, 노자의 도(道)는 스스로 그러함(自然)이고, 빔(虛)이자 고요(靜)이고, 무위(無爲)이자 무명(無名)이고[55], 질박한 통나무(樸)이고, 계곡(谷)이자 바다(海)와 같은 것이다. 이런 도(道)를 체득한 사람은 죽어도

55) 『노자』 32장 첫 구절에 '도상무명'(道常無名)을 말하고, 이어 37장 첫 구절에는 '도상무위'(道常無爲)라 해서 도는 늘 함이 없으면서도, 하지 아니함이 없다(無不爲)고 했다. 김흥호(2013)는 노자에게 '무'(無)는 모두 '다'라는 말과 같다고 했다. 그래서 '무위'(無爲)는 더 할 게 없다는 거고, '무지'(無知)는 더 알 게 없으니 다 안다는 거고, '무욕'(無慾)은 더 바랄 게 없으니 다 가졌다는 것이란다.

죽지 않는 사람(死而不亡者壽)이어서, 천수(天壽)를 다하는 사람이란다. 이상이 『노자』 상편인 『도경(道經)』의 요지다.

2.

『노자』 38장에서 81장까지는 하편 『덕경(德經)』에 해당된다. 노자에게 덕(德)은 도(道)의 실천에 따라붙는 '힘'이다. 그래서 도(道)는 체(體)이고, 덕(德)은 그 용(用)이다. 『노자』 하편(『德經』) 첫 장에서는 '상덕'(上德)과 '하덕'(下德)을 말한다. 「큰 덕은 덕 같지 않으나 그래서 덕이 있고, 작은 덕은 덕을 잃지 않으려 하지만 그래서 덕이 없다. 큰 덕을 지닌 사람은 애써 작위하지 않지만, 작은 덕을 지닌 사람은 일부러 작위한다. …(중략) 그래서 대장부는 후덕하게 행동하고 각박하지 않으며, 그 참된 열매에 처하되 꽃에 머무르지 않으므로 이것을 버리고 저것을 취하는 것이다.」(上德不德 是以有德, 下德不失德 是以無德. 上德無爲而無以爲, 下德爲之而有以爲. …(中略) 是以大丈夫處其厚 不居其薄, 處其實 不居其華. 故去彼取此. 『老子』 38障)

여기 '상덕'(上德)은 성인의 큰 덕이요, '하덕'(下德)은 보통사람의 작은 덕을 일컫는다. 하지만 보통사람이 끊임없이 노력하는 동안에 성인의 경지에 이른다. 필자는 여기 '下德'은 『중용』의 '誠之'에 대응하고, '上德'은 '誠者'에 대응하는 것으로 본다. 따라서 큰 덕과 작은 덕은 별개의 덕이 아니라, 작은 덕이 쌓여야 큰 덕에 이른다. 근데 스스로 작은 덕에 취해 굳이 티를 내면 그 덕마저 잃고 만다. 덕(德)은 남이 인정해줘야 득(得)이 된다. 큰 덕이 체화(體化)된 대장부는 그 행함이 후덕하고, 삶의 외면(外面)에 머무르지 않고, 그 내면(內面)을 귀하게 여긴다.

『노자』는 도(道)에 대응하는 사람들의 모습을 이렇게 말한다. “뛰어난 선비는 도를 들으면 부지런히 행하고, 어중간한 선비는 도를 들으면 반신반의하며, 어리석은 사람은 도를 들으면 크게 비웃으니, 비웃음거리가 되지 않으면 도라고 할 수 없다.”(上士聞道 勤而行之, 中士聞道 若存若亡, 下士聞道 大笑之, 不笑不足以爲道. 『老子』 41장). 여기 ‘상사’(上士)는 선비로서 그 뜻을 얻은(得志) 사람이다. 이미 뜻을 얻었으니 남의 비웃음거리가 되더라도 묵묵히 제 갈 길을 가는 사람이다. 그래서 이런 선비의 ‘말 없는 가르침’(不言之敎)이 무서운 거다.

『노자』는 만족함을 아는 것(知足)을 덕으로 삼는다. “만족할 줄 알면 욕되지 않고, 그칠 줄 알면 위태롭지 않으니 그래야 오래 간다.”(知足不辱 知止不殆 可以長久. 『老子』 44장)고 했다. 그래서 “화(禍)는 만족할 줄 모르는 것보다 큰 것이 없고, 허물은 얻으려 욕심내는 것보다 막심한 것이 없으니, 만족함을 알아서 얻은 만족은 항상 스스로를 족하게 한다.”(禍莫大於不知足 咎莫大於欲得 故知足之足 常足矣. 『老子』 46장)고 했다. 이(利)를 따르는 사람에겐 만족의 끝이 없으나, 도(道)를 따르는 사람은 자족(自足)하는 마음을 잃지 않는다.

문밖을 나가지 않고도 천하를 헤아리는 사람(不出戶 知天下)은 위대하다. 해서 “성인은 나돌아 다니지 않아도 알고, 보지 않아도 이름 지을 수 있고, 작위하지 않고도 이룬다.”(聖人不行而知 不見而名 不爲而成. 『老子』 47장)고 했다. 결국, 도(道)는 내 마음 속에 녹아 있어야 한다. 우리가 뭘 배운다는 건 날로 더하는 것(爲學日益)이지만, 도를 따른다는 것은 날로 덜어내는 것(爲道日損)이다. 다시 무위(無爲)와 빔(虛)을 말하면서, 도(道)의 내면화를 강조하고 있다. 같은 맥락에서 장자

(莊子)는 '마음굶기기'(心齊)를 말했다.

『노자』 50장은 삶과 죽음의 문제인데, 주석가의 해석이 분분하여 갈피를 잡기 어렵다. 왕필(王弼)의 『노자주』를 옮겨 보면 이렇다[56]. "세상에 태어났다가 죽으면 되돌아가는데, 제대로 사는 이들이 열에 셋이고, 죽는 이들이 열에 셋인데, 잘 살다가 죽을 곳으로 가는 이들이 또한 열에 셋이 있다. 왜 그런가? 너무 살려고 하기 때문이다."(出生入死, 生之徒十有三, 死之徒十有三, 人之生動之死地 亦十有三. 夫何故? 以其生生之厚. 『老子』 50장)

본문의 '십유삼'(十有三)은 10분의 3이라는 뜻이다. '출생입사'(出生入死). 세상에 태어났다가 죽으면 되돌아간다는데, 어디로 돌아가는가? 태어나기 진의 본래자리로 돌아가는가? 오상남 교수는 위 분맥에서 사람의 일생을 대체로 삼등분하여 처음은 삶에 대한 관심만으로 사는 삶, 끝은 죽음을 생각하면서 사는 삶, 그 중간은 삶에 대한 관심만으로 사는 삶에서 죽음을 생각하며 옮겨가는 중간 단계의 삶으로 나눈 것으로 해석하고 있다. 그리고 이장의 가르침은 "우리가 삶과 죽음에 구애받지 않고 초연한 태도를 취하게 될 때, 진정으로 자유스런 참삶을 살 수 있게 된다는 것"이 그 요점이라 했다.

김충열 교수는 사람이 태어나서 죽음으로 가는 생애에서 10분의 3은 생의 지분이고, 10분의 3은 사(死)의 지분이고, 나머지 3분의 1 정도는 생과 사의 중간 거리인데, 여기서 생(生) 쪽으로 더 가면 건강한 삶이 된다는 것이다. 이 장에서 노자가 말하는 '섭생'(攝生)은 생과 사의 지분을 잘 조절하는 행위이고, '양생'(養生)은 사의 지분을 빼앗아 생의 지분으로 늘려가는 것이라 했다. 근데 양생의 과정에서 사람들은 균형유지라는 생존의

---

56) 임채우 옮김 (2005). **왕필의 노자주**. 서울: 한길사.

안정성을 위한 중요한 법칙(즉, 攝生)을 위배하기 일쑤라는 것이다.

'출생입사'(出生入死). 태어나서 되돌아감이 죽음이다. 삶과 죽음은 순환이자 '하나'(동일함)로 이어지는 과정이다. 류영모 선생은 하루하루를 일생(즉, 一日一生)처럼 살고자 했다. 잘 살면 잘 죽는다. 우리에게 9988의 양생(養生)이 중요한 게 아니라, 삶과 죽음의 균형을 잡아가는 섭생(攝生)이 종요롭다. 왕필(王弼)은 "섭생(攝生)을 잘하는 이는 살려고만 하지 않기 때문에 죽을 곳이 없다"고 했다.

노자는 천하 만물의 시원으로 도(道)를 말한다. 『노자』 52장에 "천하 만물에는 시원이 있어서 그것이 천하의 어미가 되나니, 어미를 얻어서 자식을 알고 자식을 알아서 다시 그 어미를 지킨다면, 평생 위태롭지 않을 것이다."(天下有時 以爲天下母, 旣得其母 以知其子, 旣得其子 復守其母, 歿身不殆. 『老子』 52장)고 했다. 여기서 어미란 존재의 근원이자 시원으로서 도(道)를 말한다. 왕필은 어미는 뿌리고 자식은 말단이어서 "뿌리를 얻어 말단을 알지만, 뿌리를 버리고 말단을 쫓지 않는다."고 했다. 여기서 왕필의 본말론, 즉 '숭본식말'(崇本息末)론이 제기된다. 도(道)를 체득하는 과정에서 본말전도(本末顚倒)를 경계하기 위함이다.

위에서 "그 어미를 지킨다면 평생 위태롭지 않을 것"이라는 대목을 김충열 교수는 이렇게 풀이한다.

> 우리는 도(道)에서 왔지만 도를 알지 못했고, 자연 속에서 살지만 자연의 고마움을 미처 몰랐다. 자식이 어머니를 모르고 살아온 것과 같다. 이제 어머니의 존재가 어떤 것인지 알게 되었으니, 천애고아로 살아갈 것이 아니라, 부모 입장이 되고 부모 심정이 되어서 세상의 만사 만물과 어울려 서로 친근하게 살아가야 한다. 그리한다면 그야말로 천당극락과 다름없는 생을 향유할 수 있게 될 것이다. 이것이 '몰신

불태'(歿身不殆)의 해석이 되지 않을까(김충열, 2004, p.261).

그 풀이가 명쾌하다. 도(道)와 자연(自然)은 우리의 어머니란다. 도체(導體)인 어미를 받들고 끝까지 지켜낸다면, 평생 내 몸이 위태롭지 않게 된다는 게다. 그래서 장의 말미에서 내 몸에 재앙을 남기지 않으려면(無遺身殃), 하나같이 도(道)를 익혀 지녀야(習常) 한다고 다시 강조했다. 여기 '습상'(習常)이 『노자』 백서본에는 '습상'(襲常)으로 되어 있어, 오강남 교수는 '영원을 배워 익힘'으로 풀이하고 있다. 그러나 김충열 교수는 그냥 '습상'(習常)으로 읽어, 도(道)의 상(常)을 습득하거나 습행(習行)한다는 뜻으로 봐야 한다는 것이다. 이 장에서는 내면적으로 도(道)와 하나가 되는 삶을 한 번 더 상소하고 있다. 그런 삶의 체득 혹은 체화(體化)를 '습상'(習常)이라 했다.

앞에서 잠시 말했듯이, 노자는 자기에게 세 가지 보물이 있다고 했다. "나에게는 세 가지 보물이 있어 이를 간직하고 있나니, 하나는 자애로움(慈)이고, 둘은 검약(儉)이고, 셋은 감히 천하에 나서지 않는 것(不先)"(『노자』 67장)이라 했다. 일컬어 자(慈) · 검(儉) · 후(後)라고 한다. 공자는 '인'(仁)을 말했고, 석가는 '자비'(慈悲)를 말했고, 예수가 '박애'(博愛)를 말했다면, 노자는 '자애'(慈)를 말했다. 모든 종교에는 그 바탕에 '자애'(慈)를 깔고 있다. 종교적 가르침의 공통분모다. 근데 나머지 두 보물은 노자다운 것이어서 더욱 돋보인다. 즉, 검약(儉)과 감히 앞장서지 않는(不先) '겸양'이다. 소박하게 살고 굳이 세상에 앞서지 않으니 그 삶이 '유유자적'(悠悠自適)하다.

『노자』는 하늘의 도를 활줄 당기는 것에 비유하여, 우리에게 분배정의를 말해준다. "하늘의 도는 활줄을 당겨 매는 것 같다. 높으면 억누르고 낮으면 들어올리며, 남으면 덜고 부족하면 보태준다. 사람의 도는 그렇지 않아서 부족한 데서 덜어다가 남는 쪽에 갖다 바치나니, 남는 것을 덜어내어 천하를 봉양할 수 있는 이는 오직 도를 지닌 사람일 뿐이다." (天之道 其猶張弓輿. 高者抑之 下者擧之, 有餘者損之 不足者補之. 人之道則不然 損不足以奉有餘 孰能有餘以奉天下 唯有道者. 『老子』 77)

하늘의 도는 마치 활을 쏘는 형국과 같아 높은 곳은 내리누르고 낮은 곳은 추켜올린다. 이것은 남아도는 것을 덜어주고 부족한 것을 보충해 주는 것과 같다. 그런데 사람의 길은 그렇질 못하고 오히려 부족한 데서 덜어다가(빼앗아) 남아도는 데에 채워준다. 누가 능히 남아도는 것으로 천하 사람들을 채워 줄 수 있는가? 그 사람이야말로 도(道)를 체득한 사람이 아니겠는가.

이제 '소국과민'(小國寡民)의 목가적(牧歌的) 삶을 읊으며, 『노자』를 닫는다.

나라는 작고 백성은 적어,
편리한 기계가 있으나 쓸 일이 없고,
백성들은 죽음을 중히 여겨
멀리 옮겨 다니지 않는다.
배와 수레가 있지만 탈 일이 없고,
무기가 있지만 쓸 일이 없다.
…(중략)
이웃 나라가 서로 바라보이고,
닭 울고 개 짖는 소리가 들려도
백성들은 늙어 죽을 때까지 서로 왕래하는 일이 없어라.

이것은 노자가 그린 삶의 풍경화다. 노자가 이상향으로 그리는

'소국과민'(小國寡民)은 '자연이연'(自然以然)에 기반 한 이상적 삶의 공동체다. 배와 수레가 있지만 탈 일이 없고, 기계와 무기가 있지만 쓸 일이 없는 삶이다. 닭 울고 개 짖는 소리가 들리는 이웃마을에 살아도 서로 왕래를 않으니, 참으로 한적하고 한가롭다. 나서 죽을 때까지 그가 살던 마을을 떠나지 않는 게 노자의 유토피아다. 너무 목가적(牧歌的)이어서 서글픈 마음이 든다. 잃어버린 고향에 대한 향수(鄕愁) 때문일까. 그 '마음'을 표현할 길이 없다.

09 마음(3): 『대승기신론(大乘起信論)』

중생이 곧 부처라는 큰 믿음을 일으키자는 게 『대승기신론(大乘起信論)』이다. 『대승기신론』은 한역(漢譯)본만 있을 뿐, 산스크리트 원전은 존재하지 않는다. 따라서 원저자가 누구인지 진위(眞僞)를 의심케 하는 면이 숙제로 남아 있다. 그러나 『대승기신론』이 중국에 전래된 이래로 그 저자로 마명(馬鳴)이 일반적으로 거명되고 있다. '마명'(馬鳴)은 인도말로 아슈바고샤(A'svaghosha), 우리말로 옮기면 '말 울음소리'다. 그는 인도불교가 낳은 위대한 시인으로, '마명'이라는 이름은 그의 시가 매우 감동적이어서 말조차 감동하여 울었다는 데서 붙여진 것이다.

『대승기신론』의 한역본은 양(梁) 나라 때 진제(眞諦; 499-569)가 550년에 역출했다고 전해지는 구역본과 실차난타(實叉亂陀)가 역출(695-700)한 신역본이 있다. 그러나 기신론의 신역은 진제(眞諦)의 구역만큼 주목을 끌지 못했다[57]. 『대승기신론』을 중국 안에서의 저술이라고 보는 입장에 의하면, 그것은 중국인의 저작이 아니라 서인도 출신의 진제(眞諦)로 본다. 다만 논전(論典)으로서 기신론의 정통성을 확고하게 정립하기 위해 저자를 아슈바고샤(馬鳴)로 가탁한 것으로 보기도

57) 현존하는 신역의 주석서로는 명대(明代) 지욱(智旭; 1599-1655)의 『大乘起信論裂綱疏』 하나밖에 없다. 우리나라에서 명오(明悟) 스님이 옮긴 『대승기신론열망소』(2011)가 있다.

한다[58]. 기신론의 주석서는 약 200여종에 이르고 있으나, 그 중 가장 훌륭한 것으로는 혜원(慧遠; 523-592)의 『대승기신론의소(大乘起信論義疏)』, 신라 원효(元曉; 617-686)의 『대승기신론소 · 별기(大乘起信論疏 · 別記)』[59], 그리고 법장(法藏; 643-712)의 『大乘起信論疏』를 들 수 있다.

화엄종의 5대 조사인 종밀(宗密; 780-841)은 유불선(儒佛仙) 3교의 종합을 위해 『대승기신론』을 기본으로 삼았다고 했다. 후에 기신론은 선(禪)사상과 송대(宋代) 성리학(性理學)의 발전에도 영향을 미친 것으로 평가되고 있다. 이것은 그동안 기신론이 동아시아의 종교와 철학에 직접 · 간접으로 두루 영향을 미쳐왔음을 의미한다. 특히, 기신론은 "사람의 마음에 대하여 불퇴전(不退轉)의 믿음"을 강조함으로써, 우리에게 마음공부의 가능성을 활짝 열어놓고 있다. 기신론은 불학의 경전 가운데 인간의 본성을 낙관적 · 긍정적 · 적극적으로 보는 입장을 대변하는 논술로 평가되기도 한다.

이홍우(2006)는 기신론이 오늘날 우리에게 가지는 의의는 무엇보다도 그것이 종교와 철학과 교육 3자의 접합을 제시한다는 데서 찾을 수 있다고 했다[60]. 이평래(2014)는 『대승기신론』은 모든 중생이 본래 여래(如來)의 씨앗을 내장(內藏)하고 있다는 '여래장'(如來藏)사상을 그 목적으로 삼는다고 규정했다[61]. 이처럼 기신론은 한 편의 논문으로서는 보기 드물게 포괄적이면서도 불학의 핵심을 감동적인 문체로 요약해 놓은 탁월한 고전으로 평가되고 있다. 왜 우리는 후대에 이런 논문 한 편 남겨 놓지 못할까?

---

58) 이평래 (2014). **대승기신론강설**. 서울: 민족사.

59) 은정희 교수의 『원효의 대승기신론 소 · 별기』(1991)가 뛰어난 역주로 많이 읽혀지고 있다.

60) 이홍우 (2006). **대승기신론통석**. 서울: 김영사.

1.

『대승기신론』은 대정판 대장경으로 불과 아홉 쪽밖에 되지 않는 짧은 논문이다. 기신론은 복잡한 내용을 종합하는 일에 참으로 비상한 능력을 지닌 사람이 아니고는 도저히 쓸 수 없는 그런 논문이다[62]. 기신론의 전체 구조를 보면, 논의에 앞서 부처의 공덕을 찬양하는 귀경게(歸敬偈)로 시작하고, 본격적인 논의를 마친 후에는 다시 그 모든 이익을 중생에게 돌리는 회향송(迴向頌)으로 논을 끝맺는다. 이 둘 사이의 본문 논의가 이 논서의 주요내용인 정종분(正宗分)에 해당된다. 기신론의 정종분은 다섯 부분으로 구성되는데 이는 다시 서론, 본론, 결론으로 구분해 볼 수 있다. 즉, 이 논서를 짓는 목적을 언급한 인연분(因緣分)은 서론에 해당하고, 마지막으로 수행의 이익을 밝혀 권장하는 권수이익분(勸修利益分)은 결론에 해당한다. 이 서론(인연분)과 결론(권수이익분) 사이에 해당하는 입의분(立義分), 해석분(解釋分), 수행신심분(修行信心分)이

61) 이평래 (2014), 전게서. 여기 '여래장'(如來藏)은 기신론을 이해하는 데에 핵심개념에 해당된다. 인간이 본질적으로는 절대적 차원에 속하고 있으면서도 현실적으로는 현상적 · 유한적 차원에 머물고 있다는 것을 기신론에서는 '여래장'이라는 개념으로 나타냈다. '여래'(如來)는 진여(眞如)의 세계에서 온 붓다 자체를 지칭하는 것이지만, 후에 진여 혹은 절대자를 의미하는 폭넓은 개념으로 사용되었다. '여래장'의 장(藏)은 어원상 태(胎), 모태(母胎), 배종(胚種)이라는 의미를 가지는 것으로, 여래를 담고 있는 그릇을 상징한다. '여래장'은 곧 마음의 본성으로서의 '심성'이다. 기신론은 불교사상사에서 대승불교의 여래장 사상이 최고도로 발전한 경지를 보여주는 것으로 평가되기도 한다.

62) 기신론은 저자의 말대로 "장황한 설명을 되풀이해서 듣는 것을 번거롭게 생각하면서, 그것보다는 다라니처럼 많은 내용을 짧은 글에 요약해 놓은 포괄적인 설명을 더 좋아하는 사람들을 위하여 쓴 것"이다. 그러나 천오백년 전에 살았던 지식인들에게 자명한 것으로 여겨졌던 것들이 오늘의 우리들에게도 과연 그렇게 이해될 수 있을까? 이 대목에서 콘츠(E. Conze)는 오늘날 우리가 기신론을 온당하게 이해하기 위해서는 그 해석을 우리가 처한 지적 상황에서 힘들게 재구성하지 않을 수 없다고 했다.

정종분(正宗分)의 본론이다. 이 중에서 가장 복잡하고 긴 부분이 해석분(解釋分)이다.

귀경게(歸敬偈)는 붓다(佛寶)·법보(法寶)·승보(僧寶)의 삼보(三寶)에 귀의하는 게송으로 시작한다. 그리고 모든 의혹을 씻어버리고, 그릇된 집착을 떨쳐버림으로써, 대승에 대한 바른 믿음을 통해 붓다의 가르침이 끊어지지 않기를 바라는 게송을 읊은 것이다. 여기 '대승에 대한 바른 믿음'은 중생이 곧 부처라는 불퇴전의 믿음을 일으키는 것을 의미한다. 필자가 보기에 기신론에서 내용의 분량은 해석분이 압도적이지만, 그 가르침의 진수는 '수행신심분'에 담겨 있다고 본다. 즉, 내 마음이 부처의 마음이라고 해도, 내가 그 사실을 증득할 수 있는 수행방법이 있다는 것을 의심하지 말아야 한다.

기신론의 '인연분'(因緣分)에서는 이 논문을 쓰게 된 까닭을 밝히고 있다. 기신론은 자력으로 경전에 의거해 붓다의 가르침을 이해하는 사람들을 위해서가 아니다. 자력으로는 경전을 이해할 수 없기 때문에 다른 사람이 해석한 논문을 필요로 하는 사람들을 위해서 쓴 것이다. 그런데 그 해석이 번잡하지 않고 간결하면서도 오묘한 내용을 담고 있어서, 이 논서를 읽고 붓다의 가르침을 요해할 수 있는 사람들을 위해서 쓴 것이란다. 도대체 이런 부류에 속하는 사람들이란 어떤 사람인가? 그냥 보통의 중생들을 지칭한 것일 터이지만, 기신론은 그 내용의 깊이나 문리(文理)가 녹록한 그런 논문이 결코 아니다[63].

---

63) 이홍우 교수는 이렇게 말한다.

「기신론이 우리에게 가르쳐 주려고 하는 그것은 결코 기신론을 한두 번 읽어서 알아낼 수 있는 것이 아니요, 오히려 한 평생을 바쳐도 완전히 알아낼 수 있는 것이 아닙니다. 그것은 원칙상 인간의 지력으로 '이해할' 수 있는 것이 아니라고 말하는 편이 더 정확할 것입니다.」(이홍우, 2006, p.36)

이홍우는 이 책은 사람의 손으로 쓴 책이 아니라 했다. 그는 기신론 통석을 탈고하면서 '말 울음 보살에게'라는 시(詩)를 남겼다[64]. 기신론에서 말하는 '진여'(眞如)는 우리들 마음과 삶의 이상적 표준이다. 그래서 마명(馬鳴)보살에게 "그대는 진여로 가는 길을/ 손바닥처럼 알고 있어야 한다./ 대로만이 아니라 골목골목까지/ 샅샅이 누비고 다녔어야 한다." 고 했다. 그러나 진여로 가는 길은 험하고 비참하기까지 한 길이어서 '이런 짓 안하고는 살 수 없나!'라며 절규한다. 그만큼 기신론의 가르침대로 살기가 지난함을 말하고자한 것 일터.

이홍우는 "기신론을 읽을 때에 거기에 아무렇지도 않게 보통의 말처럼 적혀 있는 그 말을 한 마디도 믿을 수 없다는 생각을 언제나 바탕에 깔고 있어야 한다." 고 했다. "기신론의 한 마디 한 마디에 대하여 '응, 그렇지'하고 읽어서는 기신론이 하는 말의 근처에도 가지 못한다." 고 경고하고 있다. 그는 기신론을 읽을 때 밑바닥에 깔고 있어야 하는 의심은 "기신론을 백 번 천 번 읽으면 사라지는 그런 의심이 아니라, 믿음과 맞붙어 있는 의심, 의심하는 것과 믿는 것이 언제나 동시에 나아가는 그런 의심"이라 했다. 즉, 의심하지 않고는 믿을 수 없는 그런 믿음

---

64) '말 울음 보살에게'라는 시는 이홍우 교수가 『대승기신론통석』 원고의 마지막 글자를 쓰고 난 순간, '홀연히' 떠오른 생각을 그대로 읊은 시란다. 그 전문은 이렇다.

「마명보살이여/ 과연 그대는 대승기신론을 지었는가/ 붓끝을 잡은 손이/ 그대 손이라고 하여/ 또한 그 손이/ 그대 몸에 붙은 것이라고 하여/ 그대는 그 造論者가 그대라고 말하는가/ 기신론이 참으로 그대 것이라면/ 그대는 진여로 가는 길을 손바닥처럼 알고 있어야 한다./ 대로만이 아니라 골목골목까지/ 샅샅이 누비고 다녔어야 한다./ 그대는 과연 그런 사람인가/ 그 길은 험한 길 비참한 길/ '이런 짓 안하고는 살 수 없나!'/ 사람의 마음이 하는 이 말을/ 그대는 듣지 못 하는가/ 마명보살이여/ 그대는 정녕 사람이 아니다./ 기신론의 원저자를 망각 속에 묻고/ 사람의 마음에 들리지 않는/ '말 울음 소리'—/ 짐승의 소리로 말한다는/ 거짓 이름을 내세운 그대/ 허공의 울림./ 대지의 메아리.」(이홍우, 2006, pp.304-305)

이다. 이런 의미에서 기신론은 원칙상 인간의 지력으로 이해할 수 있는 것이 아니라고 말했을 것이다.

기신론의 저술 동기를 제시한 '인연분'에 이어 기신론의 근본사상을 제시하는 '입의분'(立義分)이 나온다. "마하야나(Mahayana; 大乘)라는 것을 총괄적으로 설하면 두 가지가 있다. 무엇이 그 두 가지인가? 첫째는 대승의 본질(法)이고, 둘째는 대승의 의미(義)이다."(摩訶衍者, 總說有二種. 云何爲二? 一者法, 二者義.) 여기 대승은 '큰 수레'이고 그것은 곧 '중생의 마음'(衆生心)이다. 중생의 마음이 어째서 '큰 수레'에 해당하는가? 기신론에서 "이 마음은 세간법(世間法)과 출세간법(出世間法)을 모두 포섭한다."고 했다. 즉, 중생의 마음은 일체의 경험적 사실에 기반 한 '세간법'과 초경험적 관념에 기반 한 '출세간법'을 모두 포괄한다는 것이다. 이처럼 기신론에서는 중생의 마음을 우리가 일상적으로 자기 자신의 마음이라고 여기는 마음보다 훨씬 더 깊고 큰마음으로 이해하고 있다. 기신론은 중생의 마음을 한계가 없는 절대 무변(無邊)의 마음, 참으로 그러한 진여(眞如)의 마음과 다르지 않다고 본다.

기신론에서 마하야나(대승, 큰 수레)에 관한 일체의 교설은 오로지 이 '마음'과 관련되어 있다. 좀 더 풀어 말하면, 마음은 변하지 않는 실재인 '진여'(眞如)와 끊임없이 변하는 현상으로서의 '생멸'(生滅)이라는 두 차원에서 파악될 수 있다. 이 마음에 의거하여 큰 수레인 '대승'(大乘)의 의미가 드러난다. 어째서 인가? 이 마음 그대로의 모습인 심진여상(心眞如相)이 곧 대승의 본체(體)를 드러내기 때문이고, 이 마음의 현상적인 모습인 심생멸인연상(心生滅因緣相)이 대승 본체의 외적 표현으로서의 양상(自體相)과 기능(用)을 드러내기 때문이다. 이처럼 '대승'(大乘)의 의미는 중생의 마음 자체에 의해 밝혀진다.

'큰 수레'라는 '대승'의 의미에는 세 가지가 포함되어 있다. 첫째는 대승의 본체가 크다(體大)는 것이니, 모든 것을 포괄하는 진여(眞如)로서 거기에는 일체의 구분이나 증감이 없다. 둘째는 대승의 양상이 크다(相大)는 것이니, '여래장'(如來藏)[65] 속에 모든 훌륭한 성질과 무한한 공덕을 갖추고 있다. 셋째는 대승의 기능이 크다(用大)는 것이니, 경험적(世間)·초경험적(出世間) 세계의 모든 좋은 인과응보를 만들어 낼 수 있다. 이와 같이 기신론에서는 중생의 마음이 위대하다는 것을 체(體)·상(相)·용(用)의 삼대(三大)로 표현했다. 중생의 마음을 지칭하는 '큰 수레'라는 말에서 '수레'는 모든 부처가 본래 타고 있는 것이며, 수행(修行) 길에 오른 모든 중생이 그것을 타고 '여래(如來)의 땅'으로 간다는 것이다. 우리가 '여래의 땅'으로 가기위해서는 우리 마음속에 내재해 있는 '진여심'(眞如心)에 의거해야 한다. 즉, '중생심'(衆生心)을 타야 한다.

기신론에 의하면, 중생의 마음은 원래 하나(一心)이지만 그것은 두 측면에서 파악될 수 있다. 즉, 그 하나는 실재(實在)의 측면에서 파악되는 '심진여문'(心眞如門)이고, 다른 하나는 현상의 측면에서 파악되는 '심생멸문'(心生滅門)이다. 이 두 측면의 마음의 문은 오직 개념상으로만 구분될 뿐, 각각 별도로 떨어져 존재하는 것이 아닌 소위 '이문 불상리'(二門不相離)의 관계이다. 대승인 중생의 마음이 원래는 전체를 포괄하는 하나인 마음(一心)이지만, 그 마음을 드러내어 밝히는 길에는 두 개의 문(二門)이 있다는 것이다.

그러나 그 두 개의 문은 개념상으로만 구분될 뿐, '사실상의 분리'가 아니다. 이홍우(2006)는 이것을 '마음의 중층구조(重層構造)'로 불렀다. 중층구조의 위층과 아래층은 '심진여문'과 '심생멸문'에 각각 상응하지만,

65) '여래장'(如來藏)이란 진여(眞如)가 미혹한 세계에 갇혀 있을지라도 아주 없어진 것이 아니고 중생이 여래의 덕성을 함장(函藏)하고 있으므로 '여래장'이라고 한다. 이는 중생이 여래를 저장하고 있다는 의미로서, 모든 중생은 여래가 될 가능성을 지니고 있음을 말한다.

그 두 층 사이에 탄탄한 칸막이 같은 것이 있다든지 위층은 아래층 위에 그냥 가만히 얹혀 있는 것이 아니다. 그는 "기신론의 모든 설명은 이 두 층의 관계와 그 사이의 운동을 드러내기 위한 것"이라고 했다. 하나의 마음(一心)에 두 개의 문이 있지만 그게 따로 떨어져 있는 것이 아니라는 것을 한자경(2013)[66]은 도화지 위의 그림에 비유해서 다음과 같이 설명하고 있다.

> 그림을 볼 때 우리는 바탕인 도화지는 주목하지 않고 늘 여러 가지 색으로 그려진 사물만 보게 된다. 도화지 위에서 그림은 더 그려져서 늘기도 하고 더 지워져서 줄기도 한다. 그려진 사물은 그렇게 생멸한다. 반면 사물이 그려지는 도화지는 그려진 사물과 달리 생멸하지 않는 바탕이다. ...(중략) 그려진 사물은 도화지처럼 실유(實有)가 아니라 도화지에 의거하여서만 존재하는 가유(假有)이며, 따라서 자기 자체가 없고 도화지를 자신의 체(體)로 삼는다.
>
> 그려진 사물의 바탕이 되는 도화지는 그 위에 그려진 사물에 의해 가려지기에 우리는 일상적으로 그 그림에서 사물을 보지 도화지를 보지 않는다. 그러나 그림은 본래 도화지 위의 그림이다. 따라서 그림에서 우리가 실제로 보는 것은 사실 도화지인 것이다. 그림 자체가 실은 도화지인 셈이다. 이렇게 도화지와 그려진 그림은 서로 분리된 별개의 것이 아니다. 둘은 하나의 양면이다. 그림은 불생불멸의 종이 위에 그려진 생멸하는 그림이다(한자경, 2013, pp.86-87).

'심진여문'과 '심생멸문'의 마음은 하나의 마음이다. 불생불멸의 근본으로 돌아가는 방향으로 열리는 문이 '심진여문'이고, 생멸의 현상으로

---

66) 한자경 (2013). **대승기신론강해**. 서울: 불광출판사.

나아가는 방향으로 열리는 문이 '심생멸문'인데, 그 둘은 같은 길 위에서 방향만 다른 두 문이기에 서로 분리되지 않고 서로를 여의지 않는다는 것이다. 원효(元曉; 617-686)는 '심진여문'의 통상(通相)과 '심생멸문'의 별상(別相)을 일체 질그릇의 바탕이 되는 미진(微塵)의 진흙과 그 미진에 의해서 서로 다르게 나타나는 질그릇에 비유한다. 미진이 질그릇을 떠나 있지 않고 각각의 질그릇에 다 포함되어 있듯이, 진여는 생멸문 바깥이 아니라 생멸문 안에 이미 다 포함되어 있는 것이다(한자경, 2013). 생멸문에서 몸만 돌리면 바로 그 자리가 곧 진여문이다.

기신론은 그 일체의 설명이 '진여'(眞如)와 연관되어 있다. 그럼에도 기신론에서 '진여'(眞如)를 직접 언급하는 곳은 몇 군데 되지 않는다. 기신론에는 '진여'(眞如)를 어떻게 규정하고 있는가를 보자.

「실재의 측면에서 파악되는 마음인 '심진여'(心眞如)는 오직 하나의 실재, 일체 사물과 현상을 총체적으로 포괄하는 본체를 가리킨다. 이것이 곧 마음의 본성인 '심성'(心性)이다. 그러므로 마음은, 그 본성에 있어서는 시작도 끝도 없고 거기에는 하등의 구분도 변화도 있을 수 없다. 모든 것이 서로 다른 성질을 가지고 나타나는 것은 오직 우리의 헛된 생각인 상념(想念)/망념(妄念)에 의해서다. 만약 우리가 헛된 상념을 버릴 수만 있다면 모든 대상과 그것이 나타내는 상이한 성질도 따라서 없어진다. 그러므로 모든 사물과 현상은 그 원래의 모습에서는 말로 형용할 수도 없고, 이름 붙일 수도, 생각을 품을 수도 없다. 참으로 그러한 세계의 마음인 '심진여'(心眞如)는 일체의 구분이 배제된 '절대의 세계'(平等)이며, 변화도 없고 파괴될 수도 없다. 그것은 오직 '하나인 마음'(一心)일 뿐이어서 일컬어 '참으로 그러한 것'(眞如)이라고 부른다. ...(중략) '참으로 그러한 것'(眞如)이라는 말은 '말할 수 없는 것을 말하는 것'이며 '말로써 말을 없애려는 것'(因言遣言)과 같다. 우리가 명심해야 할 것은 그 세계는 언어로 기술할 수도, 생각을 품을 수도 없다는 것이다. 그것을 '참으로 그러한 것'(眞如)이라고 부르는 것은 이 때문이다.」(『대승기신론』 11)[67]

이홍우는 위 구절이 기신론 전체에 걸쳐 갖는 함의를 이렇게 말하고 있다.

> 이 구절은 기신론의 '포괄적인' 설명을 다시 포괄적으로 제시한 것이라고 보아도 좋을 것입니다. 기신론을 이해하기 어렵다면 이 구절을 이해하기 어렵기 때문이며, 기신론이 하는 말을 믿기 어렵다면 그것은 이 구절에서 하는 말이 믿기 어렵기 때문입니다. 그 정도로 이 구절은 한 마디 한 마디 세심한 주의를 기울여 꼼꼼히 읽어야 할 것입니다. 비록 번역으로 말미암아 원문의 아름다움이 훼손되기는 했지만, 이 구절은 인간으로서 할 수 있는 가장 심오한 생각을 아름답고 힘찬 문장으로 표현하고 있습니다. 참으로 이 구절은 기신론의 백미(白眉)라고 불러도 좋을 것입니다(이홍우, 2006, pp.65-66).

기신론에서 '참으로 그러한 것' - '진여'(眞如)는 우리가 '말 할 수 없는 것을 말하는 것'이어서 그 설명이 난감하다. '진여'(眞如)는 유일 · 절대의 세계(一法界)이고, 세간적인 현상과 출세간적인 진리를 모두 포섭하는 총체적인 것이며, 현상과 진리의 본바탕이다. '심진여'(心眞如)는 하나인 마음이 '있는 그대로'의 본성이다. 그러므로 우리의 심성 자체는 불생불멸이다. 본래 하나인 마음은 '참으로 그러한 것'(眞如)이지만, 중생(범부)

67) 『대승기신론』에 붙어 있는 번호는 이홍우(2006)의 『대승기신론통석』에 있는 기신론의 본문(한문) 문단 번호를 나타내는 것이다.

이 헛된 망념에 사로잡혀 아집(我執)에 따라 '나와 너'라는 차별의 세계를 만들어낸다. 그러나 이 망념을 여의기만 하면 모든 차별을 초월한 평등성을 본성으로 하는 '진여'(眞如)로 돌아가게 되는 것이다. 하나의 마음인 '진여'는 시시각각으로 변하는 현상적 마음(즉, 心生滅)이 합치해야할 이상적 표준이다.

'진여'는 분별적 상념이 일어나지 않는 세계이어서, 언어에 의한 표현을 넘어서 있다. 그러나 우리는 말에 의존하지 않고는 다른 사람들에게 진리를 전할 도리가 없다. 그래서 '진여'라는 이름을 쓰는 것은 '말할 수 없는 것을 말하는 것'이다. 이것은 언어의 궁극적 수단으로써 말을 빌려 말을 논파하려는 것이다. 『노자』 첫 구절에 나오는 "도(道)를 도라고 말하면, 그 도(道)는 늘 있는 그런 도가 아니다."(道 可道 非常道)라는 노자의 '도'(道)나 기신론의 '진여'(眞如)는 모두 언설의 최후수단으로서, 언어를 빌려 언어를 혁파하자는 것이다. 원효는 이것을 "소리로써 소리를 멈추게 하는 것"(以聲止聲)[68]이라 했다. 그래서 언어철학자인 비트게인슈타인 조차도 "말 할 수 없는 것에 대해서는 침묵할지어다."고 했다. 노자는 가르침의 궁극으로 '말 없는 가르침'(不言之敎)을 말했다.

기신론에는 범부의 중생들이 어떻게 '진여'(眞如)에 수순(隨順)하며, 어떻게 해서 '진여'(眞如)를 깨달을 수 있는가(得入)를 묻는다. 기신론에 의하면, "비록 우리가 모든 것에 관하여 상념을 품지만 사실상 상념을 품을 수 있는 것은 아무것도 없다는 것을 아는 것. 이것이 곧 '진여를 받아들이는 것'(隨順)이며, 일체의 상념에서 벗어나는 것, 이것이 곧 '그 경지에 들어가는 것'(入得)"이라 했다. 우리들 마음이 주객(主客)으로 분열되어

68) 그러고 보면, '말로써 말을 없애려는 것'(因言遣言) 그것도 말이다. 이것이 한계가 없는 말의 가능성이기도 하다.

있는 망념의 상태를 벗어나서 마음 자체가 맑고 고요하게 되면 참으로 그러한 '진여'(眞如)의 세계로 돌아가게 된다는 것이다. 즉, 우리는 시작도 끝도 없이 일어나는 망념을 여의는 것과 동시에 '진여'에 수순하게 되는 것이다. 중요한 것은 우리가 설사 망념에 머물러 있는 동안에도 진여의 세계로부터 끊임없이 돌아오라는 초청장을 받고 있다는 사실이다. 이것을 깨치는 것이 기신론이 우리에게 가르쳐주는 '수행'(修行)의 요체다. 이 부분은 뒤에 나오는 '수행신심분'(修行信心分)에서 논의될 것이다.

굳이 '진여'(眞如)를 언설에 의거하여 분별하자면, 두 가지 의미가 들어 있다. "하나는 '빈 것 그대로'(如實空)라는 것이요, 다른 하나는 '비지 않은 것 그대로'(如實不空)라는 것이다. '빈 것 그대로'라고 할 때는 그것이 가장 궁극적인 의미에서 '있는 그대로의 모습'을 나타낸다는 뜻이 강조되며, '비지 않은 것 그대로'라고 말할 때는 그 속에 모든 깨끗한 성질과 훌륭한 공덕이 빠짐없이 갖추어져 있다는 뜻이 강조된다."(『대승기신론』 13) 여기 '빈 것 그대로'(如實空)라는 것은 진여에는 번뇌가 전혀 없다는 의미이다. '비지 않은 것 그대로'(如實不空)라는 것은 번뇌를 벗어나서 맑고 깨끗한 덕성이 언제나 갖추어져 있다는 의미다. '진여'(眞如)는 그렇게 망념(상념)이 없이 비어 있으므로 공(空)이며, 또한 무한한 덕성과 공덕으로 가득하니 불공(不空)이다. 마음을 비우기만 하면(0%), 그 자리에 모든 좋은 것으로 가득(100%)하게 된다는 것일 터.

기신론에는 마음의 현상적인 모습이 어떻게 존재하는가를 설명하기 위해 '여래장'(如來藏)이라는 개념을 사용하고 있다. '여래장'(如來藏)은 진여 혹은 여래를 잠재적인 상태로 감추고 있는 것을 나타낸다. 현상적으로 파악되는 마음인 '심생멸'(心生滅)이라는 것은 이른바 '여래장'(如來藏)에 의거하여 생겨나는 일체의 마음 작용을 일컫는다. '여래장'(如來藏)은 불생불멸하는 실재와 생멸하는 현상적인 마음의 두 측면이 같지도 다르지도 않은 상태로 결합되어 있다. 이러한 마음의 상태를 아려야식(阿黎耶識)이라고 부른다. 이것은 '깨달음'(覺)과 '깨닫지 못함'(不覺)이라는 두 가지 측면을 함께 포함하고 있다.

기신론에서 '깨달음'(覺)이라는 것은 상념에서 벗어난 상태로서의 '마음의 본체'(心體)와 그 상태에 도달하는 과정을 말한다. '깨달음'(覺)에서 '진여(眞如) 그 자체로서의 여래 몸'(如來平等法身)을 강조할 때에 '깨달음의 본체'(本覺)라는 말이 사용된다. 그리고 '깨닫지 못함'(不覺)에서 '깨달음'(覺)으로 나아가는 과정을 '깨달음의 본체'(本覺)에 대응하여 '시각'(始覺)이라 한다. 여기 '깨달음의 과정'인 시각(始覺)과 '깨달음의 본체'인 본각(本覺)은 그 '깨달음의 상태'에 있어서는 본질적으로 다르지 않다. 따라서 시각(始覺)은 언제나 본각(本覺)의 현재완료형이다. 기신론에서 '불각-시각-본각'은 따로 떨어져 있는 별개의 것이 아니라, 동일한 실체의 연속적인 구분을 나타내는 개념이다. 그래서 본각과 불각은 아려야식의 연속적 두 측면이다. 이어 기신론에는 마음의 근원(心源)에 돌아가 항구여일한 마음의 본성을 유지할 수 있는 상태를 일컬어 '구경각'(究竟覺)이라 했다. "중생이 상념 없는 상태를 통찰할 수 있다면 그는 이미 부처의 지혜로 나아가고 있다."는 경전의 말은 이것을 나타내고 있다.

그러나 중생은 본래부터 끝없이 이어지는 상념에 얽매어 있으며 거기서 벗어나는 법이 없다. 해서 기신론에는 '무시무명'(無始無明)이라는 말을 쓴다. 중생은 마음속에 상념이 일어나도 그것을 알아차리지 못한다. 우리들 마음이 상념을 여의지 못한다는 것은 우리들 마음이 그 마음속에 떠오른 상념에 얽매인 나머지 마음의 근원인 '심원'(心源)을 알지 못한다는 것이다. 마음이 마음 자체를 모른다는 것은 결국 중생이 중생 자신을 모른다는 말이다. 누구나 자기 마음의 눈만 똑바로 뜨면 붓다가 된다. 기신론은 자기 자신을 자각하여 알지 못하는 것을 '무명'(無明)이라 했다.

해서 '무명'이 곧 상념의 원인이 된다.

그러나 기신론에서는 무명(無明)과 깨달음(覺性)을 별개의 것으로 보지 않는다. "현상계에서 일어나는 일체의 마음먹기(心識之相)는 모두가 '무명'에서 빚어진 것이다. 하지만 무명으로 말미암아 나타나는 그런 상(相)은 결코 '깨달음'(覺性)과 별개로 있는 것이 아니며, 그것은 깨뜨릴 수 있는 것도 없는 것도 아니다."(『대승기신론』 20) 이것을 물과 물결에 비유해서 말하면, 바닷물은 바람에 의해 파도를 일으킨다. 물과 바람은 서로 떨어져서 존재하지 않지만, 물 그 자체에 움직이는 성질이 있는 것은 아니다. 바람이 그치면 물의 움직임이 그치지만, 그렇다고 물의 성질까지 없애는 것은 아니다. 마찬가지로, 중생은 본래 '깨끗한 마음'(清淨心)을 가지고 있지만, 무명(無明)이라는 바람이 거기에 파도를 일으키는 것이다.

마음과 무명은 모두 형상을 가지고 있는 것이 아니며, 각각 별개의 실체로 존재하는 것도 아니다. 그러나 마음에 원래 움직이는 성질이 있는 것이 아니어서 무명이 그치고 그에 따라 모든 상념이 사라지더라도 마음이 본래 가지고 있는 깨끗하고 순수한 지혜(智性)는 파괴되지 않는다. 여기서 기신론은 우리에게 무엇을 말하고자 하는가?

우리는 바람으로 인해 움직이는 물결을 떠나 달리 물을 찾을 수가 없다. 우리는 물결을 타고 움직이는 상(相)에 꺼들리지 말고 그 물결 속에 원래 있는 물의 성(性)을 놓쳐서는 안 된다. 물은 움직이는 물결 안에 있지 물결 바깥에 따로 존재하는 것이 아니기 때문이다. 그래서 중생 안에 부처가 있지 중생 바깥에 따로 부처가 있는 게 아니다. 위에서 물과 물결은 서로 떼려야 뗄 수 없는 '불상리'(不相離)의 관계일 뿐만 아니라, 어느 것이 먼저랄 것도 없다. 다만 바람이 있으니 물결이 일고, 바람 그치면 물결도 따라서 그친다.

기신론에는 무명(無明)이 그치고 중생의 '청정심'(淸淨心)이 빚어내는 불가사의한 경지를 이렇게 말하고 있다. "깨달음이 나타내는 신비스러운 업적은 언제나 끊이지 않고 나타난다. 중생은 각자의 능력과 상황에 따라 자신도 모르는 사이에(自然) 각기 다른 방식으로 그것에 접하여 이익을 얻는다."(『대승기신론』 20) 우리는 '무시무명'(無始無明) 속에 살아가고 있지만, 그 누구도 무명으로부터 오는 상념만으로 살아가지는 않는다. 이에 대해 이홍우(2006)는 "사람에 따라 또 경우에 따라 차이는 있지만, 누구나 다소간은 진여 자체에 영향을 받으면서 그것이 요구하는 바에 합치하려고 노력하고 또 실지로 합치하면서 살고 있다. 이것이 우리가 사는 세상의 모습이다."고 했다.

기신론에는 진여 자체(體)와 그 공덕(相), 그리고 그 작용(用)의 위대함을 이렇게 말한다. 「진여 자체는 일반 범부에서부터 열반을 증득한 부처에 이르기까지 모두에게 더하거나 덜함이 없다. 그것은 과거 언젠가 생긴 것이 아니요 미래 언젠가 없어질 것도 아니어서 필경 항구여일하다. 진여는 처음부터 그 본성 속에 모든 훌륭한 공덕을 갖추고 있다. 그것은 큰 지혜의 빛을 가지고 모든 세상을 빠짐없이 두루 비추고 있다. 그것은 진실한 지식과 맑고 깨끗한 마음을 지니고 있다. ...(중략) 그것은 간지스 강의 모래보다 더 많은 신비로운 진리가 중단도 모순도 없이 모두 갖추어져 있고 언제나 충만하며 모자라거나 빠짐이 없다. 여래를 감추고 있는 '여래장'(如來藏)이라든가 진여 그 자체로서의 여래 몸인 '여래법신'(如來法身)이라는 말은 이것을 나타낸다.」(『대승기신론』 43)

여기 진여 자체상은 항구여일하고 큰 지혜의 빛을 온 세상에 두루 비추고 있으나, 범부의 망심에는 갠지스 강의 모래알보다도 더 많은 헤아릴 수 없는 망념이 끊이질 않는다. 그러나 원래 '마음의 본성'[69]은 헛된 상념을 일으키지 않는다(心性不起). 또한, 마음의 본성은 특정 대상의 지각을 초월하고(心性離見), 그것은 움직임이 없다(心性無動). 해서 진여 자체의 무량한 공덕에는 어떠한 망념도 존재하는 것이 아니다. 진여의 기능(眞如用)이 크다는 것을 기신론에는 이렇게 말한다.

「깨달은 자나 진여와 하나인 자는 원래 모든 수행자들과 똑같은 세상에 살면서 여러 바라밀(波羅密)[70]을 행한다. 그들은 대자비심으로 중생을 교화하며, 대서원(大誓願)을 일으켜 모든 중생을 구원하고자 한다. 그들은 중생을 자신과 동일한 존재로 생각하면서도 그들 자신이 중생과 동일한 존재로 되지 않는다. 그들은 중생과 그들 자신이 진여(眞如)와 한 가지로 차이가 없다는 것을 분명히 알고 있다. 그들은 특별히 의식적 노력을 하지 않고도(自然) 신비스러운 행위와 모든 훌륭한 기능을 나타낸다. 왜냐하면 그들은 다름 아닌 '眞如의 化身'(法身)이자 '지혜의 화신'(智相之身)이며, 그들이 나타내는 진리는 절대적 진리(第一義諦)로서 세상 사람들이 가지고 있는 상대적 지식의 경지를 벗어나기 때문이다. 그들의 행위는 특별한 의도에 의해 이루어지는 것이 아니지만, 중생은 각각 자신이 보고 듣는 바에 따라 거기서 이익을 얻는다. 이것이 진여의 기능(用)이다.」(『대승기신론』 45)

여기 '진여의 기능'(眞如用)은 중생계에서 여래의 활동이 중생들로 하여금 진여를 지향하도록 하는 것을 강조한다. 그러나 여래의 활동은 중생들에게 그런 영향을 주려는 명백한 의도에서 수행되는 것이 아니고, 특정한 양상을 띠고 수행되는 것도 아니다. 다만, 중생들이 각각의 처지

---

69) 여기 '마음의 본성'은 지금 여기서 생멸하는 우리의 '마음'과 대조를 이루면서 동시에 우리의 마음이 일치해야 할 이상적 상태로서 상념을 일으키지 않고(不起), 특정 대상의 지각을 초월하며(離見), 움직임이 없는(無動) 그런 마음이다.

70) 바라밀(波羅密)은 수행자가 수행을 위해 행하는 모든 행위를 총칭하는 것으로 크게 여섯 가지가 있다. 즉, 보시(布施), 지계(持戒), 인욕(忍辱), 정진(精進), 선정(禪定), 지혜(智慧) 등이다.

와 능력(혹은 마음가짐)에 따라 여래의 활동에 영향을 받아 '이익을 얻을' 뿐이다. 이 세상에는 '진여의 기능'을 발휘하는 '여래의 대행자들'이 도처에 있다. 그들은 때로는 가족이나 부모나 친척으로, 때로는 하인으로, 때로는 친구로, 때로는 원수로도 나타난다. 여기 '진여의 기능'은 우리가 이 세상에서 '어떻게 살아야 하는가?' 하는 실천적 문제와 깊이 연관되어 있다.

기신론은 여래의 몸을, 그것을 보는 사람의 마음에 따라 '진여 그 자체로서의 여래의 몸'(法身), '이상적 상태로서의 여래의 몸'(報身), '사람의 형상을 한 여래의 몸'(應身) 등 세 가지로 구분하고 있다. 여기서 '그것을 보는 사람의 마음에 따라' 라는 것은 자신의 수행 결과로 현재 그에게 갖추어진 마음이 어떠한 상태인가에 따라, 혹은 그 사람의 마음이 진여 자체 상(相)을 구현하는 정도에 따라서 여래의 몸이 다르게 나타난다는 것을 의미한다. 이것은 '여래(如來)의 몸'이 보통 사람의 경지에서부터 수행의 완성 단계에 이른 단계 중 어느 단계에서 보는가에 따라 세 가지 다른 모습(如來三身)으로 나타난다는 것을 분명히 보여 주고 있다.

'여래'(如來)는 누구인가? 이 질문에 대한 기신론의 대답은 '중생이 곧 여래'라는 것이다. 물론, 중생은 완전한 의미에서의 여래, 즉 진여 그 자체와 한 몸이 된 존재로서의 여래는 아니지만, 얼마간은 그 여래를 마음속에 구현하고 있다는 것이다. 바로 그런 의미에서 중생은 여래와 다르지 않다. 따라서 '진여' 혹은 진여에서 온 '여래'는 우리의 마음과 삶이 그것에 일치하려고 노력해야 할 기준이자 표준이다. 해서 기신론에는 '상념을 떠나 진여로 돌아가는' 수행(修行)이 곧 삶의 과정이다. 그런 삶의 과정은 곧 마음공부의 과정으로 전치(轉置)되어야 한다.

2.

지금까지 논의한 내용이 기신론에서 이론부에 해당되는 것이라면 이하의 내용은 주로 수행(修行)과 직접 · 간접으로 연관되는 실천부에 해당되는 것이라 할 수 있다. 기신론은 우리들 마음속에 진여가 씨앗처럼 함장(函藏)되어 있다는 것을 논지로 한다. 그럼에도 우리가 헛된 망념에 꺼들려 살아오는 동안 무명(無明)에 가려 진여의 세계를 놓치고 말았단다. 그러면 어떻게 상념에 얽매인 우리의 마음을 진여로 돌아가게 할 것인가? 이 물음에 대해 기신론에는 '마니'라는 큰 구슬에 비유하여 설명하고 있다. 그 질문과 대답을 직접 들어보자.

「앞에서 말한 것처럼 우리가 '하나인 진여'만 집중적으로 생각하고 따르면 될 것인데, 어찌하여 다시 모든 선행(善行)을 배워 실천해야 한다고 하는가? 그 대답은 '마니'라는 보배 구슬에 비유하여 설명할 수 있다. 이 구슬은 본래 맑고 깨끗한 성질(體性)을 지니고 있지만, 흙과 먼지로 때가 끼어 있다. 만약 사람들이 그 구슬의 원래 성질만 생각하고 여러 방편(方便)[71]으로 갈고 닦지 않는다면 원래의 그 깨끗한 성질이 나타나지 않을 것이다. 중생의 마음도 이와 마찬가지다. '진여'(眞如)는 원래 맑고 깨끗한 성질을 지니고 있지만, 끝없는 번뇌로 물들고 때가 끼어서 여러 방편으로 거듭 수행(重修)하지 않으면 본래의 그 깨끗한 성질이 나타

71) 기신론에는 '방편'(方便)이라는 말이 전편에 걸쳐 진여나 여래라는 용어보다 더 많이 사용된다. 그만큼 '방편'은 수행이라는 말과 함께 기신론의 내용 전체를 포괄하는 개념이다. '방편'은 불교에서 흔히 '뗏목'에 비유하여, 강을 건너면 버려야 한다고 했다. 근데 우리가 강을 완전히 건너기도 전에 뗏목을 버릴 수는 없지 않는가. 기신론에서 "모든 수행자가 '큰 수레'를 타고 여래의 땅으로 간다."고 할 때, 그 수레를 움직이게 하는 힘이 '방편'이다. '방편'은 진여의 표현으로써, 중생의 마음은 '방편'의 힘에 의해 깨달음의 세계에 도달할 수 있다.

나지 않는다. 그 때가 온 누리에 구석구석 퍼져 있는 만큼 선행(善行)도 온 누리에 걸쳐 이루어져야 한다. 그래서 사람이 모든 착한 일을 열심히 행하는 동안 자신도 모르는 사이에 '진여'로 돌아가게 된다.」(『대승기신론』 62)

여기 '보배 구슬' 비유는 마음의 본성, 즉 진여로 돌아가는 것과 수행의 관계를 여실히 드러내고 있다. 진여를 언설로 이해하는 것과 진여를 내 마음속에 진정 담아서 그것을 삶의 과정에서 표현하는 것과는 하늘과 땅의 차이다. 이홍우(2006)는 "진여의 표현을 통하여 진여를 마음으로 받아들이는 것, 이것이 수행의 가장 일반적인 정의"라고 했다. 위에서 "진여는 보배 구슬처럼 본래는 깨끗했지만, 오랫동안 끝없는 번뇌로 물들고 때가 묻어 있다."는 말은 바로 세상을 살아가는 지금 이곳의 우리 마음을 일컫는 것이다. 앞에서 하나인 '마음의 본성'(心性)은 상념을 일으키지 않고(不起), 특정 대상의 지각을 초월하고(離見), 움직임이 없다(無動)고 했다. 그런데 현재 우리의 마음에는 그것과는 달리 상념을 일으키고, 특정의 견해에 얽매여 있고, 부단한 움직임이 있다는 것이다. 그것은 보배 구슬의 비유에서 말하는 것처럼 우리들 마음에 때와 먼지가 있기 때문이다.

이홍우(2006)는 기신론통석에서 "인간의 본성 – 또는 진여의 본성, 또는 마음의 본성 – 이라는 용어에는 우리의 지력으로 완전히 파헤칠 수 없는 신비스러운 의미가 깃들어 있다."고 했다. 왜 그런가? 그는 '인간의 본성' 이라는 것은 다른 것이 아니라 인간이 출생 후에 살아가는 동안 수행을 통해 확립하게 될 '좋은 성질'을 가리키는 것이라 했다. 즉, 선천적으로 품부된 인간의 본성은 오직 후천적인 수행의 정도에 의해 드러나고 입증될 뿐이다. 그래서 기신론에는 "진여가 본래 깨끗한 성질을 지니고 있지만, 끝없는 번뇌로 물들고 때가 끼어 있어 여러 방편으로 거듭 수행

(重修)하지 않으면 그 깨끗한 성질이 실현되지 않는다."고 했다. 그러면 우리의 본성에 달라붙어 있는 이 번뇌의 때는 어디서 오는가? 그것은 우리들 삶에 필연적으로 따라붙는 '욕망' 때문이다. 우리는 '욕망 충족'으로서 '삶의 과정'에서 보배 구슬의 비유가 말해주는 때와 먼지 속에 살 수밖에 없다. 이에 대한 이홍우의 해석을 들어보자.

> '상념과 견해와 움직임에서 벗어나 있는'(不起, 離見, 無動) 마음의 본성, 또는 더 적극적으로, 모든 깨끗한 성질과 훌륭한 공덕을 갖추고 있는 마음의 본성이 표현된다면 그것은 이 '때를 묻히는 일'을 통하여, 그것과 함께 일어날 수밖에 없습니다. 진여에 들어 있는 모든 깨끗한 성질과 훌륭한 공덕이 드러나도록 하는 것은 때를 묻히는 것과 반대되는 '때를 벗기는 일'에 해당합니다. 이렇게 보면 우리의 삶은 때를 묻히는 일과 때를 벗기는 일을 동시에 해야 하는, 또는 더 실감 있게, 때를 벗기는 일은 때를 묻히는 동안에 할 수밖에 없는 그러한 삶입니다(이홍우, 2006, pp.168-169).

우리의 삶은 때를 묻히는 일과 때를 벗기는 일을 동시에 할 수밖에 없는 이율배반적인 파라독서 자체이다. 그래서 우리의 삶에는 우리들 지력으로는 다 해명할 수 없는 어떤 신비성이 있다는 게다. 이홍우가 "때를 벗기는 일은 때를 묻히는 동안에 할 수밖에 없는 그런 삶"으로 우리의 삶을 규정한 것은 기신론 전체의 가르침을 한 마디로 연역해낸 기막힌 표현이다.

앞에서 실재의 세계에서 파악되는 '심진여문'(心眞如門)과 끊임없이 생멸하는 현상의 세계를 넘나드는 '심생멸문'(心生滅門)은 별개의 두 문이 아니라 중층(重層)으로 서로 맞붙어 있는 '이문 불상리'(二門 不相離)라는 말은 바로 파라독서적인 우리의 삶 혹은 마음의 상태를 절묘하게 드러낸

기신론의 가르침이다. 그리고 질그릇과 진흙의 비유, 물결과 물 혹은 파도와 바닷물의 비유도 같은 맥락에서 이해할 수 있다. 바람에 물결이 일면 그 물결을 따라 달은 여러 갈래로 구겨지거나 찢어져 보이지만, 다시 물결이 잔잔해 지면 둥근 달은 하나의 모습으로 물속에 떠있다. 여기 보배구슬의 비유는 우리가 때를 묻히는 일보다 벗기는 일을 거듭해서 수행(重修)하지 않을 수 없는 삶의 존재임을 여실히 드러내 주고 있다.

여기서 우리가 되물어야 할 것은 그러면 상념을 일으키는 일이 어떻게 상념을 없애는 일로도 될 수 있는가? 혹은 욕망 충족을 위한 활동이 어떻게 욕망을 억제하는 일로 전환될 수 있는가? 그리고 상념을 없애는 일이라든가 욕망을 억제하는 일을 '극대화'하기 위해서는 어떤 노력이 필요한가 하는 문제이다. 이 문제의 어려움을 이홍우는 이렇게 실토한다.

> 제 개인의 경우를 말하자면, 이것을 알아내는 일은 앞에서 일단락 지어진 기신론의 '이론부'를 이해하는 것보다 몇 배나 어렵습니다. 제가 생각하기에, 이 문제를 해명하지 않은 채 '수행의 방법'을 말하는 것은 삶의 지침을 제시하기에는 어이없이 부족합니다. 그런 방식으로 전달되는 '수행의 방법'은 십중팔구 그냥 듣고 흘려버리는 '좋은 이야기'에 그칠 뿐입니다(이홍우, 2006, pp.170-171).

어째서 그런가? 기신론의 이론부는 우리가 이해하면 되지만(물론 그 이해가 참으로 난해하고 난감한 부분이 적지 않지만), 실천부의 '수행방법'의 문제는 몸과 맘을 하나로 모아 입증해 보이지 않으면 안 되기 때문이다. '수행의 방법'은 결코 그냥 '듣기 좋은 이야기'가 아니다. 기신론에서 '수행'(修行)은 방법적 요령이 아니라 끊임없는 '노력'(努力)과 마음 챙김의 공부 그 자체이다. 오직 '정진'(精進)하는 것 외에는 달리 말이 필요 없다.

기신론의 '이론부' 마지막 부분에서 '실천부'로 넘어가는 징검다리로 '뜻을 세워 깨달음으로 나아가는 길을 단계별로 제시하는'(分別發趣道相) 절이 나온다. 그것은 '믿음을 이루는 발심'(信成就發心), '이해와 실천의 발심'(解行發心), 증득의 발심(證發心)으로 이어진다. 흔히 줄여서 '신해행증'(信解行證)으로 표현한다. 화엄학에서는 이를 믿음(信), 이해(解), 닦음(行), 깨침(證)이라는 네 묶음으로 보기도 한다. 여기서 '믿음'(信)은 수행의 과정에서 처음이자 마지막이다.

불교문헌 가운데 믿음을 일으키는(起信) 문제를 가장 중시하는 논서가 『대승기신론』이라는 데에 아무도 이의를 달지 않는다. 기신론의 서두에는 이 논을 짓게 된 까닭을 "중생들로 하여금 올바른 믿음을 일으켜 부처의 씨앗이 끊이지 않도록 하기 위함"이라고 분명히 밝히고 있다. 여기서 신(信)-해행(解行)-증(證)을 단계적 발심(發心)으로 볼 것인지, 신(信)-해(解)-행(行)-증(證)을 병열적인 네 묶음으로 볼 것인지는 분명하지도 않거니와 별 의미가 없는 듯하다. 다만 기신론에는 믿음(信)이 이해(解)-닦음(行)-깨침(證)에 이르는 바탕 혹은 전제로서 해(解) · 행(行) · 증(證)의 모두와 밀접히 연관되어 있다는 점이다.

이것은 불교의 수증론((修證論)에서 '믿음'(信)이 핵심적 위치에 있음을 의미한다[72]. 이홍우는 기신론에서 '증득'(證)이 마지막 단계를 나타낸다는 것은 곧 앞의 두 단계, 즉 '믿음(信)을 이루는 발심'과 '이해와 실천(解行)의 발심'을 '이행되지 않은 약속'으로 갖추고 있는 뜻이라고

72) 박성배는 불교의 '믿음'(信)이라는 것은 '확고한 신념을 가지고 깨끗하고 평온하며 자유로운 상태에 머묾'이라는 뜻으로서, 수행과 깨달음을 이미 내포하고 있는 말로 이해할 수 있다고 했다.(윤원철 옮김. 박성배 교수의 불교철학 강의 깨침과 깨달음. 서울: 예문서원, 2002.) 박성배(1983)는 Buddhist and Sudden Enlightenment (SUNY Press)라는 책을 저술했고 , 이 책은 윤원철(2002)이 우리말로 번역했다.

했다. 그의 기신론통석에서는 '믿음(信)을 이루는 발심'은 전형적으로 제도적 종교의 의식에 참여하는 것으로 드러나지만, '이해와 실천(解行)의 발심'은 이념으로서의 종교에서 그 빛을 발하는 것으로 보아 낮은 단계의 종교와 높은 단계의 종교를 말하고 있다. 이 말은 언뜻 오강남 교수가 말하는 표층종교와 심층종교의 구분을 연상케 한다. 그러나 이홍우는 여기서 단지 단계적 위계를 말하고자 함이 아니라, "낮은 단계가 그 윗 단계에서 한층 더 높은 경지로 되살아 남"을 강조하고 있다.

이제 기신론에서 말하는 '수행론'(修行論)을 본격적으로 논의해야 할 차례다. 기신론의 '수행신심분'(修行信心分)은 불교에서 흔히 제시하는 6바라밀인 보시(布施), 지계(持戒), 인욕(忍辱), 정진(精進), 선정(禪定), 지혜(智慧) 대신에 '다섯 가지 수행'(修行五門)을 제기한다. 즉, (1) 자선과 시여의 시문(施門), (2) 계율을 준수하는 계문(戒門), (3) 욕됨을 참는 인문(忍門), (4) 결단해서 분발하는 진문(進門), (5) 상념을 멈추고 본질을 통찰하는 지관문(止觀門) 등이다. 6바라밀에서 제시한 선정(禪定)과 지혜(智慧)를 기신론에서는 '지관문'(止觀門)으로 묶어 놓은 것을 빼고는 동일하다. 기신론에는 '상념의 정지와 본질의 통찰'(止觀門)을 따로 설명하면서도 이 두 가지 수행을 동시에 해야 한다는 것을 말하고 있다.

「'상념의 정지와 본질의 통찰'(止觀門)의 방법은 무엇인가? '상념의 정지'(止)는 상념에 떠오르는 일체의 상(境界相)을 정지시키는 것으로서, 이것은 '그침'의 방법을 따르는 것이며, '본질의 통찰'(觀)은 인연에 따라 일어나는 생멸상(生滅相)을 분별하는 것으로서, 이것은 '살핌'의 방법을 따르는 것이다. 이 두 가지 수행은 점진적으로 수습(修習)하여 마치 문을 받치고 있는 두 개의 기둥처럼 한꺼번에 일어나도록 해야 한다.」(『대승기신론』 79)

이어 기신론에는 앉으나 서나 수행자는 '그침'(止)과 '살핌'(觀)을 동시에 수행해야 할 이유를 이렇게 말한다. 「'그침'의 수행이 우둔한 자로 하여금 세상일에 대한 집착을 그만두게 하고 이승(二乘)의 수행자로 하여금 비급하고 나약한 생각을 버리게 할 수 있다면, '살핌'의 수행은 2승의 수행자로 하여금 다른 사람을 구제하는 일에 무관심한 좁고 용렬한 마음을 그만두게 하고 우둔한 자로 하여금 선한 자질을 닦지 않는 게으른 마음을 버리게 할 수 있다. 이런 이유에서 '그침'과 '살핌'이라는 두 가지 수행은 동일한 목적을 위하여 서로 협응해야 하며, 서로 떨어져서 따로 이루어 질것이 아니다.」(『대승기신론』 89)

기신론에서 '그침'과 '살핌'을 동시에 수행해야 한다는 데에는 보다 근본적인 이유가 있다. 그것은 기신론 첫머리에서부터 일관되게 강조되어 온 기본 틀인 '이문 불상리'(二門 不相離)라는 서로 맞붙어 있는 중층구조와 연관되어 있다. 이홍우는 '지관문'(止觀門) 수행은 흔히 '진선미성'(眞善美聖)으로 대표되는 학문과 도덕, 예술과 종교에 될 수 있는 한 깊이 입문하는 것과 같다면서 이렇게 말한다.

> '진선미성'(眞善美聖)은 여래의 깨끗한 성질과 훌륭한 공덕-이 세상의 모든 좋은 것-을 총칭하는 이름이며, 학문과 도덕, 예술과 종교는 그 여래의 성질과 공덕을 추구하는 인간의 노력입니다. 더 직접적으로 말하자면, 학문과 도덕, 예술과 종교는 진여를 가장 극명하게, 또는 가장 순수한 형태로 표현하고 있으며, 그런 활동에 종사함으로써 우리는 그것에 깃들어 있는 진여를 마음속에 구현하게 됩니다. 학문과 도덕, 예술과 종교에는 여래의 입김이 들어 있으며, 그런 활동에 종사할 때 우리는 그 여래의 입김을 숨 쉬게 된다고 말할 수 있을 것입니다. 제가 생각하기에는 이것이 '지관쌍수'(止觀雙修)- 止와 觀의 동시적 수행-를 해석하는, 아마도 유일 타당한 방법일 것입니다. 학문

> 과 도덕, 예술과 종교에 입문하는 것은 바로 '본질의 통찰'을 수행하는 것입니다. 그러한 활동은 그 원래의 의미대로 '오랜 동안'하다가 보면 그만큼 마음은 진여자체상을 구현하게 됩니다(이홍우, 2006, pp.203-204).

학문과 도덕, 예술과 종교는 여래의 입김이 서려 있는 전형적인 '眞善美聖'의 활동이다. 이런 활동은 그 원래의 의미대로 오랜 동안하다 보면 자신도 모르는 사이에 그 마음에 진여를 반영하게 된다. 문제는 우리가 그 활동을 얼마나 '원래의 의미대로' 성실히 수행하느냐에 달려 있다. 여기 '지관쌍수'(止觀雙修)는 고려시대 보조국사(普照國師) 지눌(知訥; 1158-1218)이 제기한 '정혜쌍수'(定慧雙修)와 같은 수행의 원리다. 여기 '정'(定=止)은 선종(禪宗)에서 중시하는 수행방법이며, '혜'(慧=觀)는 교종(敎宗)에서 중시하는 수행방법이다. 지눌은 '정혜쌍수'를 내세워 선종에서 중시하는 참선과 교종에서 중시하는 경전공부를 함께 중시해야 한다고 했다. '정혜쌍수'의 수행 원리는 지눌의 지론인 '돈오점수'(頓悟漸修)사상을 잘 반영하고 있다.

'지관문'(止觀門) 수행은 그 본질에 있어 '자리행'(自利行)을 대변한다. 불교 수행의 두 방향을 나타내는 것으로 '자리행'(自利行)과 '이타행'(利他行)이 있다. 앞에서 말한 '수행오문'(修行五門)에서 '시문'((施門)은 이타행의 전형적 형태이고, '지관문'(止觀門) 수행은 자리행의 전형적 형태이다. 여기 '자리'(自利)는 다른 사람과의 관계를 개입시키지 않고 '자신을 이롭게 하는 것'이어서 다른 사람에게 해를 끼치면서까지 자신을 이롭게 하는 '이기'(利己)와는 확연히 구분된다. 이를테면 '이기'는 '이타'와 상반되지만, '자리'는 간접적으로 혹은 은연중 '이타'에 순기능적인 영향력을 미친다.

실제로 우리들 삶의 전형적인 속성에는 '이타적' 삶이 반영되어 있다. 우리 삶의 거의 전부라 할 수 있는 가정생활과 직업생활은 바로 다른 사람을 이롭게 하는 이타적 삶이라 할 수 있다. 그러고 보면 우리의 일상적 삶은 그 전형적인 형태에 있어 이타적 삶에 해당된다. 그렇다면 우리에게 자리적(自利的) 삶은 어떻게 가능하며, 그것은 어떤 형태로 구현되는가? 위에서 '지관문'(止觀門) 수행은 자리행의 전형적 형태라고 했다. 결국, 자리행(自利行)은 지극한 혹은 순결한 마음공부의 반영이다. 만약 우리가 자리적인 삶을 내면적으로 즐긴다면 그는 자신도 모르는 사이에 높은 수준의 마음공부에 취해 있다고 봐도 좋다.

기신론의 마지막을 장식하는 '권수이익분'(勸修利益分)에는 마음공부로서 수행의 이익을 이렇게 말하고 있다. 「어떤 사람이 능히 삼천대천 세계에 가득 찬 중생에게 십선(十善)을 행하도록 한다 하더라도, 한 끼 밥 먹을 동안 이(기신론의) 가르침에 관하여 '바른 사색'(正思)을 하는 것만 같지 못하다. 후자의 공덕은 전자의 공덕과는 비길 수조차 없다. 또한 어떤 사람이 이 논설을 구하여 그 의미를 세밀히 살피고 그에 따라 수행하기를 하루 낮 하루 밤을 하면 그가 쌓은 공덕은 한도 끝도 없이 이루 말로 다할 수 없으며, 설사 시방 세계의 모든 부처가 각각 무수겁의 세월을 두고 그 공덕을 찬양한다 하더라도 오히려 부족하다. 법성(法性)의 공덕은 끝이 없으며 그와 마찬가지로 이 사람의 공덕도 끝이 없기 때문이다.」(『대승기신론』 93)

이것은 이타적인 바깥의 공덕에 비해 자리적인 '마음 안의 공덕'이 한도 끝도 없이 크다는 뜻이다. 이타적 바깥 공덕과 자리적인 마음 안의 공덕은 그 공덕을 비할 수 없다는 것은 결국 양자 간의 종류의 차이를 강조하기 위함이다. 전자는 아무리 크고 많아도 한계가 있지만(有限), 후자의 공덕은 그 한계가 없다(無限). 전자의 공덕이 주로 양적인 것이라면 후자는 질적인 것이기 때문이다. 우리는 어떻게 살아야 잘 사는 건가? 기신론은 이 물음 앞에 우리 자신을 끊임없이 반조(返照)해 보게 한다.

10 마음(4): 『도마복음』

1945년 12월, 이집트 북부 나일 강 기슭에 위치한 마을(Nag Hammadi) 근처에서 밭에 뿌릴 퇴비를 모으던 농부가 봉인된 질그릇 항아리 하나를 발견했다. 이 항아리 속에 1600년 동안 묻혀 있었던 문서 중에서 『도마복음』(Gospel of Thomas)이 발견된 게다. 신비주의에 대한 방대한 저술을 낸 앤드류 하비(A. Harvey) 교수는 1945년 12월에 발견된 이 『도마복음』이 같은 해 8월 일본 히로시마와 나가사키에 투하된 원자 폭탄에 버금가는 폭발력을 가진 문헌이라고 했다. 하지만 하나는 죽임의 가공할 무기였지만, 하나는 영적인 생명의 어록이었다. 어쩌면 하늘은 공평하다.

4세기 초 로마제국을 통일한 콘스탄티누스(Constantinus; AD 306-337) 황제는 제국을 통치할 하나의 통일된 종교로 기독교를 승인하고, 기독교 지도자들에게 기독교를 '하나의 하느님, 하나의 종교, 하나의 성서'로 통일할 것을 요청했다. 콘스탄티누스 황제는 현몽 속에 예수 그리스도로부터 특별한 계시를 받았고, 계시 받은 문장을 병사들의 방패 위에 그려 적의 군대를 무찌를 수 있었다. 이런 무속적 계시가 313년 밀라노 칙령((the Edict of Milan)의 실제적 계기가 되었다. 즉, 313년 서로마 황제가 된 콘스탄티누스 황제는 동로마 황제인 리키니우스(Licinius)를 밀라노에서 만나 기독교를 정식 종교로 인정하는 공동선언을 발표하게 된다.

이로부터 기독교는 로마 국교로 공인되기에 이른다. 그 후 325년 콘스탄티누스 황제가 소집한 니케아 종교회의(공의회)가 열렸다. 이 회의에서 하나님과 예수가 동위(同位)임을 정통교리로 채택하게 된다. 이 무렵 이집트 알렉산드리아의 젊은 추기경 아타나시우스(Athanasius)는 아리우스파를 물리치는 데에 혁혁한 공을 세웠다. 비교종교학자인 오강남(2009) 교수는 『또 다른 예수』[73] 에서 당시 상황을 이렇게 적고 있다.

> 그는 당시 개별적으로 떠돌아다니던 그리스도교 문헌들 중 27권을 선별하여 그리스도교 경전으로 정경화(正經化)하는 데 결정적인 역할을 한 인물이기도 합니다. 그는 또 자신의 영향력을 행사하여 367년 자기의 신학적 판단 기준에 따라 '이단적'이라고 여겨지는 책들을 모두 파기 처분하라는 명령을 내렸습니다. 나그함마디 문서는 이때 이집트에 있던 그리스도교 최초의 수도원 파코미우스(Pachomius)의 수도승들이 그 수도원 도서관에서 몰래 빼내 항아리에 넣어 밀봉한 다음 나중에 찾기 쉽도록 산기슭 큰 바위 밑에 있는 땅속에 숨겨 놓은 책들일 것이라 추정하고 있습니다(오강남, 2009, pp.16-17).

처음 항아리를 발견한 농부 형제는 그 문서들이 그들이 발견 당시에 기대한 황금은 아니지만 골동품의 가치를 지니고 있다고 여겨 암시장에 매물로 내놓았다. 그 문서들은 가치를 알지 못하는 사람들에 의해 수 년 동안 골동품 시장을 떠돌다가 마침내 이집트 콥트어(Coptic)[74] 박물관에

73) 오강남 (2009). **또 다른 예수**. 서울: 예담.

74) 콥트어는 외견상으로 희랍어의 자모를 빌리고 있지만, 어디까지나 이집트 말이다. 즉 희랍어 자모를 이집트 말에 대한 이두식 표기로 활용한 것이다. 콥트어는 1세기부터 사용되기 시작하여 7세기 이슬람이 이집트를 정복하기까지 거의 유일한 이집트 공식언어였다.

소장되었다. 박물관 측은 극소수의 사람들에게만 나그함마디 문서의 열람을 허용했고, 어떤 식의 재출판도 허용하지 않았다. 그리하여 이 문서가 세상에 완전히 공개되기까지 다시 35년의 세월이 흘렀다고 한다(류시화 옮김, 2008).[75]

이 나그함마디 문서 뭉치 속에는 고대 이집트어의 하나인 콥트어로 적힌 13개의 두루마리로 된, 총 52편의 문서가 담겨 있었다. 거기에는 지금 우리가 읽고 있는 성경에는 포함되어 있지 않은 『도마복음』, 『빌립복음』, 『진리복음』, 『이집트인복음』, 『요한의 비밀서』 등이 있었다. 그중 많은 사람들로부터 가장 관심을 끈 것이 바로 『도마복음』이다. 나그함마디 문서들은 현재의 신약성서와는 달리 로마교회의 검열과 첨삭, 의도적인 수정을 거치지 않은 것이어서 살아있는 예수의 진정한 가르침에 접근하는 길을 우리에게 열어준다.

『도마복음』의 서장(prologue)은 이렇게 말문을 연다. "이는 살아 있는 예수께서 이르시고 쌍둥이 유다 도마가 기록한 은밀한 말씀들입니다."(There are the secret sayings that the living Jesus spoke and Judas Thomas the Twin recorded.) 여기서 우리의 주목을 끄는 것은 '살아 있는 예수'(the living Jesus)라는 말이다. 죽은 예수가 아니라 예수가 살아생전에 그가 한 말들에 대한 어록 자료라는 것이다. 그래서 살아 있는 독자는 이 도마복음서를 매개로 살아 있는 예수를 직접 만나야 한다는 것을 가르치고 있다. 김용옥(2010)[76]은 이렇게 말한다.

75) 류시화 옮김 (2008). **도마복음 강의**. 서울: 청아출판사.

76) 김용옥 (2010). **도마복음한글역주 2**. 서울: 통나무.

> '살아 있는 예수'는 죽음의 전제조차 없는 예수다. 그의 말씀을 듣는 살아 있는 회중 속에서 살아 움직이는 예수다. 이 살아 있는 예수에게는 죽음의 전제가 없기 때문에 부활도 있을 수 없다. 부활을 운운할 필요가 없기 때문에 승천도 재림도 있을 필요가 없다. 일체의 신화적 장치가 사라지고 마는 것이다. 일체의 종말론적 전제나 개념이 없어지는 것이다. 그 대신 남는 것은 오로지 하나! 살아 있는 예수의 말씀(로기온)인 것이다(김용옥, 2010, p.77).

이것이 기존의 공관복음(共觀福音)과 『도마복음』의 중요한 차이다. 도올은 "살아있는 예수를 나의 실존의 본래성과 동일시 할 때만이 예수는 우리 삶의 의미체가 된다."고 했다. 게다가 여기서 예수가 한 말은 '은밀한 말씀들'(the secret sayings)이라 아무나 알아들을 수 없는 비의(秘意)가 담겨 있다. 그리고 그 기록자는 예수의 쌍둥이 유다 토마스란다. 실제로 예수에게 쌍둥이 형제가 있었는지 어떤지는 여기서 중요하지 않다.[77)]김용옥은 이렇게 말한다.

> 예수의 말을 예수의 분신과도 같은 쌍둥이, 예수를 너무도 잘 알고 이해하는 쌍둥이가 기록했다고 하는 사실은 곧 그 기록을 읽는 우리 자신도 예수의 쌍둥이, 즉 예수의 분신, 보다 과감하게 말하면 예수와 동일한 경지의 인간, 아니 예수 자신이 되어야 한다는 의미를 내포하고 있다. 화자와 기록자, 그리고 독자. 이 삼자의 해석학적 일체감

77) 오강남 교수는 이렇게 말한다.
「초대교회 당시에 예수님에게 쌍둥이 형제가 있었다는 설이 있기는 하지만, 여기서 예수님의 말씀을 적은 도마는 꼭 문자적으로 육체적인 쌍둥이라기보다는 예수님과 같이 모두 한 분 하느님에게서, 혹은 한 태에서 태어났다는 의미에서 예수님과 쌍둥이라 이해한 것이 아닌가 생각해 볼 수 있다.」(오강남, 2009, p.34.)

은 도마복음서를 포함한 나그함마디 문서 전체를 일관하는 정조(情調)였다(김용옥, 2010, p.83).

그렇다. 화자-기록자-독자가 삼위일체로 하나 될 때 도마복음서의 진정한 실체(reality)가 드러난다. 즉, 도마복음서는 화자-기록자-독자인 내가 해석학적인 일체감으로 '감통'(感通)되어야 한다. 게다가 여기 예수가 한 말은 '은밀한 말씀들'(the secret saying)이라 아무나 알아들을 수 없는 비의(秘意)가 담겨 있다. 그래서 깨달음에 이르는 길은 "천 명 중에서 한 명, 만 명 중에서 두 명꼴"(도마 23절)이라 할 만큼 어렵다고 했다. 어쨌든 살아 있는 예수의 은밀한 말씀을 교감(intercourse)하는 주체는 바로 그 자신이 예수의 분신이지 않으면 안 된다. 이제 우리에게는 도마복음서를 매개로 살아 있는 예수를 직접 만나는 일만 남아 있다.

『도마복음』은 신약성경에 나오는 마태, 마가, 누가, 요한복음과는 달리 예수를 하느님의 아들이자 예언자로서 믿음의 대상으로 설정하기보다는 제자들(혹은 우리들 자신) 각자의 내면적 자각과 깨침을 통해 하늘나라에 이를 수 있음을 강조한다. 실제로 『도마복음』에 나오는 약 50% 정도가 공관복음에 나오는 말씀과 평행을 이루고 있지만, 『도마복음』이 공관복음과 다른 가장 큰 특징은 기존의 복음서에서 많이 언급되고 있는 기적, 예언의 성취, 재림, 종말, 부활, 최후 심판, 대속(代贖) 등에 대한 언급이 전혀 없다는 사실이다.

그 대신 『도마복음』에는 "내 속에 빛으로 계시는 하느님을 아는 것, 이것을 깨닫는 '깨달음'(gnosis)을 통해 내가 새 사람이 되고 죽음을 극복할 수 있다는 것"(오강남, 2009)을 거듭 강조하고 있다. 『도마복음』은 "예수만이 유일한 하느님의 아들이라고 말하는 대신에 예수의 가르침을 자신 안에서 깨달으면 누구나 예수처럼 될 수 있다"는 것을 가르친다.

이처럼 기존의 4복음서와 달리 "믿음이 아니라 깨달음"을 강조함으로써 『도마복음』은 공관복음에 포함되지 못했는지도 모른다. 류시화는 '신의 길 인간의 길'(오쇼, 『도마복음 강의』 서문)에서 이렇게 말한다.

> "당신이 신의 아들인가? 당신이 인류를 구원하러 왔는가?" 하고 묻자 그는 그렇다고 말했다. 사람들이 웅성거리자 그는 더 중요한 이야기를 했다. 그와 그들은 똑같은 근원으로부터 나왔으며, 똑같은 근원으로 돌아갈 것이고, 그 근원을 자각함으로써 누구나 구원에 이를 수 있다고. 외부의 신과 메시아에 대한 맹목적인 믿음은 궁극적인 구원을 줄 수 없으며, 저마다의 깨침만이 그 구원에 이르는 유일한 문이라고.
>
> 그가 말한 것은 이것이었다. "나를 추종하지 말고 나처럼 되라. 왜냐하면 인간은 누구나 하느님의 씨앗을 품고 있기 때문이다. 사람이 고통을 겪는 것은 죄 때문이 아니라 무지 때문이다. 진정한 자아를 아는 것이 곧 하느님을 아는 것이며, 자아와 신성은 동일하다(류시화, 2008, p.9).

이처럼 그는 우리에게 진정한 자아를 깨치는 길을 열어 보였다. 이 한 가지 진리를 깨우쳐 주기 위해 예수는 3년의 세월 동안 사람들이 모인 곳을 찾아다녔다. 그러나 그의 말을 알아들을 줄 아는 귀를 가진 사람은 드물었다. 아닌 게 아니라 『도마복음』은 그 첫 머리에서 이것은 '살아 계신 예수의 비밀의 말씀'이라 했다. 예수의 말씀 중 여기에 나오는 메시지는 사람들이 상식적으로 알아들을 수 있는 그런 말씀이 아니라, 깊은 차원의 진리를 찾는 소수의 사람들만이 꿰뚫어 볼 수 있는 '비밀의 말씀'이다.

제자들의 질문에 예수가 답하는 형식으로 구성된 『도마복음』 원본에는 숫자 구분이 없지만 성서학자들은 편의상 『도마복음』을 114절로 구분해 놓고 있다. 여기에는 오로지 예수의 가르침, 예언, 격언, 우화 등

예수의 말씀만 적은 '어록'(語錄)으로 서로 연결되지 않는 독립된 문장으로 구성되어 있다. 이하에서는 필자가 『도마복음』을 접하고 특히 감명 받은 구절들을 중심으로 기존의 해석에다 나름의 느낌을 보탠다.

그가 말씀하셨습니다. "이 말씀의 뜻을 올바르게 발견하는 사람은 결코 죽음을 맛보지 아니할 것입니다."(Whoever discovers the interpretation of these sayings will not taste death.)(도마 1절)

이 말은 종교적 진술에 대해 우리가 어떤 해석을 하느냐가 영적인 사활에 직결될 정도로 중요하다는 것이다. 종교는 발명이 아니라 발견이다. 따라서 도마복음서의 해석은 반드시 주체적으로 발견되어야 한다. 오강남(2009) 교수는 종교적 진술에는 네 가지 의미 층이 있다고 했다. 즉, 문자적 의미가 있고, 나아가 심적, 영적, 신비적 의미가 있다는 게다. 바울도 성서에서 "문자는 사람을 죽이고, 영성은 사람을 살린다."고 했다. 이처럼 여기 주어진 메시지의 가장 깊은 영성적 · 신비적 차원의 뜻을 깨달은 사람은 자신의 내면에 있는 신성(神性)을 발견함으로써 새 생명을 찾을 수 있다는 것이다. "죽음을 맛보지 않는다."는 표현은 『도마복음』에 네 번이나 나온다(제18, 19, 85, 111절). 영적 사활에 관계되는 만큼 의미심장하다는 뜻일 게다. 도올 김용옥(2010)은 여기서 "죽음을 맛보지 않는다."는 것은 죽음이라는 물리적 사태의 부정이 아니라 '삶의 환희'를 강조하는 상징적 표현이라 했다. 예수는 자신의 가르침을 내면화하는 과정을 이렇게 말한다.

예수께서 말씀하셨습니다. "추구하는 사람은 찾을 수 있을 때까지 계속해야 합니다. 찾으면 혼란스러워지고, 혼란스러워지면 놀랄

것입니다. 그런 후에야 그는 모든 것을 다스릴 수 있습니다."(Jesus said, "He who seeks should not stop seeking until he finds. When he finds, he will be troubled. When he is troubled, he will marvel, and he will reign over all.")**(도마 2절)**

"구하는 자는 찾을 수 있을 때까지 계속해야 한다."는 말을 접하니 『중용(中庸)』 20장의 구절이 떠오른다. "생각할진대 결말을 얻지 못하면 도중에 포기하지 마십시오. ...(중략) 남이 한 번에 능하거든 나는 백 번을 하며, 남이 열 번에 능하거든 나는 천 번을 하십시오." 필자는 이 말을 두고 (특수)교육을 향한 경구라고 해석한 적이 있다. 여기 "찾을 수 있을 때까지 계속해야 한다."는 말은 『중용』의 성(誠)하고자 부단히 노력하는 자세(즉, 誠之의 삶)를 떠올린다. 그래서 '지극한 정성은 쉼이 없다'(至誠無息)고 했다.

이어 "찾으면 혼란스러워지고, 혼란스러워지면 놀랄 것"이라 했다. 대개 종교적 진리는 일상적 틀을 초월하기에 우리에게 '불편한 진리'다. 오강남은 훌륭한 종교적 가르침은 "편안한 사람에게는 혼란을, 혼란한 사람에게는 편안을 준다."고 했다. 칸트는 자기 인생을 참으로 경이롭게 하는 것은 밤하늘의 반짝이는 별과 자기 속에 있는 선험적 도덕률이라 했다. 인생은 경이와 신비다. 그러나 이것은 아무나 맛볼 수 있는 그런 것이 아니다. 이것을 체감 혹은 육화(肉化)한 사람은 모든 걸 다스리고 이룬 사람이다. 불교에서는 크게 깨쳐 대(大)자유를 얻으면 편히 쉰다고 했다. 쉰다는 것(즉, 忘我 혹은 無我)은 비움의 구원이다.

우리가 깨침을 얻어 하늘나라에 들어간다는 것은 바로 '나라는 인격 주체의 근원적 변화'(the transformation of one's subjectivity)를 요구한다. 김용옥에 의하면 "아이디 카드(identification card), 즉 자기

동일성의 증표가 바뀌어야 한다."는 것이다. 아이디 카드를 새로 발급받아야 하니 혼란스럽다. 여기 '혼란스러워짐'(will be troubled)은 기존의 삶에 대한 당혹스런 번민이다. 그래야 '메타노이아'(metanoia)가 일어난다. 예수가 공생활을 시작하며 "회개하라"고 외쳤을 때, 그 '회개'(悔改)에 해당하는 말이 바로 '메타노이아'다. 원래 'Metanoia'는 어원적으로 '의식(noia)의 변화(meta)'를 의미한다. 이것은 단지 지난 잘못을 뉘우치는 '회개'(悔改)라는 뜻 이상의 '나라고 하는 인격주체의 근원적인 변화'를 요구하는 것이다.

이 '의식변혁'을 통해 우리는 놀라운 경이(驚異)를 맛보게 된다. 도마복음서에서 예수가 말하는 천국(나라)은 일상적 자아가 고통스러운 주체의 변환을 통해 얻는 경이다. 도올은 이 경이는 끊임없이 새로운 경이를 낳아야 하고, 경이는 다른 지속태로 변화하기 마련이라 했다. 그 지속태에 대해 예수는 "경이를 체험하면 너는 모든 것을 다스리게 되리라."고 했다. 여기 '모든 것을 다스리게 됨'은 내가 '지혜의 왕국'에 주인이 된다는 것이다. 내가 '나'라는 존재의 왕이 된다는 것은 끊임없는 추구와 고통과 경이의 과정을 거치는 것으로서의 '나'에 다름 아니다. 히브리인 복음서(Gospel of the Hebrews)에서는 "경이를 체험하는 자는 누구든지 다스릴 것이요, 다스리는 자는 누구든지 휴식할 것"이라 했다. 여기 '휴식'이라는 말에 도올은 주목한다.

> 여기서 '휴식'은 '열반적정'(涅槃寂靜)의 '적정'이다. 그것은 고요함이요, 평온이요, 구극적으로는 해탈이다. 그것은 죽음이 아닌 생명의 원천이다. 인간은 내 몸의 왕이 될 때에만이 비로소 휴식할 수 있는 것이다. 살아있는 예수가 도마복음서에서 우리에게 가르치는 첫 메시지는 추구와 발견과 번민과 경이와 제압과 해탈이다. 참으로 놀라운 도언(導言)이 아닐 수 없다(김용옥, 2010, p.149).

필자가 보기에 도마복음서에서 제시하는 '추구–발견–번민–경이–해탈'의 과정은 전형적으로 '깨침'을 향한 구도(求道)의 과정이자 교육의 과정이다. 도올은 도마복음서 2절의 주제는 우리 '주체의 개벽'이라 했다. 즉, 그것은 새로운 천지의 열림을 의미하는 것이다. 추구와 발견, 번민과 경이, 지배와 휴식, 이 세 쌍의 과정이 바로 주체의 개벽(開闢) 과정이라는 것이다. 여기서 예수는 우리에게 메타노이아의 체험이 가능하다는 것을 일러준다. 오강남은 사실 도마복음서의 이런 가르침은 불교나 유교에서도 비슷한 가르침으로 나타나는 것으로 본다. 이런 과정을 통한 실존하는 인간의 진정한(이상적) 모습을 도마복음서에는 이렇게 적고 있다.

"여러분 자신을 아십시오. 그러면 남도 여러분을 알 것이고, 여러분도 자신이 살아계신 아버지의 자녀라는 것을 알게 됩니다. 그러나 여러분이 스스로를 알지 못하면 여러분은 가난에 처하게 되고, 여러분이 가난 그 자체가 됩니다."(도마 3절 후반)

'너 자신을 알라!'(Know your self!) 많이 들어본 말이다. 도올은 인간 예수의 모습과 인간 소크라테스의 모습은 많은 부분이 겹치는 것으로 본다. 물론 문화사적 관점에서 예수는 헬레니즘의 보편주의적 문화권에 살면서 소크라테스의 영향을 받은 사람으로 보는 것은 자연스럽다. 원래 '너 자신을 알라"는 말은 소크라테스의 말이 아니라, 이 말은 델포이 신전에 씌어 있던 신의 신탁(神託)이었다. 오강남은 이 구절을 다음처럼 해석한다.

> 알아야 할 것, 깨쳐야 할 것 중 내가 누구인가를 아는 것이 가장 중요한 일이다. 내가 바로 살아 계신 아버지의 아들 · 딸이라는 사실,

> 내 속에 하느님을 모시고 있다(侍天主)는 사실, 이 하느님이 바로 내 속 가장 깊은 차원의 "참나' 혹은 '얼 나'에 다름 아니라(人乃天)는 엄청난 사실을 '깨달음'-이것이야말로 바로 이 삶에서 우리가 얻을 수 있는 가장 귀중한 '진주' 같은 진리다. (본문에서 말한 것처럼) 우리가 이런 사실을 자각할 때 다른 사람들이 우리의 변화를 알아볼 수 있을 뿐 아니라, 더욱 중요한 것은 우리 자신이 풍요로운 삶을 살 수 있다고 하는 사실이다(오강남, 2009, p.47).

문제는 우리가 이런 깨침에 이르지 못하고 미망(未忘)의 삶에 빠져 있다는 사실이다. 도마복음서 3절의 이 구절에 대해 김용옥은 이렇게 말한다.

> "네가 너 자신을 알 때, 비로소 너는 알려질 수 있으리라. 그리하면 너는 네가 곧 살아있는 아버지의 아들이라는 것을 깨닫게 되리라." 여기서 논리적으로 전제되고 있는 것은 무엇일까? 나 자신을 안다는 것은 곧 나 자신이 하나님의 아들이라는 것을 깨닫는 것이다. 예수는 자기만이 하나님의 유일한 아들임을 선포하지 않는다. 모든 인간이 살아있는 하나님의 아들임을 선포하고 있는 것이다. 예수는 인간이 자신을 스스로 되돌아보게 유도함으로써 하나님의 아들임을 자각케 만드는 지혜로운 스승일 뿐이다(김용옥, 2010, p.172).

이것은 인간 존엄과 평등의 극치다. 적어도 도마복음서 시대(즉, 1세기의 초기 기독교의 세계)에서는 이런 '깨침'의 문제가 아무런 금기 없이 제기되었다. 그래서 예수는 인류의 위대한 스승으로 꼽힌다. 실제로 칼 야스파스는 인류의 위대한 스승으로 소크라테스, 석가, 공자, 예수를 같은 반열에 놓고, 결코 비교할 수 없는 4성자(聖者)를 실존적 인물로 함께 아울러 논의 한 적이 있다.

예수께서 말씀하셨습니다. "여러 날을 보낸 늙은이도 칠 일밖에 안 된 갓난아기에게 생명이 어디 있는가를 물어보기를 주저해서는 안 됩니다. 그리하면 그 사람은 살 수 있을 것입니다. 먼저 된 사람들 중 많은 사람들이 나중 될 것이고, 모두가 결국은 하나가 될 것입니다."

【예수께서 가라사대, "나이 먹은 어른이 칠일 갓 난 작은 아이에게 삶의 자리에 관해 묻는 것을 주저치 아니한다면, 그 사람은 생명의 길을 걸을 것이다.

첫찌의 많은 자들이 꼴찌가 될 것이오,

또 하나 된 자가 될 것이니라."】 [78)]

노자 『도덕경』(제55장)에서도 "덕을 두터이 지닌 사람은 갓난아기와 같다."는 구절이 있다. 여기 '갓난아기'는 물리적인 갓난아기라기보다는 영적으로 새로 태어나 갓난아기가 된 사람이다. 예수가 우리에게 권고하는 것은 "삶의 자리 그 자체를 항상 어린이답게 만들어 가야한다"는 것이다. 도올은 이 절의 해석에서 "천국이란 아이가 어른으로 성장하는 과정에서 나타나는 것이 아니라, 어른이 아이로 역행하는 과정에서 나타나는 새로운 세계"라는 것이다. 그래서 갓난아기에게 삶의 자리에 관해 묻는 것을 주저치 않는 사람은 죽지 않고 산다는 것이다.

도올은 "우리 사회에 촉촉한 봄비에 솟아오르는 연두 잎 새싹 같이 부드러운 노인들의 모습이 많이 눈에 뜨이기를…"바란다고 했다. 여기 도마복음서에서는 '첫째'라는 것이 죽음을 향해 가는 어른의 무리이자 하향의 무리다. 오히려 '꼴찌'가 되는 것이 갓난 아이 쪽으로 가깝게 가는

78) 앞의 본문은 오강남(2009) 교수의 풀이이고, 뒤의 것은 도올 김용옥(2010)의 옮김이다. 내가 보기에는 도올의 옮김이 더 생동감이 있다.

것이자 상향의 무리이다. 그런데 첫째의 모두가 꼴찌가 되는 것이 아니라, 첫째의 일부만 선택되어 꼴찌가 된다는 것이다.

예수께서 말씀하셨습니다. "인간이란 자기 그물을 바다에 던져 바다에서 작은 물고기를 잔뜩 잡아 올린 지혜로운 어부와 같습니다. 그 지혜로운 어부는 잡은 물고기들 중에서 좋고 큰 고기 한 마리를 찾아내고, 다시 나머지 작은 고기들을 모두 바다에 던졌습니다. 그런 식으로 큰 물고기들을 쉽게 골라낼 수 있었습니다. 여기 들을 귀 있는 이들은 잘 들어야 합니다."(도마 8절)

이 세상에서 가장 좋고 큰 '물고기'는 무엇인가? 토마스에 의하면, 우리의 궁극 관심은 내 속에 내재하는 하느님의 현존, 참 나를 발견하는 것이다. 류영모 선생의 표현대로 하면 몸나와 제나를 버리고 얼나를 붙잡는 것이다. 궁극적인 것을 깨닫고 발견한 '지혜로운' 사람은 일상의 잡다한 일들에 대한 관심을 끊을 줄 안다. 그래야 큰 고기를 쉽게 골라낼 수 있다. 노자 『도덕경』에도 도(道)의 길은 하루하루 없애가는 '일손'(日損)의 길이라 했다. 오강남은 "예수님의 표현을 쓰면, '성전을 청결케 하심' 나아가 아주 '성전을 허는 것'이기도 하다."고 했다.

토마스는 귀 있는 이들은 잘 들으라고 했다. 하늘나라의 비밀은 그것을 받아들일 마음의 자세가 갖추어진 사람에게만 주어지는 '감추어진 가르침'(esoteric teaching)이다. 이것이 예수 가르침의 비의(秘意)다. 그만큼 그에 담긴 의미는 순결하고 감동적이다.

예수께서 그의 제자들에게 말씀하셨습니다. "나를 비교하여 내가 누구 같은지 말해 주시오." 시몬 베드로가 그에게 말했습니다. "당신은

의로운 사자(使者)와 같습니다." 마태가 그에게 대답했습니다. "당신은 지혜로운 철인과 같습니다." 도마가 그에게 말했습니다. "선생님, 내 입으로는 당신이 누구와 같다고 감히 말할 수가 없습니다." 예수께서 도마에게 말씀하셨습니다. "나는 자네의 선생이 아닐세. 자네는 내게서 솟아나는 샘물을 마시고 취했네."(도마 13절 전반부)

"너희는 나를 누구라 하느냐?"는 말은 공관복음서에도 나온다. 오강남 교수는 "공관복음서에 나오는 이야기와 여기 『도마복음』에 나오는 이야기의 가장 중요한 차이점은, 공관복음서에는 베드로가 '선생님은 살아 계신 하느님의 아들 그리스도이십니다.' 하는 고백만 있을 뿐 '도마의 침묵'에 대해서는 언급이 없다는 점"이라고 했다. 깨달음에도 징도의 차이가 있고, 구경각(究竟覺)에 이르면 이를 말로 표현할 수가 없다. 그래서 비트겐슈타인은 "말로 설명할 수 없는 것에 대해서는 굳이 말하지 말라"고 했다. 이른바 '언어도단'(言語道斷)의 경지를 두고 한 말이다. 그래서 으뜸 되는 가르침은 '불언지교'(不言之教)다.

예수가 도마에게 "나는 자네의 선생이 아닐세. 자네는 내게서 솟아나는 샘물을 마시고 취했네." 라고 한 말은 '교학상장'(教學相長)의 극치다. 공자가 아끼는 제자인 안회가 공자에게 이런저런 말로 자신의 공부가 깊어지는 것 같다고 했다. 공자는 거기에 대해 별로 관심 기울이는 기색이 없었다. 그러다가 안회가 자기는 좌망(坐忘), 즉 앉아서 모든 것을 잊었다고 하니 공자가 깜짝 놀라 "그게 무슨 말이냐?" 하고 묻는다. 안회가 모든 앎을 몰아내고 잊어버리는 것이라고 하자 공자는 그를 보고 "청컨대 나도 네 뒤를 따르게 해다오."면서 부탁했다. 예수와 도마, 공자와 안회의 관계가 그야말로 청출어람(青出於藍)으로 이어지는 아름다움이다. 참으로 부러운 경지의 관계다.

제자들이 예수께 말했습니다. "하늘나라가 어떠할지 저희에게 말씀해 주십시오." 예수께서 말씀하셨습니다. "그것은 겨자씨와 같아서, 모든 씨들 중 지극히 작지만, 준비된 땅에 떨어지면 나무가 되어 하늘을 나는 새들의 쉼터가 될 것입니다."(도마 20절)

우리 속에 잠재적 상태로 누구에게나 내재해 있는 가능태로서의 씨앗은 겨자씨처럼 미미하기 짝이 없지만, 그 변화의 가능성은 무궁무진(unlimited)하다. 다만 그 씨앗이 준비된 땅에 떨어져야 한다. 불교에서 '돈오'(頓悟)는 별안간(몰록) 깨친다는 말인데, 이미 공부가 쌓여 심경이 순숙(純熟)한 때에 기연(機緣)이 오면 그 깨치는 찰나는 시간의 여유를 두지 않는다. 여기서 중요한 것은 '공부가 쌓여 심경이 순숙한 경지에 이름'이다. 그래서 도마는 겨자씨가 준비된 땅에 떨어지면 큰 나무가 되어 하늘을 나는 새들의 쉼터가 된다고 했다. 으뜸 되는 가르침으로서 종교(宗敎)는 궁극적 변혁(transformation)을 위한 통로이자 체험 그 자체다.

여기서 '궁극적 변혁'의 지침으로 선불교(禪佛敎)에서 말하는 『십우도(十牛圖)』 혹은 소를 찾는 『심우도(尋牛圖)』를 잠시 살펴보자. 그 변혁의 과정적 단계는 이렇다.

(1) 심우(尋牛); 소를 찾는다. 깨침을 향한 원심(願心)을 발하는 단계다.

(2) 견적(見跡); 소의 발자취를 보았다. 경전을 읽고 공부하여 깨침의 길을 찾는 단계다.

(3) 견우(見牛); 소를 보았다. 자기 맘을 바로 알아차려서(見性) 깨침이 열리는 단계다.

(4) 득우(得牛); 소를 붙잡았다. 깨친 것을 내 것으로 만드는 단계

(5) 목우(牧牛); 소를 먹인다. 한 번 깨쳤다고 방심(放心)하면 도망

친다. 소의 고삐를 놓지 말고 수행(修行)을 지속 해야 하는 단계

(6) 기우귀가(騎牛歸家); 소(길들인 소)를 타고 집으로 돌아오다. 깨친 본래의 자리로 돌아오는 단계

(7) 망우존인(妄牛存人); 소는 없고 사람은 있다. 깨치긴 했지만 내가 깨쳤다는 병(病)이 남아 있는 단계

(8); 인우구망(人牛俱忘); 사람도 소도 없다. 강물이 바다에 이르듯 일원상(一圓相)에 접어든 단계

(9) 반본환원(返本還元); 본래로 돌아간다. 앞의 일원상(一圓相)이 뒷등이라면, 반본환원(返本還元)은 세상의 표면(사인) 그대로다.

(10) 입전수수(入廛垂手); 시가지로 들어간다. 목동(牧童)이 포대(布袋) 스님이 되어 세상 속으로 나오는 단계다.

이상에서 보면, 불교와 기독교의 깨침이 다르면서 서로 통한다는 생각이 든다. 살아 있는 석가와 살아 있는 예수가 만나 이야기하면 서로 말 끼가 통할 게다. 실제로 틱낫한(Thick Nhat Hanh)은 『살아계신 붓다 살아계신 예수(Living Buddha, Living Christ)』(1995) 라는 책에서 석가와 예수의 가르침을 하나로 엮어냈다. 폴 니터(Paul F. Knitter) 교수는 『붓다 없이 나는 그리스도인일 수 없었다』(Without Buddha I could not be a Christian, 2009/정경일, 이창엽 옮김, 2011)는 책을 냈다. 최근 종교학자 길희성 교수는 닫힌 종교에서 열린 종교로의 종교다원주의를 제기하면서 『길은 달라도 같은 산을 오른다』(2013)는 책을 출간했다.

일본에서 스즈키 순류(鈴木俊陵) 밑에서 선(禪)수행을 하고 선사(禪師)가 된 베이커(R. Baker)는 "제가 『도마복음』을 미리 알았더라면

구태여 불자가 되어야 할 필요가 없었을 겁니다."라는 고백을 했다. 이에 대해 오강남은 "『도마복음』의 가르침이 선불교의 그것과 너무나도 닮았다는 이야기이기도 하겠지만, 그리스도교 전통에서 이런 가르침이 있었다는 것을 한 두 세대 전에만 해도 알 길이 없었다는 뜻으로 봐야 한다."는 것이다.

작은 겨자씨가 큰 나무가 되어(원래 겨자는 1년생 풀로서 나무가 될 수 없다지만) "하늘을 나는 새들의 쉼터"를 제공해 주게 되면 그야말로 금상첨화(錦上添花)다. 원래 자리행(自利行)은 이타행(利他行)으로 이어지게 되어 있지만, 남이 그렇게 알아주어야지 깨친 자기가 나서서 설칠 일이 아니다. 마을의 정자나무는 가만히 있어도 사람들이 찾아와 그늘에서 쉼을 얻는다.

"하늘나라는 한 알의 겨자씨와 같다." 그대가 곧 그 씨앗이다. 그대가 그 나라의 가능성이다. 그 가능성을 열기위해 그대는 거듭나야한다.

예수께서 말씀하셨습니다. "나그네가 되십시오.(Be passersby.)" (도마 42절)

도마복음서에서만 나오고, 『도마복음』에서 가장 짧은 절이다. 도마복음서 전체를 통틀어서 가장 대표적인 구절 하나를 꼽으라고 한다면 많은 주석가들이 이 구절을 꼽을 것이라 한다. 어째서인가? 이 42절은 짧기 때문에 오히려 무한한 해석의 가능성을 안고 있다. 아무런 맥락 없이 "나그네가 되십시오."(방랑자가 되라!) 라니 우리에게 훨씬 순결한 감동을 준다. 사실 나그네가 되어 길을 떠나고 집을 떠난다는 것은 거의 모든 종교에서 강조하는 기본적 가르침의 하나다. 이 구절에 대해 김용옥은 이렇게 말한다.

> 불교에도 '만행'(卍行)이라는 것이 있다. 스님들의 삶을 특징지우는 것도 '무소유'(無所有)와 '무소주'(無所住)라 할 것이다. ...(중략) 예수운동 도반들에게도 무소유(재산 포기), 무주택(집 없음), 무가정(가정 포기)은 필수의 요건이었으며, 그들은 모든 기득권을 포기해야만 했다. 여기 "방랑하는 사람이 되라"는 메시지에서 가장 중요한 것은 추구하는 도반들의 아이덴티티가 그룹 아이덴티티가 아닌, 개인의 내면적 주체성을 그 핵심으로 놓고 있다는 것이다. 그리고 여기 '방랑'이란 세계로부터의 떠남을 의미하는 것이 아니라 세사(世事)에 연루되지 않는 탈(脫)앙가주망(disengagement)을 의미하는 것이다(김용옥, 2010, p.105).

그래서 오강남 교수는 우리가 집을 떠난다는 것은 "우리의 인습적이고 일상적이고 관습적인 생활방식이나 사유방식을 뒤로하고 새로운 차원의 삶, 해방과 자유의 삶을 향해 출발함을 상징하는 것"이라 했다. 이것은 내적 자유를 향유하는 장자의 '소요유'(逍遙遊)와 같은 것이다. 말하자면 '유유자적'(悠悠自適)의 삶이다. 나그네가 되라!(Be a passer by!) 인생은 나그네 길.

예수께서 말씀하셨습니다. "홀로이며 택함을 받은 이는 행복합니다. 나라를 찾을 것이기 때문입니다. 여러분은 그곳에서 와서 그곳으로 돌아갈 것입니다."(도마 49절)

도마복음서에서는 여러 군데에서 '홀로 됨' 혹은 '홀로 섬'을 말하고 있다. 그만큼 단독자, '홀로인 자와의 홀로 됨'(alone with the Alone)(오강남, 2009)을 강조하고 있음이다. 성경에는 사막에서 홀로 지낸다는 이야기가 자주 등장한다. 모세가 그랬고, 예수도 광야에서 40일간이나 홀로 기도하지 않았는가. 여기서 사막은 결국 '정신적 사막'의 상징이기도 하다. 세상에서 사람들과 함께 살면서도 거기에 집착하지 않는 '정신적 사막' 말이다. 코뿔소처럼 혼자서 외뿔로 걸어가며, 혼자서 깨달은 그런 사람 말이다.

이렇게 홀로됨을 실천하는 사람은 '나라'(천국)를 찾는다. 이 나라는 바로 우리가 나온 근원이자 우리가 돌아갈 궁극 목적지이기도 하다. 이것은 『십우도』에서 말하는 '반본환원'(返本還元)의 자리, 혹은 유학에서 말하는 '본래성'(本來性)의 회복이 아닌가 싶다. 이처럼 도마복음서에서 나라는 너희 마음 안에 있는 것이지 너희 밖에 있는 것이 아니다. 필자가 보기에 도마복음서의 가르침은 내면적 깨침을 중시하는 위대한 교육의 과정이다.

홀로 서는 사람은 누구보다 자기를 향한 내면적 각성(覺性)을 중시한다. 그래서 도마의 예수는 "누군가 모든 것을 안다 해도, 자기를 모르면 모든 것을 모르는 사람이다."(One who knows everything but lacks in oneself lacks everything.) (도마 67절)고 했다. 도마복음서에서 예수의 가르침은 궁극적 자기 발견이며, 이것은 자신의 영적 고양을 안내한다. 노자(老子)도 "자기를 아는 것을 밝음"(自知自明)이라 했다. 불학에서도 인습적 지식(즉, 알음알이)인 '분별지'(分別智)를 경계하면서 내면적 성찰을 통해 본래의 나를 깨닫는 것을 중시했다. 그래서 소크라테스는 자신도 무지하지만, 자기는 자신의 무지를 알고 있다는 데서 다른 아테네 사람들과 크게 다르다고 했다. 너 자신을 모르면 아무 것도 모르는 사람이다. 같은 맥락에서 도마의 예수는 '생사의 갈림 길'을 이렇게 말했다.

"만약 너희가 너희 내면에 있는 것을 끊임없이 산출해낸다면, 너희가 가지고 있는 그것이 너희를 구원하리라. 만약 너희가 그것을

너희 내면에 가지고 있지 못하다면, 너희가 너희 내면에 가지고 있지 못한 그 상태가 너희를 죽이리라." (If you bring forth what is within you, what you have will save you. If you do not have that with in you, what do you not have within you will kill you.) **(도마 70절)**

기독교는 전형적으로 타력신앙의 범주로 분류되지만, 도마의 살아 있는 예수는 타력신앙을 거부하고 있다. 신앙은 나 밖에로의 귀의가 아니라, 내 속에 있는 것의 발견이다. 하나님은 내 밖에 있는 것이 아니라 내 안에 있는 것이다. 우리 안에 있는 '그것'은 무엇인가? 그것은 우리 속에 잠재해 있는 '신성(神性)의 씨앗'이다. 이 '신성'의 씨앗은 원래 우리 속에 내장되어 있으나, 그런 줄 모르고 미망의 어둠 속에서 살다보면 결국 고사(枯死)하고 만다. 여기서 중요한 것은 "너희 내면에 있는 것을 끊임없이 산출해 내는 것"이다. 우리에게 마음공부의 가능성과 깊이는 그 끝이 보이지 않는다.

『중용(中庸』 첫 머리에서도 '천명지위성'(天命之謂性)이라 해서 하늘이 명령하는 것이 이른바 '성'(性)이라 했다. 이 때 성(性)은 하늘의 지엄한 명령으로 인간이면 누구에게나 품부되어 있는 '본래성'(本來性; human nature)이다. 불교에서도 원래 인간은 참으로 그러한(眞如) 심성의 바탕(心源)을 지니고 있으나, 밑도 끝도 없이 생멸하는 탐진치(貪瞋痴)에 끌려 살다보니 그 심원(心源)이 가려졌을 뿐이다. 마치 거울에 때와 먼지가 끼어 원래 투명했던 거울이 보이지 않게 되었으나, 그렇다고 사물을 비추는 거울의 본래성 자체가 훼손된 것은 아니다. 그래서 거울에 끼어 있는 때와 먼지를 부지런히 걷어내는 일(즉, 修行)이 무엇보다도 중요하다. 우리 속에 내재하는 '신성의 씨앗'을 살려내느냐 죽어버리게 두느냐의 문제는 전적으로 우리 자신에게 달려 있다.

개인 한 사람 한 사람 마다의 내면적 '깨침'을 중시하는 살아있는 예수의 가르침은 다시 이렇게 이어진다.

"나의 입으로부터 나오는 것을 마시는 자는 누구든지 나와 같이 되리라. 나 또한 그 사람과 같이 되리라. 그리고 감추어져 있는 것들이 그 사람에게 드러나게 되리라." **(Whoever drinks from my mouth will become like me; I myself shall become that person, and hidden things will be revealed to that person.) (도마 108절)**

여기 "나의 입으로부터 나오는 것을 마시는 사람은 누구든지 나와 같이 되리라."는 것은 도마복음서 13절에서의 도마처럼 예수의 입에서 흘러나오는 생명의 말씀을 듣고 취한 사람이다. 제자가 깨침을 얻으면, 사제(師弟)의 관계보다는 같은 '도반'(道伴)이 된다. 이 언명이 함의하는 정직한 결론을 김용옥은 이렇게 해석한다.

> "나 자신도 스스로 바로 나와 같이 되는 그 사람이 된다." 예수의 말씀을 추구하는 자는 궁극적으로 예수가 된다. 예수는 바로 동시에 추구하는 자가 된다. 추구하는 자와 예수는 완벽하게 동일한 '하나된 자'가 되는 것이다. 이것은 진정한 의미에서 나의 존재의 변혁(變革, transformation)이며, 기화(氣化, empowerment)이며, 신생(新生, renewal)이다(김용옥, 2010, p.349).

존재의 변혁을 통해 "예수가 나의 마음이 되고, 내가 예수의 마음이 될 때" 내게 감추어져 있는 것들이 예수에게서처럼 드러나게 될 것이라는 게 이 구절의 가르침이다.

예수께서 말씀하셨습니다. "영혼에 의존하는 몸에 화가 있을 것입니다. 몸에 의존하는 영혼에 화가 있을 것입니다." (부끄러울지어다. 영혼에 매달린 육체여! 부끄러울지어다. 육체에 매달린 육체여!) (Jesus said, "Shame on the flesh that depends on the soul. Shame on the soul that depends on the flesh.) (도마 112절)

이 절의 괄호 안 부분은 도올 김용옥의 번역이다. '의존하다'를 '매달리다'로 좀 더 강렬하게 표현했다. 이 절에 대한 도올의 해석을 보자.

> 궁극적으로 영혼과 육체는 상호의존적(interdependent)인 관계를 통하여 온전한 모습을 유지하는 것이며 일자가 타자에게 환원 · 흡수될 수 없는 것이다. 유심론의 마음도 부끄러운 것이며, 유물론의 물질도 부끄러운 것이다. 영혼과 육체는 서로를 현현시키며 궁극적으로 함께 구원의 대상이 되어야 한다. 즉 영혼과 육체가 분화되기 이전의 '하나 된 자'로서 우리는 회귀해야 하는 것이다. 이러한 박(樸)의 사상을 이해하지 못하는 서구인들에게는 본 로기온 속의 예수의 사상이 이해되지 않는 것이다(김용옥. 도마복음한글역주3. 2010, p.365).

영혼과 육체가 상호의존적이지만 둘 다 하느님의 영(靈; spirit)의 인도를 받아야 한다는 것이다. 그래서 내 속에 있는 하느님의 영, 나의 참 나를 찾는 일이 축복이라는 것이다. 이와 관련하여 삼리(三理, 즉 生理, 心理, 哲理)의 양생(養生)을 말하는 동양의 고전적 입장이 필자에게는 훨씬 생생하게 와 닿는다. 도마복음서의 마지막 부분에서 제자들은 예수에게 이렇게 물었다.

그의 제자들이 예수께 말했습니다. "그 나라가 언제 올 것입니까?" (예수께서 대답하셨습니다.) "그 나라는 기다린다고 오는 것이 아닙

니다. '여기 있다', '저기 있다' 할 성질의 것이 아닙니다. 아버지의 나라는 온 세상에 두루 펴져 있어 사람들이 볼 수 없습니다." (His followers said to him, "When will the kingdom come?" Jesus said, "It will not come by watching for it. It will not be said, 'Look, here it is', or 'Look, there it is.' Rather the kingdom of the father is spread out upon the earth, and people do not see it.")(도마 113절)

앞에서 영혼과 육체가 분리될 수 없는 하나라고 했듯이 '아버지의 나라'도 바로 우리가 살고 있는 '이 세계'와 분리될 수 없다는 것이다. 도올은 "천국과 세속이 하나이며, 영혼과 육체가 하나이며, 하늘과 땅이 하나이며, 빛과 어둠이 하나라는 이 강렬한 주제는 당대 중동세계의 모든 이원론적 사유를 거부하는 일대 혁명 중의 혁명"이라 했다. 제자들은 아직도 그 나라가 '언제' 이를 것인가를 묻지만, 예수는 그 '나라'는 미래 어느 시점에 도래하는 것이 아니라, 어제와 오늘과 내일에 관통하는 '영원한 현재'에 존재하는 것으로 이해되어야 한다는 것이다.

그 나라는 이미 여기 우리 안에 있지만, 우리는 그것을 의식하고 있지 못할 뿐이다. 도올에 의하면, 나라(천국)는 존재의 문제가 아니라 인식의 문제라는 것이다. 그래서 천국의 실체화는 실천 이성적 삶의 결단에 의한 과제상황이라는 것이다. 그의 인문학적 해석이 신선하다. 그는 '토마스에 의한 복음'(The Gospel According to Thomas) 에필로그에서 이렇게 적고 있다.

> ...(전략) 신약의 복음은 철저히 하나님 중심의 복음이다. 그러나 토마스의 복음은 같은 기쁜 소식이라 할지라도 그것은 살아 있는 예수의 은밀한 말씀의 해석에 관한 기쁜 소식이다. 신 중심이 아닌 인간 중심의 복음이며, 야훼를 향한 메타노이아가 아니라 야훼를 버리는 메타노이아

> 이다. 그것은 말씀 속의 아버지를 발견하는 것이며 하나님에로의 예속을 의미하지 않는다. 예수는 어디까지나 선포하는 예수이지, 선포되어지는 그리스도가 아니다. ...(중략) 도마의 유앙겔리온 이야말로 인류의 인문정신이 개화한 21세기에 다시 태어난 '기쁜 소식'인 것이다. 기나긴 분별의 장벽을 허물고, 동 · 서를 회통시키고, 융합시키는 기쁜 소식인 것이다(김용옥. 도마복음한글역주3. 2010, pp.375-376).

토마스의 복음은 신 중심의 복음이 아닌 인간 중심(즉, 내 속에 내재하는 신)의 복음이라는 데에 공감이 간다. 그것은 인류의 인문정신이 이 시대에 다시 태어난 '기쁜 소식'이며, 동 · 서를 회통(會通)하는 '기쁜 소식'이다. 이에 비해 오강남은 저자후기에서 '공관복음서에 나타난 천국의 비밀'이라는 제하에 공관복음의 연장선상에서 도마복음의 가르침을 받아들일 것을 강조한다.[79)]

> 공관복음에도 예수님 스스로 "하나님의 나라는 볼 수 있게 임하는 것이 아니요, 또 여기 있다 저기 있다고도 못하리니, 하나님의 나라는 너희 안에 있느니라."(눅17:20-21)고 하셨습니다. 이처럼 공관복음에서도 더 깊은 의미에서의 '하나님의 나라'란 우리 중에, 혹은 우리 속에 이미 있는 것임을 말해주는 대목이라 생각합니다. 영어로 'God within' 입니다. 『도마복음』의 가르침과 하등 상충될 여지가 없습니다(오강남. 또 다른 예수. 2009, p.431).

---

79) 실제로 도마복음서의 114개의 파편 중에서 47개가 마가복음에 병행하며, 40개가 큐복음서에 병행하며, 17개가 마태복음에, 5개가 요한복음에, 4개가 누가복음에 병행하는 것으로 카운트되고 있다고 한다. 도올 김용옥(2010)도 실상 도마복음서의 114개 어느 하나도 기존의 복음서와 관련 아니 되는 것은 없다고 했다. 그러니까 도마복음서는 기존의 복음서를 새롭게 바라보게 만드는 지식의 풍요로운 황금광맥의 집결체와 같다.

종교학자의 신중한 해석과 그 깊이가 돋보이는 지적이다. 그는 폴 틸리히의 말을 인용하여 우리는 하느님을 '높이'에서 찾을 것이 아니라 '깊이'에서 찾아야 한다고 했다. 예수가 "천국이 바로 이 땅에 깔려 있다!"는 것은 '지금 여기' 우리들 마음속에 있다는 것이다. 이처럼 천국은 우리가 스스로 새로운 주체로 거듭날 때, 지금 이곳의 내 삶 속에 현현(顯現)하는 것이다. 필자가 보기에 도마복음서는 우리에게 곧 '마음공부'로서 깨침의 복음이자 주체의 개벽(開闢)이다. 나는 공관복음의 연장에서 도마복음을 보지 않고, 오히려 도마복음의 연장에서 공관복음을 새로 공부해 볼 참이다.

붙임 글

'마음공부' 고전강의 토론마당[80)]

1. 『중용』 강의 토론(4/16)

(1) 우리가 '마음'을 공부주제로 대상화할 수 있는 건가? 이를테면 수학공부를 하는 동안에 마음공부는 그것에 따라 붙는 게 아닌가?

어쩌면 마음공부는 메타(상위)인지와 같은 것이어서 사고하는 방법을 사고하는 그런 것과 같은 것인지도 모른다. 그래서 '마음=공부' 이기에 '마음공부'라는 말 자체가 중복된 의미다. 학교에서 정상적으로 교과교육이 이루어지는 동안 수학공부를 하면서 수리적 논리에 연관된 심성계발이 당연히 이루어져야 한다. 교과=점수가 강요되는 한 그걸 원래대로 기대하기가 어려울 것 같다.

(2) 왜 동양고전을 마음공부의 주제로 삼았는가?

우선 동양고전들은 대부분 '마음'을 직접적으로 문제 삼는다. 특히, 『중용』은 그 자체가 '마음'을 핵심 주제로 삼고 있다. 성리학에서 '사단칠정'(四端七情)논쟁은 곧 마음에 대한 해석논쟁이다. 조선 성리학에서는 '심통성정'(心統性情)이라 해서 우리의 마음에는

80) 이 글은 「지식과 세상 사회적 협동조합」에서 마련한 '테마로 읽는 고전강의' (2014.04.16-05.14) 토론 마당을 정리한 것이다.

본래성이 있지만 그것은 감정의 표현으로 드러날 뿐이다. 발하지 않은(즉, 未發) 본래성을 중용에서는 '중'(中)이라 했고, 발해서 절도(품절)에 맞는 것을 '화'(和)라고 했다.

(3) 나이가 들면 마음을 되돌아보게 되는가? 젊어서는 그럴 여유조차 없었던 것 같다.

마음을 돌볼 여유조차 없었으니 마음고생이 오죽 했겠는가? 하지만 나이가 들면 누구나 자신을 되돌아보는 '철학하는 사람'이 되기 마련이다. 노년기에 자신의 삶을 후회하지 않는 사람은 인생을 잘 산 것이라 할 수 있다.

(4) 오늘의 학교교육에서 인성교육을 위해 이런 동양고전을 교육과정에 반영할 수는 없겠는가?

원칙적으로 인성교육의 실패는 곧 교과교육의 실패이다. 옛날에는 사서삼경을 정규교과로 너무 강조해서 균형을 잃었고, 지금은 너무 도외시하니 그 또한 문제다.

2. 『노자』 강의 토론((4/23)

(1) 유교, 불교, 도교 중에서 『노자』가 우리에게 미친 영향 혹은 그 흔적은 어떤 것일까?

유교와 불교가 우리의 삶에 미친 영향은 가시적으로나 내면적으로나 분명한 반면에 노자사상은 그 흔적이 분명히 이어져 오지 못한 면이 있다. 그것은 노자사상의 특성 때문이기도 하다. 하지만 노자는 동양사상사에서 유학과 불학 모두에 일정한 영향을 미친 가운데, 삼교(三敎) 가운데 하나의 축을 형성하고 있는 게 사실이다. 어쩌면 흔적을 남기지 않는 게 곧 노자사상의 특징일 게다.

(2) 우리나라의 교육운동 현실에 노자의 지혜를 어떻게 연관지울 수 있겠는가?

아마 이 일은 교육운동에 직접관여하고 있는 사람들이 자신들의 운동을 지혜롭게 가다듬어 가기 위해 노자 공부에 뛰어 드는 게 가장 빠른 길이 될 것이다.

(3) 다른 사람과의 관계 속에서 자아실현을 강조하는 서양의 자아관(自我觀)에 비추어 노자의 무위, 무욕, 무아를 어떻게 받아들여야 할까?

교육목적으로서 자아실현은 내용을 채우고 경험을 쌓아가는 것으로 가능하다. 근데 노자가 말하는 진아(眞我)의 발견 혹은 그 실현은 거꾸로 자아를 비우고 내려놓는 것에서 시작한다. 노자에게 무(無)는 유(有)를 낳고 유(有)의 어미다. 만물을 생성하는 음양 위에 태극이 있고 태극 위에 무극(無極)이다. 조동일의 '생극론'(生克論)에 의하면 상극이 상생이고 상생이 상극이다. 노자에게 자아실현은 곧 치허(致虛)이자 허정(虛靜)이다.

(4) 마음을 비웠을 때 '나'라는 실체는 무엇인가?

나라고 하는 실체(reality)가 뚜렷하지 않고 혼란스러울수록 한 발 물러서서 마음을 고요히 가라앉히면 '나'의 실체가 온전히 떠오를 수 있다. 물결 속의 달은 갈래 갈래로 찢어져 보이지만 물결이 가라앉음에 온전한 달이 물에 뜬다. 퇴계 선생도 조용히 맘을 가라앉히면(潛心) 스스로 얻는 바(自得)가 있다고 했다. 그렇다고 앉아서 명상만 하고 있다면 기왓장을 갈아 거울을 만들고자하는 것과 다르지 않다. 마음을 비운만큼 좋은 것으로 채워져야 한다.

(5) 섭생(攝生)과 양생(養生)은 어떻게 다른가?

노자가 말하는 '섭생'은 삶의 조화이고, '양생'은 오래 사는 길만 챙기는 것이다. '출생입사'(出生入死)라는 것은 삶과 죽음을 하나의 줄로 꿰어 일원화 하자는 거다. 그래서 잘 살면 잘 죽는다. 원래 우리 동양철학에서는 '삼리양생'(三理養生)을 중히 여긴다. 즉 생리(生理)-심리(心理)-철리(哲理)의 온전한 조화가 이상적 양생이다.

(6) 노자의 3 보배(즉, 慈 · 儉 · 不先) 가운데 사회적 문제와 연관해서 앞서 나서지 않는다는 '불선'(不先)은 문제가 있는 게 아닌가?

쓸데없는 일에 함부로 나서지 말라는 것이지 꼭 해야 할 일에도 물러서기만 하라는 것이 아니라고 본다. 사람은 나이 들수록 해야 할 일과 하지 말아야 할 일을 엄격히 가릴 줄 알아야 한다. 선거 때에 팔 걷어 부치고 내노라 내띄는 사람일수록 경계해야 한다.

3. 『대승기신론』 강의 토론(5/7)

(1) 마음은 '세상'과 무관한가? 결국 경험의 과정에 의해 마음은 생성 혹은 구성되는 게 아닌가?

물론 마음은 세상과 무관하지 않다. (이 질문에 대한 즉답이 부족해서 다시 정리했다.) 그러나 석가의 가르침에 의하면, 현세를 살아가는 동안 일어나는 상념은 모두 고뇌이기에 그 고(苦)로부터 해방되기 위해서는 이 편 언덕(즉, 현세의 耽嗔痴)에서 저편 언덕(해탈의 세계 혹은 진여의 삶)으로 건너가야 한다. 저편 언덕(彼岸)으로 건너가는 과정이 불가의 수행(修行)이다. 이를테면, 선(善)을 실현하기 위한 경험이나 소위 교육적 경험은 모두 불가에서 말하는 수행(修行)의 한 방편(方便)이다. 땅에 걸려 넘어진 자는 반드시 땅을 짚고 일어설 수밖에 없다. 우리는 현세의 경험을 딛고 자신을 진여(眞如)의 화신(化身)으로 끌어 올려야 한다. 우리가 살아가면서 학문을 하고, 예술에 심취하고, 종교에 헌신하는 것은 진선미성(眞善美聖)의 구현을 통해 진여(眞如)세계에 입문하는 전형적인 삶의 모습이자 과정이다.

(2) 마음의 때와 먼지를 벗겨 내려면 결국 출가(出家)를 해야 하지 않겠는가?

석가의 출가는 계급타파를 위한 것이라는 설도 있다. 출가해서 수도생활에 전념하면 마음의 때와 먼지를 벗기는 데에 확실히 효율적일 게다. 그래서 성철 스님도 마지막 유언으로 제자들에게 "참선(參禪)부지런히 하거래이"라고 당부했단다. 그러나 우리는 지금 이곳의 때와 먼지 속에서 살면서 동시에 그 때와 먼지를 걷어내는 삶을 살 수밖에 없다. 그게 우리들 삶의 진정한 모습이다.

(3) 노자와 마찬가지로 기신론을 21세기 우리의 삶에서 어떻게 구현할 것인가?

우리들 모두에게 주어진 지난하고 절실한 숙제다. 노자는 2500년 전에 난세를 겪은 사람으로서 『도덕경』이라는 저술을 남겼고, 기신론은 약 1500년 전에 그 저자가 불분명한 채로 조술된 것이다. 이들 고전은 21세기 한반도의 역사적 상황 혹은 우리들 각자의 현실적 삶에 비추어 재해석되고 반추되어야 한다. 이른바 '온고지신'(溫故知新)에서 '지신'(知新)을 어떻게 하느냐는 것은 전적으로 우리 자신의 몫이다. 태양(하늘) 아래 새로운 것은 하나도 없다고 했다. 고전의 본질에 천착하면서 우리의 역사적 상황에서 재조명해보는 지혜가 요청된다.

4. 『도마복음』 강의 토론(5/14)

(1) 한국의 기독교 현실에서 『도마복음』이 어떻게 받아들여질 수 있을까?

우리나라 기독교계의 보수적이고 폐쇄적인 성향에 비추어 『도마복음』은 그냥 아웃사이드인 외경일 뿐이고, 심지어 이단으로까지 매도될 수 있다. 우리나라 기독교가 교회중심에서 예수중심으로, 예수처럼 살고자 고난의 십자가를 스스로 감당하는 그런 모습으로 거듭나야 한다고 본다. 공관복음은 하나의 기독교를 권위 있게 정립하기 위한 종교적 합의문서이지 그 자체가 곧 살아있는 예수의 목소리는 아닐 수 있다.

(2) 전 세계적으로 대형교회 50개 중에 그 절반 가까이가 한국에 있다는데, 대형교회가 왜 나쁜가?

1세기 남짓 짧은 역사 속에서 한국의 프로테스탄티즘이 양적으로 이처럼 급성장 한 것은 세계 복음역사에서 그 유례를 찾아보기 어려울 정도로 또 하나의 '압축성장'을 반영하고 있다. 어찌 보면 영적으로 축복받은 나라로 꼽힐 수 있다. 대형교회가 많다는 것 자체가 결코 나쁘다고는 할 수 없다. 다만 교회의 외형만 커지고 방만한 교회조직을 운영하는 데에 따른 역기능이 그 순기능을 능가하는 데에 있다. 이반 일리치는 기독교를 비판하면서 "최선의 것이 타락하면 최악이 된다."고 했다. 이 말은 한국교회를 향한 경고일수도 있다. 대형교회는 곧 교회권력의 반영이자 상징이나.

(3) 기독교 쪽에서는 불교계를 비난하고 서로 갈등적인 모습을 보이는 것을 어떻게 볼 것인가?

종교 간의 갈등은 역사 이래 끊이지 않았고 그것은 전쟁의 빌미가 되고 있음을 지금도 우리는 목도하고 있다. 종교 간의 교리적 차이는 존중되어야 한다. 그러나 그게 배타적 갈등으로 골이 깊으면 서로에게 불행하다. 반대로 종교 간에 소통이 늘어나면 서로에게 좋다. 종교적으로 특정 종교의 근본주의에 빠지면 그것은 아무 종교도 모르는 것과 다르지 않다는 비판을 면하기 어렵다. 종교 간의 대화 없이 세계 평화를 기대하기 어렵다.

(4) 도마복음서에 나타난 예수의 어록을 보면 하나의 가르침, 마치 교사의 가르침과 같은 데, 신앙으로서의 종교적 가르침은 일반적으로 말하는 가르침과 달라야 하는 게 아닌가?

도마복음서의 해설서에는 예수 가라사대의 가르침에 대해 예수는 한 사람의 탁월한 교사로 해석되고 있다. 어찌 보면 석가, 공자, 예수는 모두 인류의 위대한 교사이자 종교적 창시자이다. 표층종교의 의례와 의식의 기준에서 볼 때, 신앙으로서의 종교는 가르침(teaching) 수준을 넘어서는 것이지만, 심층종교로서의 종교적 가르침은 교육적 가르침과 맞닿아 있다고 본다. 말 그대로 종교는 으뜸 되는 가르침이고, 교육은 가르쳐 길러 내는 일이니까. 그렇게 서로 만나면 교육도 살고 종교 쪽에도 좋다고 본다.

(5) 지금까지 중용, 노자, 대승기신론, 도마복음을 통해 우리가 얻을 수 있는 '마음'의 움직임은 어떤 것이어야 하는가?

본래 마음자리로 돌아가(心源) 하나인 마음을 찾기 위해 유학에서는 지엄한 하늘의 명령으로서 본래성(本來性)을 중시했고, 불가에서는 참으로 그러한 '진여'(眞如)를 말했고, 노자는 도(道)를 말했고, 예수는 도마복음에서 각자의 내면적 깨침으로서 메타노이아(metanoia)를 강조했다. 이들 표현의 차이에도 불구하고 그 가르침의 본질은 다르지 않다고 본다.

(6) 그렇다면 종교적 가르침은 서로 다르면서 같은 게 아닌가?

이를테면 우리가 하나의 산을 오를 때 남쪽에서 오르는 것과 동쪽에서 오르는 것과 서쪽에서 오르는 것과 북쪽에서 오르는 코스의 선택에 따라 등반에 따르는 산의 느낌이 다를 게다. 그러나 어느 쪽으로 오르든지 일단 정상에 올라 아래를 내려다보면서 가지는 느낌은 기본적으로 별로 다르지 않을 게다. 종교적 가르침도 그 정점에서 보면 차이보다 공통적 기반이 크게 보일 게다. 내가 보기에 공자,

석가, 노자, 예수 4성자를 불러 오늘 우리가 하는 세미나 같은 자리를 마련하면 누구보담 서로 말 끼가 잘 통할 것 같다.

(7) 이 고전강좌에서 왜 마음공부로 『노자』를 택하고, 오늘은 『도마복음』을 통해 예수의 은밀한 말의 메시지에 주목하는가? 결국 마음은 사람 간 관계 속의 문제가 아닌가?

노자는 마음의 '허정'(虛靜), 즉 내리고 비우는 걸 중시했다. 비유의 천재라 할 수 있는 예수는 가장 비근한 비유를 통해 그 속에 들어있는 은밀한 메시지를 각자가 깨달을 수 있게 열어 놓았다. 그래서 귀 있는 자는 들으라고 했다. 그러나 그 비유 이면에 숨어 있는 진의를 제대로 깨닫는 사람은 천에 한 명 만에 두 명 정도일 것이라고 도마복음에는 일러주고 있다. 우리는 사회적 존재로서 사람과의 관계를 떠나 자아실현으로서 마음을 따로 생각할 수 없다. 그러나 노자는 그 관계에서 한 발 물러나 자신의 마음을 비우고 반조(返照)해 보는 것을 강조했고, 예수는 홀로됨을 통한 깨침을 강조했다. 진정한 관계의 기준 혹은 전제로서 마음의 문제를 강조한 게 아닌가 싶다.

(8) 종교적 잠언(箴言)이 '마음'이 되는가?

종교적 가르침으로서 잠언은 우리들 마음이 지향해야할 이상적 기준을 제공해 줄 것이다. 우리가 그렇게 살고자 노력하는 마음의 자세를 잃지 않는 게 중요하다고 본다.

(9) 도마복음서의 내용은 이미 4복음서에 다 있는 것 아닌가?

도마복음서의 어록은 대부분 공관복음에도 있다. 그러나 문헌학적 측면에서 볼 때 어느 것이 먼저이고 더 오리지날한 기록이냐

하는 측면에서 볼 때, 도마복음서가 4복음서 중 가장 먼저 성립된 마가복음보다도 앞서는 것으로 성서학자들은 보고 있다. 같은 내용이지만 공관복음에는 도마복음보다도 내르티브한(즉, 설화적) 기록이 많이 첨가되어 있다. 더욱이나 마태복음과 누가복음의 공통요소(내용)인 큐(Q)자료가 인정되면서 오늘날 구미에서 도마복음은 더욱 주목을 끌고 있다. 그러나 우리나라에서 도마복음은 여전히 하나의 외경에 불과할 뿐이다. 나는 개인적으로 도마복음을 통해서 4복음서 공부를 해 볼 참이다.

'지식과 세상'에서 마련한 따끈한 시루떡을 함께 나눠먹으면서 '식탁공동체'의 담소로 이 고전강좌를 마무리했다. 끝까지 참여해 주시고 함께 생각해 봐야할 좋은 토론(문제 제기)에 임해주신 모든 분들께 진심으로 감사드립니다. (김병하, 2014.05.16)

11 동학(東學): 개벽(開闢)의 세상

1.

서학(西學)이 아니고 왜 동학(東學)인가? 수운(水雲) 최제우(崔濟愚; 1824-1864)는 「논학문」에서 이렇게 말한다. "내가 또한 동에서 나서 동에서 받았으니 도(道)는 비록 천도(天道)나 학인즉 동학이라. 하물며 땅이 동서로 나뉘었으니 서를 어찌 동이라 이르며, 동을 어찌 서라고 이르겠는가."라 했다. 동에서 나서 동에서 받은 동학이 서학과 다를 수밖에 없는 주체성을 분명히 내세우고 있다. 수운이 받은 도가 천도(天道)라 하니, 찾아온 선비들이 묻기를 "양도(洋道; 서양의 도)와 다른 것이 없습니까?"라 물었다. 이에 대답하기를 "양학은 우리 도와 같은듯하나 다름이 있고 비는 것 같으나 실지가 없느니라. 그러나 운인즉 하나요 도인즉 같으나 이치인즉 아니니라." 하늘을 섬기는 도(道)는 같으나 이치는 다르단다.

그 이치가 어떻게 다른가? 서학에서 말하는 '천주'(天主)는 나를 초월한 절대세계에 존재하는 하느님이다. 그러나 동학에서는 '시천주'(侍天主)라 해서 내 몸속에 한울님을 모시고 있다는 것이다. 수운이 생각하는 한울님(天主)은 우리의 몸에 모셔져 있는 분이기에, 우리의 삶은 내 몸속에 모신 한울님과 하나가 되는 과정이어야 한다. 해서 수운은 "네 몸에 모셨으니 사근취원(捨近取遠) 하단 말가"라 했다. 즉 네 몸 안의 아주

가까운 곳에 모셔져 있으니 한울님을 먼데서 구하려 들지 말라는 것이다. 그래서 안으로는 '내유신령'(內有神靈)이고 밖으로는 '외유기화'(外有氣化)라 했다. 즉, 내 몸속에 한울님의 신령이 모셔져 있고, 그 신령함이 밖으로 기화(氣化)하고 있다는 게다. 여기 '기화'(氣化)는 생명 자체가 지닌 자기조직력이다.

수운은 『동경대전(東經大全)』에서 '시천주'(侍天主)의 '모신다'(侍)를 "내유신령 외유기화 일세지인 각지불이"(內有神靈 外有氣化 一世之人 各知不移)로 풀이했다. 즉, 안으로는 신령한 하늘과 합하고, 밖으로는 다른 사람과 천지자연을 관통하는 하나의 기운(氣)에 한 치도 어그러짐이 없이 합치하는 삶이다. 오문환(1996)[81]은 여기 '불이'(不移)는 이런 삶을 방해하고 저지하는 모든 사상, 경향, 힘(세력)들에 대한 투쟁이라 했다. 그러므로 '시천주'(侍天主)의 삶은 안으로는 하늘이 명한 본성에 일치하고, 밖으로는 모든 존재들의 심층을 연결하는 기운에 동참하는 그런 삶이다. 그리고 이런 경계에서 한 치도 옮김이 없는 삶이 '불이'(不移)의 삶이다.

동학에서 '내유신령'의 체험적 모심은 '몸으로써, 몸 안에서, 몸과 더불어 하는' 체험이라는 데에 그 특징이 있다. 해서 동학의 신학은 '몸의 신학'이요, 그 영성도 '몸의 영성'이다(김승복, 2005)[82]. 동학이 말하는 '신령'(神靈)은 궁극적 실재로서 '지기'(至氣)의 동태적 양상을 일컫는다. 여기 '지기'와 '신령'은 서로 다른 두 가지 실재(reality)가 아니라 인간의 생명 안에 임재 하는 하나의 실재다. '내유신령'이 인간생명체를 그 내면의 깊이에서 '영적 존재'로 자의식하게 한다면, '외유기화'는 인간생명체를 그 가장 넓고 높은 '우주적 존재'로 혼융된 동체감(同體感)으로 안내한다.

81) 오문환 (1996). **사람이 하늘이다**. 서울: 솔.

82) 김승복 (2005). "수운의 도와 덕 수심정기, 기화지신, 인내천". 예문동양사상연구원 · 오문환 편저. **한국의 사상가 10인, 수운 최제우**. 서울: 예문서원.

이처럼 몸이 안으로의 신령과 밖으로의 우주적 기화(氣化)를 체험함으로써, 천지의 화육(化育)에 동참하는 영성적 · 우주적 주체로 거듭나는 것이다.

여기 '내유신령'과 '외유기화'가 하나로 아우러진 상태가 '천지인'(天地人)의 삼위일체다. 내 몸에 한울님을 모신 것처럼 다른 사람도 그러하므로 사람 섬기기를 하늘처럼 하란다. 즉, '사인여천'(事人如天)이다. 그래서 해월(海月) 최시형(崔時亨; 1827-1898)[83]은 베 짜는 며느리가 곧 한울님이라 했다[84]. 어린아이를 치는 것은 곧 한울님을 치는 것이니 함부로 치지 말라고 했다[85]. 인간 존엄과 평등의 극치다. 그래서 '사람이 곧 하늘'(人乃天, 人是天, 人卽天)이다. 해월은 '시천주'(侍天主)에서 신령한 한울님의 영(靈)과 신령한 한울님의 기운을 안과 밖에서 동시에 받아 무형의 생명이 인간이라는 유형의 생명체로 바뀌는 순간, 즉 포태의 순간을 지칭하는 것이 곧 '시'(侍)라 했다.

---

83) 수운 최제우는 처형되기 직전 해월에게 전해 달라면서 시 한수를 읊었다. "혐의를 잡아 내려 물위에 등불을 밝혀보나 혐의할 틈새가 없도다. 기둥은 말라버린 모습이나 그 힘은 여전히 남아 있도다." 여기 '등불'은 도통을 이어갈 최시형을, '물'(水)은 수운 자신을 가리킨다. 지금은 동학의 형세가 마른 나무 같지만 여전히 힘이 있어 세상에 퍼질 것임을 암시하고 있다.

84) 해월은 청주 서택순 집에 머물면서 베를 짜는 이가 누군가 물었다. 그가 며느리라고 대답했다. 해월은 웃으며 "며느리가 베를 짜는가, 한울님이 베를 짜는가 "되물었다. 서택순은 어리둥절하였다. 점심도 거르고 베 짜는 며느리의 부지런함에 해월은 감동하여 그렇게 말했다(표영삼. **동학2**. 서울: 통나무, 2005).

85) 해월은 여자 도인들을 위한 「내수도문(內修道文」에서 이렇게 말했다.
"어린 자식 치지 말고 울리지 마옵소서. 어린아이도 하날님을 모셨으니 아이 치는 게 곧 하날님을 치는 것이오니 천리를 모르고 일행 아이를 치지 말고 부디 집안에 큰 소리 내지 말고 화순하기만을 힘쓰옵소서." 라 했다. 이어 "집에 숨물이나 아무 물이든 땅에 불 때에 멀리 뿌리지 말며, 가래침을 멀리 뱉지 말며, ...(중략)침을 멀리 뱉고 코를 멀리 풀고 물을 멀리 뿌리면 곧 천지 부모님 얼굴에 뱉난 거시니 부디 그리 알고 조심하옵소서."라며 당부 했다.

수운은 13자 주문(呪文)에서 "시천주(侍天主) 조화정(造化定) 영세불망(永世不忘) 만사지(萬事知)"[86]라 했다. 여기서는 '모심'(侍)-'자리잡음'(定)- '앎'(知), 즉 '시정지'(侍定知)가 그 열쇠 말에 해당된다. 여기 '시'(侍)는 내가 천주 쪽으로 가는 것이고, '정'(定)은 천주가 내 쪽으로 오는 것이며, '지'(知)는 양자의 만남을 통한 깨침이라 할 수 있다. 이 때 깨침은 '내가 곧 하늘'이라는 것을 아는 것이다.

'조화정'(造化定)은 우주적 관계망이 내 안에 들어와 자리잡음(定)을 의미한다. 동학은 '천지인'(天地人)의 일체화로서 경천(敬天)-경인(敬人)-경물(敬物)을 똑같이 중시한다. 내가 천주를 향해 가는 길과 천주가 나를 향해 오는 길이 하나로 뚫려 아무 막힘이 없는 상태를 '지'(知)라 한다. 이런 지(知)의 길에 이르면 '끝없는 큰 길'(無極大道)이 열린다. 결국 '시정지'(侍定知)는 구체적인 삶 속에서 사람이 곧 하늘이 되는 과정인 것이다.

수운은 '시천주'의 도덕적 실천 요체는 '수심정기'(修心/守心正氣)[87]에 있다고 했다. 최민자(2005)는 '수심정기'란 "우주적 본성의 자리를 지키는 것인 동시에 우주 '한 생명'에 대한 자각적 실천의 나타남"이라 했다. 수운은 "인의예지는 옛 성인이 가르친 바요, '수심정기'는 오직 내가 다시 정한 것"이라 했다. 해월은 '수심정기'(守心正氣)하는 방법으로 '효(孝)·제(悌)·온(溫)·공(恭)을 든 후, "이 마음 보호하기를 갓난아이 보호하는

86) 여기 "시천주'(侍天主)는 내 몸에 모셔져 계시는 한울님을 말한다. '조화정'(造化定)은 한울님 덕에 합하여 이 몸을 선천의 이치와 기운으로 낳아 주시고 한울님 마음에 부쳐 이 마음을 후천의 이치와 기운으로 주신 은덕이다. '영세불망'(永世不忘)은 그 은덕을 평생 잊지 않는다는 것이고, '만사지'(萬事知)는 천도(天道)의 무궁한 이치를 모두 알게 된다는 것이다(한태원. **한울님이 개벽하시니 내 삶도 개벽하라**. 서울: 도서출판 모시는 사람들, 2003).

87) 『東經大全』, 「修德文」에는 "仁義禮智 先聖之所敎 修心正氣 唯我之更定"이라 했으나, 『天道敎經典』 300쪽에는 "若非守心正氣則 仁義禮智之道 難易實踐也"라 했다.

것과 같이 하며, 늘 조용하여 성내는 마음이 일어나지 않게 하고 늘 깨어 혼미한 마음이 없게 함이 옳으니라."고 일렀다.

수운은 '수심정기'(守心正氣)를 '성경'(誠敬) 두 자로 압축하여"성경(誠敬) 두 자 지켜내어 차차로 닦아내면 무극대도(無極大道)아닐런가"라 했다. 수운은 '수심정기'의 내면화에서 '성경'(誠敬)의 자각적 실천을 무엇보다 중시했다. 포덕 4년(1863) 4월에 영덕에서 제자 강수가 용담정에 찾아와 수도의 절차를 물으니, 그 때 좌우명으로 준 「좌잠(座箴)」에서 말하기를 "우리 도는 넓고도 간략하니 많은 말을 할 것이 아니라, 별다른 도리가 없고 성(誠)·경(敬)·신(信) 석자이니라."(吾道博而約 不用多言義別無他道理 誠敬信三字) 했다.

처음에는 '수심정기'의 실천직 요제로 '誠敬' 2사를 발했다가 여기 「좌잠」에서는 '誠敬信' 3자를 내세웠다. '誠敬信' 3자에서 '誠敬'은 유학의 가르침에서 핵심을 이루는 것이고 '信'은 불학의 가르침에서 가져온 것이 아닌가 싶다. 불학에서 '신해행증'(信解行證)이라 해서, 모든 중생이 부처라는 불퇴전의 믿음(信)을 무엇보다 강조하고 있다. 일반적으로 이해(解)를 바탕으로 믿음(信)이 따르는 것으로 보지만, 불학에서는 내가 곧 부처라는 불퇴전의 믿음을 그 체(體)로 해서 앎과 행함이 입증되는 것으로 본다.

동학은 기실 서학과 다르지 않다는 죄목을 씌어 조선왕조는 1864년 3월 10일(양력 4월 15일) 대구 남문 앞 관덕당(觀德堂) 뜰에서 수운 최제우를 참형하였다. 그 죄목으로 "동학은 서양의 요사한 가르침을 그대로 옮겨 이름만 바꾼데 지나지 않는다. 세상을 헷갈리게 하고 어지럽혔으니 속히 엄벌을 내리지 않으면 나라 법을 세울 수가 없다."면서 처결하였다. 수운에게 내린 이 죄목은 참으로 어처구니없는 것이다. 후에 동학 도인들이 충청감사에게 올린 「의송단자」에는 이렇게 적고 있다.

> 대저 우리 동학이란 도(道)는 유불선(儒佛仙) 세 가지 가르침을 담고 있다. 유도인즉 유정유일(惟精唯一: 본심의 바른 자리를 한결같이 지킨다)하게 환히 깨닫도록 하는 데 있으며, 불도인즉 정진일념(精進一念)하여 황연(晃然)한 경지에 이르러 문득 깨달아 마음을 다스리는 도로서 대동소이하다. 선도(仙道) 역시 불도의 기화지도(氣化之道)로 수련 양생하여 고요히 습득하여 참됨을 지키려는 데 있다. 이 셋을 합쳐 하나로 만들었으며 장점은 취하고 폐단이 되는 것은 버렸다(표영삼, 2005).

동학은 유불도(儒佛道) 삼교를 통합해서 아울렀다. 위의 「의송단자」에서도 "이 셋(즉, 유불선)을 합쳐 하나로 만들었으며, 장점은 취하고 폐단이 되는 것은 버렸다."고 분명히 밝히고 있다. 말하자면, 삼교(三敎)를 온고지신(溫故知新)으로 삼아 계승한 것이다. 동학에 대한 이런 인식의 근저에는 빛과 그늘이 함께한다. 윤석산(2004)[88]은 동학에 대한 긍정과 부정적 인식을 이렇게 말한다.

> 동학이 오랫동안 우리의 사상계를 관류해 온 유교나 불교, 도교 등 우리의 다양한 종교사상을 융합(融合)·회통(會通)하는 과정을 거쳐, 기존의 종교사상을 뛰어 넘는 사상으로 등장하였다는 긍정적인 면이 있는가 하면, 동학은 유교나 불교·도교 심지어는 기독교나 무속 등의 여러 종교가 지닌 장점을 종합한 종교라는, 동학의 사상적 독창성을 의심하게 하는, 매우 부정적인 면 또한 내포하고 있다(윤석산, 2004, p.192).

---

88) 윤석산 (2004). **동학교조 수운 최제우**. 서울: 도서출판 모시는 사람들.

동학의 최초 역사 기술서인 『도원기서(道源記書)』에 "이 도(道)는 유 · 불 · 선(儒彿仙) 삼도(三道)를 겸출(兼出)한 것"이라 했다. 여기 '겸출'(兼出)은 본질적으로 이런 면 저런 면 모두를 아울러 지니고 세상에 나왔다는 게다. 그래서 윤석산은 이것은 '합일'(合一)과는 근본적으로 다르다고 했다. 이돈화(李敦化)도 『천도교창건사(天道敎創建史)』(1933)에서 "오도(吾道)는 원래 유(儒)도 아니며 불(佛)도 아니며 선(仙)도 아니며, 오직 유불선(儒彿仙)을 모두 포괄하는 천도(天道)이다."고 했다. 수운 자신도 『동경대전』에서 "나의 도는 지금도 예도 듣지도 못하고, 지금이나 예도 비교할 수 없는 것"이라 해서 종교적 독창성을 강조하고 있다.

송호근(2013)[89]은 지금까지 사대부와 향반의 전유물이었던 천(天)을 동학에서 인민의 소유로 끌어내린 것 자체가 조선역사에서 '종교개혁'과 같은 것이라고 평가한다. 그는 마르틴 루터의 실존적 회심(悔心)에서 시작된 유럽의 종교개혁과 최제우의 고행(苦行)에서 발아한 동학 간에는 놀랍도록 유사한 상동구조가 놓여 있다고 본다. 그러나 동학에 의한 조선 초유의 종교개혁은 뼈아픈 고난의 역사로 남겨진다.

동학에서 말하는 '천주'(天主) 혹은 '천도'(天道)의 '천'(天)은 '한울님'이다. '한울님'은 내 몸 안에 모셔져 있으며, 동시에 이 우주에 편만(遍滿)해 있다. 해월 선생은 이 '한울님'을 '천지부모'(天地父母)라고 불렀다. 김경제(1974)는 「최수운의 신관(神觀)」에서 이렇게 말한다.

> 동학의 하울님 신관(神觀)은 신이 초월적 공간에 존재한다고 믿어 왔던 종래의 초월적 유일신(唯一神; monotheism)신관과 신이 만물 속에 내재한다고 생각하고 있던 내재적 범신(汎神; pantheism)관을 동시에

89) 송호근 (2013). 시민의 탄생. 서울: 민음사.

극복한 것이다. 이러한 신관은 매우 초현대적인 것으로 '범재신(汎在神; panentheism)관'이라고도 부른다(김경재, 1974, **한국사상**. 제12집).

그래서 윤석산(2004)은 동학의 '한울님'은 초월적이면서 동시에 내재적이고, 인격적이면서 모든 존재의 근원이라는 반대일치의 묘합(妙合)을 보이고 있다고 했다. 나아가 '한울님'은 무궁한 절대자이자 만물을 화생(化生)하는 조화(造化)의 주재자이면서, 아직 인간의 역사창조에 뜻을 다 이루지 못하고 계속 인간을 통하여 새로운 창조와 진화를 거듭하고 있는 신이기도 하다.

동학을 창도한 수운을 사도난정률(邪道亂政律)의 죄목으로 처형한 후, 정부는 동학을 서학과 동일시하여 계속 처형하거나 유배를 보냈다. 동학에 대한 가혹한 탄압은 1890년대에 접어들며 더욱 두드러졌다. 이 때 동학지도부에서 '교조신원운동'(敎祖伸寃運動)을 펼쳐 정부로 하여금 동학을 받아들이게 하는 과감한 청원운동을 펼쳤다. 이것은 이단으로 처형된 수운의 죄를 사면하여, 조선왕조가 동학을 불교나 기독교나 다른 도학처럼 자유롭게 활동할 수 있게 해달라는 청원운동이다. 교조신원운동의 첫 작품인 「입의통문(立義通文)」에서 이렇게 적고 있다.

> 우리 동방은 수천 년에 이른 후에 천하문명의 운이 우리나라에 모두 돌아와 성도(聖道)로써 세상을 크게 밝히게 되었으나, 세상은 말세의 풍습에 떨어져 대도는 사라지고 말았다. 다행히 천운이 순환하며 갔다 돌아오지 않음이 없는 이치로 우리 수운 선생께서 동방에 태어나 한울님으로부터 통합 삼도(즉, 儒佛仙 三道)의 심법을 받아 갈고 쪼고(磨而琢之) 닦아 단련하여 세상에 전해 포덕천하(布德天下)하려 하였다. 불행히도 갑자년 봄에 사도(邪道)로 모함 받아 뜻밖에

> 화를 당하게 되었으니 천명인가, 시운인가. 아! 슬프고 어찌 분통치 않으며 어찌 망극치 않으랴(표영삼, 2005).

당시 교조신원운동의 명분으로 내세운 것은 먼저 동학도는 이단이 아니라는 것을 강조하고, 이어 일본과 청국을 비롯한 외세의 침략성을 폭로하여 '보국안민'(輔國安民)을 내세웠다. 위의 「입의통문」에 이어 천여 명의 동학도 들은 임진년(1892) 10월 21일경에 충청감사에게 교조신원을 위한 「의송단자(議送單子)」를 올렸다. 이 단자에는 교조신원 뿐만 아니라 반외세에 대응하는 동학의 사회화운동 의지를 강하게 비치고 있다.

> 지금 서양 오랑캐의 학이 우리나라에 들어와 뒤섞였으며, 왜놈 우두머리의 독수(毒手)가 다시 외진에서 날뛰니 도리에 벗어난 흉악한 짓이 임금님 수레 밑에서 일어나고 있다. 이래서 우리들은 절치부심(切齒腐心)하는 것이다. 지금 왜나라 상인들은 여러 항구를 통해 장사하여 얻은 이득을 독차지하고 있으며, 나라 안의 전곡(錢穀)은 탕갈(蕩竭)되어 백성들은 생계를 지탱하기 어렵게 되었다. ...(중략)저희들이 성심(誠心) 수도하면서 밤낮으로 한울님께 축원하는 것은 광제창생(廣濟蒼生)과 보국안민(輔國安民)의 대원(大願) 뿐이니 어찌 털끝만치라도 그릇된 이치가 있으랴(표영삼, 2005).

마침내 동학도들은 교조신원에서 한 발 더 나아가 광제창생과 '보국안민'(輔國安民)을 당당히 내 걸고 있다. '보국안민'은 잘못된 나라를 바로 잡아 백성을 편안케 하자는 게다. 교조신원운동의 전개과정에서 전봉준(全琫準; 1855-1895)은 전라도의 삼례교조신원운동 때(1892년 11월)부터 패기와 예리한 판단력을 발휘하여 동학 도인들의 주목을 받았다. 특히, 중앙정부를 상대로 펼친 광화문 복소 때는 척왜양(斥倭洋)운동으로 동학운동을 한 단계 끌어 올리는 데에 기여했다. 표영삼(2005)은 척왜양창의운동을 통해서 동학운동에 새로운 전기를 마련하게 된 의의를 다음 세 가지로 들고 있다.

그 첫째는 포조직(包組織)의 강화를 통해 동학도의 동원능력을 제고했다는 점이다. 둘째로 이 운동을 통해서 수행(修行)중심의 동학이 보국안민(輔國安民)을 위한 동학운동으로 전환하게 되었다는 점이다. 마지막으로, 동학의 척왜양창의(斥倭洋倡義)운동은 일반 대중들에게 '국권의식'(國權意識)을 불러일으키는 데에 선도적으로 기여한 점이다. 이 운동은 입헌군주제를 염두에 둔 민회(民會)운동으로 그 성격이 부각된 면이 있다. 이를테면 어윤중(魚允中; 1848-1896)은 고종에게 올린 장계(狀啓)에서 동학을 스스로 민당(民黨)으로 칭하면서 이렇게 적고 있다. "이 모임은 작은 병기도 휴대하지 않았으니 이는 곧 민회(民會)라고 하며, 일찍이 각국에도 민회가 있다고 들었는데 나라의 정책이나 법령이 국민에게 불편함이 있으면 회의를 열어 논의하여 결정하는 것이 근자의 사례인데…" 라 했다.

어윤중은 일찍이 장원급제하여 암행어사로 제수 받아 전라도 일대 민정을 살필 기회가 있었다. 이때 관원들의 부패상을 보고 고종에게 개혁안을 제출한 적도 있다. 그는 여러 벼슬을 거치면서 정치적 수완을 쌓은 한편, 일본의 명치유신과 중국의 개혁실정도 시찰한 후로 나름의 온건개혁 노선을 추구해 왔다. 그러나 그는 어떤 회유책을 써서라도 동학을 해산시키려는 목적을 위해 동학도반들에게 감언이설을 서슴지 않은 사람이었다.

이제 동학은 '보국안민창대의'(輔國安民倡大義) 깃발을 내걸고 "잘못된 나라를 바로잡아 이민(人民)의 삶을 안정시키는 데에 운동의 역량을 집결 시켰다. 동학은 모든 사람이 하늘처럼 대접 받는 세상을 여는 데에 본래 목적이 있었다. 그러나 이 '사인여천'(事人如天)의 이상은 먼저 '보국안민'(輔國安民)을 이루지 않고는 불가능하다는 걸 절감하게 된다. 보국안민의 창의를 내걸면서 그간 민요(民擾) 장두로 앞장섰던 전봉준은 1894년 2월 말경에 동도대장(東道大將)으로 추대된다.

이 무렵 보국안민을 위해 동학운동의 정체성을 어떻게 정립할 것인가에 대해 해월 최시형과 녹두 전봉준 간에 내면적 갈등을 보이지만 대세는 '척왜양창의' 쪽으로 기운다. 도올 김용옥은 『天命 · 開闢』 (1984)[90]에서 당시 상황을 (시나리오 대본으로) 이렇게 묘사하고 있다.

보은 횃불 시위에 해월이 등장하자 환호하는 군중들이 '**최보따리 민세**'를 외친다.

해월 : 수운선생께서 말씀하시는 개벽은 (역성)혁명으로 이루어지지 않습니다. 우리의 삶에 변화가 와야 되며, 우리의 생각이 새로워지지 않으면 안 됩니다. 지금 일시적 흥분에 끌려 폭력봉기를 일으킨다면, 그 후에 벌어지는 사태를 누가 과연 어떻게 감당할 수 있겠습니까?

전봉준 : (일어나 분노와 울분을 터트리며 해월을 향해) 선생의 비폭력은 민중의 현실을 외면한 관념의 사치올시다. 우리의 창의는 백성의 본능입니다.

전봉준이 이끈 황토현(黃土峴) 대첩(1894년 4월 7일), 장성 황룡촌(黃龍村) 대첩(같은 해4월 23일), 전주성 함락(4월 27일)이어지면서 청일전쟁이 발발하고 일본군이 동학군을 처참히 섬멸하기에 이른다.

---

90) 김용옥 (1984). **천명 · 개벽**. 서울: 통나무.

해월 : (강한 어조) 왜들 그걸 모르시오! 일본이 지금 조정을 점령하여 내정개혁을 강요하는 것이 바로 동학을 빙자하여 청국을 누르고 세계를 제패하는 제국의 꿈을 키우고 있다는 것을.... 지금 그들의 무기 앞에 우리가 당할 것 같소?

모두들 : (간청하는 빛으로) 굽어 살피십시오!

(홀로 자리를 뜨는 해월. 수운 영정이 걸려 있는 앞에 눈물을 흘리며 묵상에 잠기는 해월)

강수 : 흔들리지 마십시오. 기포하면 안 됩니다. 우리가 싸워온 것은 혁명이 아니라 개벽이 아닙니까?

해월 : (한참 있다가 눈물 흘리며 최후의 말을 연다) 천명(天命)이요! 기포(起包)하시요!

(장엄한 최후의 말, 다 죽을 것을 아는 슬픈 얼굴.)

공주 우금치 전투(1894년 10월 25일에서 11월 11일까지)에서 동학의 남북접 10만 대군이 살아남은 자 불과 5백여 명이었다. 전봉준은 그해 12월 2일 부하 김경천의 밀고로 순창 홍복산 피로리 주막집에서 체포되어 서울로 압송되었다. 이듬해 3월 29일 손화중, 최경선, 김덕영, 성두한과 함께 교수대에 올랐다. 전봉준은 죽기 직전에 마지막 소회로 즉흥시 〈운명〉(殞命)을 지어 남겼다.

時來天地皆同力

때가오니 하늘과 땅이 하나 되어 일어나더니

運去英雄不自謀

운이가니 영웅이라 한들 어찌해볼 도리 없다.

爲國丹忱誰有知

나라위한 이 붉은 마음, 그 누가 헤아리리오
絞臺虛作一孤魂
교수대 위에 헛되이 한 외로운 넋이 될 뿐이런가!

이때 전봉준의 나이 마흔한 살이었다.

송호근은 『시민의 탄생』(2013)에서 이렇게 말한다.

> 개인적 권리의식이 아직은 미숙하다 하더라도 종교적 자유를 갈망하는 자각인민이 각 지역을 연계하는 종교조직을 가동하여 국가권력에 대항하는 자율적 공간을 만들어 냈다는 사실은 '사회'라는 낯선 개념이 아직 출현하지 않았던 조선에서 동학농민 전쟁이 사회 개념의 기대지평을 열었다고 평가할 수 있는 근거다. 동학농민 전쟁이 말안장 시대를 마감하고 근대로의 이행을 앞당겼다는 적극적 평가를 내릴 수 있는 소이도 여기에 있다. 동학 농민군이뿌린 농민자치 조직의 씨앗은 1년도 채 지나지 않아 도시지역으로 전이됐다. 근대시민사회의 징표인 '자발적 결사체'(voluntary association)가 전국적으로 출현하기 시작한 것이다(송근호, 2013, p.153).

2.

이쯤에서 우리는 동학의 한국종교사적 나아가 사상사적 함의를 짚어보고, 분단시대를 극복해야할 동학의 역사적 함의까지 성찰해 보아야 한다. 최종성은 『동학의 테오프락시』(2009)에서 한국종교사의 흐름

속에서 동학은 '무속(무교)–불교–유교–서학(가톨릭)–동학–개신교'라는 시간궤적을 따라 한국의 종교문화에 중요한 파장을 남겼을 뿐만 아니라, 점차 한국종교문화의 심층에 자리 잡게 되었다고 평가한다. 그는 한국종교사의 흐름에서 '무속–불교', '불교–유교', 유교–서학', '서학–동학', '동학–개신교'의 짝패는 한국종교사의 맥락 이해를 위해서만이 아니라, 동학의 역사적 맥락을 이해하는 데에도 중요한 단서가 된다고 본다. 동학은 '서학–동학–개신교'라는 틈바구니에서 단지 두 거물에 치인 게 아니라, 그 사이에서 동학이 우리에게 던져준 파장과 울림은 과연 무엇이었는가에 주목해 볼 필요가 있다는 것이다. 최종성은 '서학–동학', 그에 이어지는 '동학–개신교' 관계양상의 추이를 이렇게 설명한다.

> '서학–동학'의 관계는 서양의 영성과 동양의 영성 사이의 긴장 상황을 잘 드러내준다. 두 종교문화는 당시에 사회의 주류세력은 아니었지만, 절대자에 대한 이해와 실천에서 상호긴장관계를 보여주었다. '동학–개신교'의 관계는 개신교의 선교로 형성된 종교자유의 환경에서 문명/비문명, 종교/미신, 근대/전근대 등의 틀이 서구종교와 한국의 신종교를 이분화하던 상황에서 비롯되었다. 동학을 비롯한 한국의 전통종교에 있어 서양의 종교는 배척의 대상이기보다는 근대적인 틀에 잘 적응하기 위해 따라야 할 모델로 간주되었다. 개신교 이후의 한국종교사는 종교다원주의가 인정되는 다종교상황으로 전개되고 있다 (최종성, 2009, p.27).

동학은 19세기말 왕권사회의 질서가 붕괴되는 과정에서 새로운 종교적 영성(spirituality) 운동을 창도했다. 여기 서양의 영성은 기독교의 하느님이고, 동학의 영성은 '시천주'(侍天主)의 한울님을 내 몸속에 모시는 것이다. 동학의 창도(1860) 후에 1885년에 주로 미국을 통해 도래한 개신교는 우리에게 근대서구문명의 수용 통로를 열어주었다. 서양의 근대적 기술문명 수용과 더불어 개신교는 우리에게 근대적인 틀에 적응하기 위해 따라야할 모델로 간주되었다. 그에 따라 우리나라의 종교적 양상은 종교다원성을 인정하는 가운데 역동적인 세력변동을 초래하게 된다. 이런 상황에서 19세기의 동학은 서학의 충격에 대응하는 영성적 정체성 정립에 고민하였다면, 20세기의 동학은 개신교가 몰고 온 서구문화의 충격에 부응하면서 근대적인 자기 정체성 정립을 위해 고민하지 않을 수 없었다.

이런 격변의 과정에서 동학은 초기에는 서학에 대응하는 동도(東道)를 표방하면서도 유불선(儒佛仙)을 아우르는 전통사상의 창조적 통합뿐만 아니라, 후기에는 서학의 사상마저도 비판적으로 포용하는 회통의 광폭을 유지하지 않을 수 없었다. 최종성(2009)은 19세기 한국종교사의 흐름 속에서 동학이 지니고 있는 종교사적 함의를 그 광폭에서 뿐만 아니라, 그 충격의 깊이에서도 주목할 필요가 있다고 했다. 초기의 동학도들은 수운이 제시한 '시천주'의 영성에 열광하였다. '시천주'(侍天主)는 초월적인 한울님을 위하고 모시라는 당위성을 강조함과 동시에 내재적인 한울님을 내 몸속에 모시는 존재성도 함께 강조한다.

그러나 후대로 내려올수록 초월성보다는 내재성이 강조되고 천주를 내 속에 모시는 인간의 존엄성이 더욱 강조된다. 해월에 이르러 '사인여천'(事人如天)의 인간중심적 영성은 마침내 사람이 곧 하늘이라는 '인내천'(人乃天)사상으로 고통 받는 민중을 사로잡게 된다. 인간에게 모심을 받는 한울님보다 그 한울님을 내 속에 모시는 내면적 주체가 강조되면서, 전근대의 질곡에서 근대를 향한 인간해방의 꿈이 살아나기 시작한 게다. 동학사에서 수운이 '시천주'의 신학을 창도했다면, 해월은 '인내천'의 인간학을 정립했다. 그래서 최종성(2009)은 19세기 동학이 신의 초월성과 내재성, 신의 인격성과 자연성, 신 중심성과 인간 중심성 등의 상호교차와 전환을 이룰 때마다 동학의 폭과 깊이가 더해 간 것으로 평가한다.

수운이 서학의 사도(邪道)로 몰려 처형된 이후 해월은 '최 보따리'라는 별명을 얻을 정도로 관의 지목을 피해가면서 떠돌이 생활을 해야만 했다. 1890년 12월 초 어느 날 충주 접주 신재련은 푸념처럼 해월에게 "다리를 펴고 동학할 세상이 오기는 합니까?"라고 물었다. 해월은 잠시 생각에 잠긴 듯하다가 "모든 산이 검게 변하고 모든 길에 비단이 깔리고 만국과 더불어 통상할 때를 기다리면 된다."고 하였다. 그리고 "내가 한 이 말은 백년 뒤에 가면 저절로 알게 되리라."고 했단다. 그 후 어떤 이가 "그 때를 알리는 어떤 징조는 없습니까?"라며 물었다. 그러자 "우리 땅에 들어왔던 만국병마가 스스로 물러가는 징조가 있을 것"이라고 하였다. 해월이 말하는 '그 때'가 필자가 보기에는 바로 '개벽의 세상'이다.

해월은 개벽의 세상을 동학이 주도적으로 열어 갈 수밖에 없다는 확고한 신념을 가지고 있었던 게다. 해월의 말에 대해 표영삼 선생은 이런 평가를 내린다.

> 1970년대에 들어서면서 산에 나무가 자라고 길에 아스팔트가 깔리기 시작하면서 생각이 달라졌다. 그러나 동서간의 냉전으로 높은 장벽이 언제 풀려 통상할 때가 오겠는가 하며 여전히 믿으려 하지 않았다. 그런데 해월이 말한 대로 100년이 되던 1991년에 이르자 이 말은 신통하게 받아들이게 되었다. 모든 산은 검게 변했고 모든 길에는 아스팔트가 깔렸고 대한민국의 통상은 세계도처로 뻗어 나갔다. 이제 동학한다고 탄압하는 세력도 없다. 오히려 동학에 대한 관심이 늘어가는 추세를 보이고 있다. ...(중략)해월은 미래의 대안이 동학이라는 신념을 가지고 있었다. 당시 낡은 세력으로부터 탄압을 받고 있었지만 100년쯤

지나면 낡은 세력은 물러가고 동학의 참모습이 재평가 받게 될 것이라는 신념에서 이같이 단언한 것으로 본다(표영삼, 2005, p.178).

그러나 이런 평가는 반은 수긍이 가지만, 절반은 틀렸다. 어째서인가? 아직도 분단의 벽이 가로놓여 있기 때문이다. 우선 북한은 지금도 민둥산이 많고 비포장도로가 많다. 하지만 이런 것은 시간이 지나면 해결된다. 문제는 분단 상황이 언제쯤 마금되고 평화통일의 날을 맞이할 수 있는가 이다. 그 날이 곧 개벽의 날이다. '후천개벽'은 선천(先天)의 시대는 가고 새로 개벽(開闢)의 세상이 열리는 때이다. 우리에게 새로 개벽의 세상은 언제 어떻게 열리는가? 필자는 새로 개벽의 세상을 종교사적 측면과 문명사적 측면에서 그 함의를 밝히고자 한다.

종교사적 측면에서 동학이 말하는 새로 개벽의 세상은 당대를 사는 한 사람 한 사람이 '시천주'(侍天主)의 삶을 체화(體化)하는 데서 가능하다. 그것은 한울님을 내 몸속에 모시고(內有神靈), 우주의 기운과 하나로 어우러지는 삶(外有氣化)이다. 그래서 사람이 곧 하늘이고(人是天)이고, 천지인(天地人) 삼위가 일체이다. 이것은 유학에서 말하는 '성경'(誠敬)의 삶이고, 불학에서 말하는 '신해행증'(信解行證)의 삶이기도 하다. 그리고 노자에게는 '무위자연'(無爲自然)의 삶이고, 예수에게는 메타노이아(Metanoia; 의식변혁/회개)의 삶이다. 동학에 의하면, 내 삶의 개벽이 곧 후천개벽 세상의 원천이자 가능성이다.

사실 종교사적 측면에서 보면, 초기 동학은 유불선(儒彿仙) 삼교를 통합적으로 아우를 뿐만 아니라, 후기 동학은 기독교까지도 비판적으로 수용함으로서 종교다원주의(syncretism)를 지향했다. 이것은 고래로 우리나라 종교문화의 두드러진 특징이기도 하다. 삼국시대 이래로 풍류도(風流道)가 그랬고, 화랑도(花郎道)가 그랬다. 불교의 분파적 담론을 회통(會通)하는 원효의 화쟁(和諍)철학도 같은 맥락에서 이해할 수 있다. 도올 김용옥(2014)[91]은 우리의 교육은 유 · 불 · 도의 다양한 이념을 배타 없이 수용하는 '풍류'(風流)라는 현묘한 도(道)로 복귀하는 영원한 테제를 지니고 있다고 했다. 여기 풍류(風流)의 '바람'(風)은 '신성'(神聖: divinity)을 의미하며, '흐름'(流)은 실체적 정체성을 거부하는 역동적 균형이다. 그에게 교육은 인간의 현묘한 신성(神性)을 끊임없이 계발하는, 역동적 조화를 지향하는 몸의 흐름이다. 이 때 교육은 심층적으로 종교와 다르지 않다.

문명사적 측면에서 동학의 새로 개벽은 한반도의 평화통일과 깊이 연관된다. 역사를 거슬러 올라가 보면, 오늘의 분단 상황을 초래한 직접적인 원인은 1894년 동학농민혁명의 실패에 기인한다. 동학농민들이 전라도를 중심으로 봉기하자, 자체의 힘으로 동학농민군을 제압할 능력을 갖추지 못한 고종은 청국의 힘을 빌려 동학군을 물리치고자 했다. 어느 나라 국왕이 자기 백성이 민란을 일으킨다고, 이를 제압하기위해 외국군대를 불러들이고자 했던가? 그것은 곧 망국을 자초하는 자멸책인 것을 정녕 몰랐단 말인가. 청국이 조선에 파병을 하자 호시탐탐 조선을 발판으로 내륙진출을 꿈꾸던 일본이 그냥 있을 리가 없었다. 말하자면 일본의 조선침략 빌미를 스스로 제공한 꼴이 되었다.

동학농민군은 일본군의 장총 앞에 처참히 섬멸되었다. 우리의 10만 농민군 중에 살아남은 자가 불과 5백여명 정도였다니 얼마나 비참하게 참패한 전쟁이었던가. 동학농민군의 섬멸은 조선왕조의 비극적 종말을 불러왔다. 그로부터 을사늑약을 거쳐 1910년부터 우리는 일제식민통치의 지배를 받게 된다. 즉, 동학농민혁명 전쟁에서의 패전은 곧 국권상실로

91) 김용옥 (2014). **도올의 교육입국론**. 서울: 통나무.

이어졌다. 물론 일본의 조선식민통치는 당시 미국 극동정책의 묵시적 지원을 받는 가운데 국제사회에서 그 정당성이 수용되었다. 1945년 미국, 소련, 영국을 중심으로 한 연합군이 승리함에 따라, 일본은 무조건 항복하고 식민통치 시대는 그 막을 내렸다. 그러나 1945년 8월 15일은 우리에게 '민족해방의 날'이 아니라 '민족분단의 날'이 되고 말았다. 김낙중[92] 선생은 『인류 문명사의 전환을 위하여』(2013)에서 이렇게 말한다.

> 그러나 일본제국으로부터의 해방이 '조선의 독립'으로 연결될 것을 기대했던 우리 선배들의 믿음은 배신당하고 말았다. 일본군의 무장해제를 명분으로 38선의 남과 북을 분할 진주한 미군과 소련군은 "노예상태의 조선인민"에게 민족적 독립국가 대신에, 각기 자국의 국익에 맞는 두 개의 분단국가를 수립하고, 저마다의 무기를 뒤대주며, 세계적 패권추구의 방편으로 삼고 말았기 때문이다. 그래서 우리 민족은 처참한 민족상잔의 전쟁(6.25)을 치렀고, 지금까지도 적대적 분단 상태는 계속되고 있다. 지난 세월을 되돌아보면, 1945년의 8 · 15는 결코 '민족해방의 날'이 아니라, 그날은 분명히 미 · 소에 의한 '민족분단의 날'이 되고 만 것이 아닌가(김낙중, 2013, pp.83-83).

그렇다. 8 · 15는 우리에게 민족해방의 날이 아니라 '민족분단의 날'이 되고 말았다. 2차 대전의 같은 패전국임에도 독일은 동 · 서독으로 분할되었으나, 패전국 일본은 그냥 두고 왜 한반도가 남 · 북으로 분단되어야

---

92) 1931년 경기 파주에서 출생한 김낙중(金洛中) 선생은 82세에 당신의 유언처럼 『인류 문명사의 전환을 위하여』(2013)라는 책을 남겼다. 선생은 6.25전쟁 직후부터 '전쟁반대 평화통일'을 외치며 행동하는 지식인으로 살아 왔다. 그는 북측에서 한 번, 남측에서 네 번 "너는 죽여 없애야 할 간첩"의 누명을 평생 걸머지고 살아온 사람이다. 선생은 "이 책은 세상에 남기는 나의 '유서'입니다."고 했다.

했는가? 통탄할 일이다. 내부적으로 자주독립을 쟁취할만한 역량의 결집이 일차적으로 아쉽기는 했으나, 근원적으로 남북분단은 당시 미·소 두강대국 패권다툼의 산물이다. 해서 김낙중 선생은 확신에 찬 말로 이렇게 이어간다.

> 인류역사에는 어떤 국가도 자국의 이익을 최우선하는 것이지, 약소민족, 피억압민족의 해방을 위해 자기들의 이익을 희생하여 자선을 베푸는 '자선국가'는 없다는 것을 분명히 인식해야만 한다. 오랜 역사 속에서 잘못 길들여진 우리는 지난날 가졌던 외세 의존적 심리를 철저히 회개 반성하고, 스스로 자신들의 사적 또는 정파적 이익을 초월하고, 우리 민족 내부의 지역적·계층적 차이를 넘어, 민족 통합의 길을 열심히 찾아야만 한다.
>
> 그러자면 우리는 우선 8·15를 해방이라고 호칭하는 일부터 고쳐야 한다. 1945년 8·15는 '해방의 날'이 아니라, 분명히 미·소에 의한 '남북분단의 날'이고, 또 친미 우익과 친소 좌익에 의한 '민족분열의 날'이었기 때문이다. 우리는 이제 8·15를 '분단의 날', '분열의 날'로 재인식하는 데서 출발해야만, 우리 민족이 참으로 통일 독립된 민족국가를 이룩하는 평화통일의 길을 열어 갈 수 있을 것임을 확신한다(김낙중, 위의 책, p.86).

잘못된 역사에 대한 통절한 반성 없이 결코 역사는 바로 서지 않는다. 평화통일은 '대박'처럼 갑자기 어디서 뚝 떨어지는 게 아니다. 역사의 교훈을 뼈저리게 내면화한 개인과 민족이라야 실패의 역사를 되풀이하지 않는다. 그래서 함석헌 선생은 생각하는 백성이라야 산다고 했다. 진정 얼빠진 민족이 아니라면 8·15는 '해방의 날'이 아니라 '분단의 날'임을 똑 바로 인식해야만 한다. 그런 인식의 연장에서 통일의 길은 열린다.

그 길이 열리는 날이 우리에게는 개벽의 세상이다.

동학은 종교적으로 동양의 유불선과 지중해의 기독교까지 회통하는 한민족의 민족종교이자, 문명사적으로는 인도문화, 중국문화, 지중해 문화를 모두 흡수 통합함으로써 한반도에서 개벽의 세상을 여는 길잡이다. 김낙중 선생은 "우리가 21세기에 이룩해야 할 민족통일은 지구촌의 모든 사람들, 아니 모든 생명들이 평화롭게 함께 더불어 사는 새 세상을 만드는 세계사적 사명을 다하는 일과 직결된 과제"라 했다. 그 과제가 곧 동학이 말하는 개벽의 세상이다.

김상봉(2014)[93]교수는 '20세기 한국철학계의 좌표계'를 설정하는 발제에서 한국철학 좌표계의 원점은 동학이라 했다. 그는 20세기 한국철학의 시원으로 동학에 주목하면서 그 시원으로부터 수직과 수평으로 좌표축이 뻗어 나오는 과정으로서 한국철학을 담론화한다. 김상봉은 이렇게 말한다.

> 이런 관점에서 볼 때, 한국의 역사에서 참된 의미의 철학이 출현한 것은 동학이 처음이라 해야 할 것이다. 왜냐하면 그 이전까지는 누구도 감히 자기 스스로 세계를 기투한다고 자부하지 못했기 때문이다. 그 이전까지 한국인들에게는 스스로 세계를 설계하고 기투하는 것 자체가 허락되지 않았다고 말할 수도 있지만, 그것을 아예 시도하지 않았다는 것이 더 정확한 진단일 것이다. 대신 우리 조상들은 오랫동안 중국인들의 세계관을 자신의 세계관으로 받아들이고 그 속에 안주해 왔다. 이런 의미에서 동학이 등장하기 이전까지 이 땅에 철학자들은 많이 있었으나,

93) 김상봉 (2014). "20세기 한국철학의 좌표계: '우리철학 어떻게 할 것인가'라는 물음에 대한 대답". **우리철학 어떻게 할 것인가? -수입철학과 훈고학을 넘어서-** . 대동철학회, 조선대학교인문학연구원, 2014.05.24.

> 철학은 없었다고 말해도 틀린 말은 아닐 것이다.
>
> 동학은 그렇게 오랫동안 한국인들이 안주해 왔던 중국 중심의 세계가 붕괴하면서 등장한 철학이다. 그 상황에서 당시의 한국인들이 만약 새로운 세계 질서 속에 편입되어 어떤 식으로든 자리를 잡을 수 있었더라면, 동학 같은 주체적 철학이 등장할 여지는 훨씬 적었을 것이다(김상봉, 2014, p.68).

그에게 철학함은 주체적인(새로운) 세계관의 정립이다. 그는 19세기 중국 중심의 세계가 붕괴되는 과정에서 서구문명의 질서 속에 쉽게 편입되지 못한 절박한 상황에서 오히려 '동학'이라는 주체적 철학이 등장한 것에 주목하고 있다. 이 대목에서 필자는 생성이 극복이요, 극복이 생성이라는 조동일의 '생극론' 철학을 떠올린다. 21세기 문명사의 개벽이 한반도의 평화통일은 물론, 동학에 시원한 한국철학 담론이 세계적 보편성에 연관되게 해야 한다. 이것은 동학에 의한 오리엔탈리즘의 극복이자, 지구지역학(Glocalogy)[94]의 정립 가능성이다.

종교사적 측면에서 동학의 깊이는 각자가 '시천주'(侍天主)의 삶을 체현하는 데서 드러나고, 문명사적 측면에서 동학의 넓이는 한반도의 평화통일과 그에 기반 한 글로컬리즘(glocalism)의 정립이다. 필자가 보기에 인류역사상 동학을 능가하는 인간존엄사상이 따로 없다. 21세기 진정한 휴머니즘의 개벽이 내 삶의 개벽을 통해 한반도에서 새로 열리는 날을 고대한다.

---

94) 백영서는 globalism과 localism의 합성어로 '지구적으로 생각하고 지역적으로 행동하는 것'을 강조하는 '지구지역주의'(glocalism)라는 조어를 사용했는데, 그는 글로컬리즘에 입각해서 수행하는 학문을 글로컬로지(Glocalogy)로 명명하였다.(백영서. **사회인문학의 길**. 서울: 창비, 2014)

제 3부
에세이

교육만이 희망, 그리고 통일
자리행(自利行)과 서로 주체성철학
5월 광주를 다녀와서: 철학학회 참관기
『장자(莊子)』의 장애인관과 오늘의 장애인운동
『공부하는 삶』
『공자 · 노자 · 석가』
교수 참회록
정년에 연구실 책 빼기
종교적 무정부주의자
영혼불멸과 교육가능성

교육만이 희망, 그리고 통일

지금은 우리 모두가 자신을 되돌아 봐야 할 때다. 특히, 기득권층의 '갑'은 고통 받는 '을'을 향해 참회를 통절히 실천할 때다. 되돌아봄의 성찰 없이는 개인은 물론 나라의 정체성이 바로 설 수 없다. '인격개조' 없는 '국가개조'는 허구다. 함석헌 선생은 "생각하는 백성이라야 산다." 고 했다. 나라의 근본을 바로 세움은 교육의 본질을 복원하는 데서 그 단초를 잡아가야 한다. 더디더라도 그 길 뿐이라는 생각이 든다.

생각이 깨친 민주시민이 길러져야 민주주의가 바로 선다. 그런 시민을 길러내는 근원적이고도 본질적인 책무는 교육에 있다. 듀이(J. Dewey)는 "교실은 민주주의 실험실"이라 했다. 뭔 말인가? 교실에서 교과(혹은 교육과정)를 교육의 본래 목적에 맞게 운영할 때에 민주주의가 튼실하게 유지되는 원칙과 정신이 학생들의 몸에 베이게 된다는 게다. 그래서 공교육은 민주주의의 실험실이자 산실이다.

오늘날 한국사회가 당면한 적폐의 뿌리는 공교육이 교육다움의 본질에서 한참 어긋나 있기 때문이다. 물론 현상적으로 드러난 모든 사회 병리 문제를 공교육의 잘못으로만 떠넘길 수는 없다. 정치의 잘못은 일차적으로 정치인에게 있고, 경제의 모순은 일차적으로 경제를 좌지우지하는 당사자들에게 묻지 않을 수 없다. 하지만 정치인의 정치의식, 경제인의 경제의식도 근원적으로 따져들면 그들의 교육적 산물이다. 물론 여기서 '교육적'이랄 때의 교육에는 학교 밖의 광범위한 영향도 두루 포함된다. 세월호 참사에서 드러난 인간존엄과 생명의 참사는 당대 우리사회의 물성화(物性化)된 인간성을 단적으로 반영하고 있다. 우리사회에 '세월호'

는 도처에 깔려 있고, 그 선장의 마음씨는 우리들 모두의 마음속에 도사리고 있다. 부끄럽지만, '세월호'는 곧 '한국호'의 그늘진 현실이다.

동아시아 사상은 근본(體)이 지말(用)에 꺼둘리는 것을 극히 경계했다. 해서 노자는 도(道)의 본체를 중시하면서 숭본식말(崇本息末)을 말했고, 근본으로 되돌아감이 도(道)의 움직임(즉, 反者 道之動)이라 했다. 오늘날 교육병폐의 뿌리는 교육의 '본말전도'(本末顚倒)에 있다. 몸통이 몸짓에 현혹되지 말게 해야 한다. 점수는 교육을 수행한 결과로서의 한 방편적인 평가지표이지 그 자체가 본래목적은 아니다.

하지만 우리사회에서 '점수=학벌'이 강고한 연결고리를 형성한 나머지, 그 학벌이 한국사회의 현대판 신분제로 똬리를 트는 동안, 본말이 전도된 교육모순은 거듭 재생산되어 왔다. 어쩌면 백약이 무효인양 그 병은 깊어졌다. 통(通)하면 불통(不痛)이라 했다. 백약이 무효인 고질병은 만병통치의 체(體)로 대응할 수밖에 없다. 어떻게? 교육의 근본을 바로 세워야 한다. 말하자면 병든 체질을 바꿔나가야 한다. 뿌리 깊은 나무는 바람에 흔들리지 않아 그 꽃이 좋고 열매가 튼실하다.

어찌해야 교육의 뿌리를 튼튼히 할 수 있는가? 그러기 위해 교육은 그 본래의 내재적 목적에 충실해야 한다. 고래로 교육의 본래목적은 마음공부, 즉 '심성함양'이다. 이 때 '함양'(涵養)은 없던 것을 새로 길러내는 것이 아니라, 원래 모든 인간에게 하늘의 지엄한 명령으로 품부되어 있는 본래성(本來性; human nature)을 복원하는 것이다. 이 땅에 만연한 점수병이 아이들 마음을 병들게 했다. 활기차게 자라야 할 나이에 학교라는 '점수제조' 공장에서 지독한 점수공해에 시달린 나머지, 어른이 되어서도 그 마음은 마냥 타향살이에 지친채로 구천을 헤매고 있다. 고향(즉, 본래성)을 잃은 마음고생이 오죽했으면, 우리도 모르는 사이에 세계에서 학생 자살율이 가장 높은 나라가 되었겠는가.

교육이 그 본래목적을 복원하기 위해서는 일차적으로 학교에서 교과를 교과답게 가르치고 배움으로써, 교과공부가 심성함양으로 직간접으로 연관되게 해야 한다. 점수경쟁이 치열한 학교문화에서 그게 가당키나 한 일인가 라며 자조하고 포기하는 동안 현실은 조금도 달라지지 않는다. 어렵고 더딜지라도 원칙과 순리에 따라 풀어가야 한다. 얽힌 실타래를 단칼에 싹둑 자르는 건 혁명가의 비상수단이다. 지금은 혁명의 시대가 아니다. 더욱이나 교육은 결코 혁명적 수단으로 단칼에 혁신되는 게 아니다. 오죽하면 중등교육의 정상화를 위한 대안으로 '혁신학교'라는 말이 나왔겠는가. 병이 깊어 그 치유가 절실한 만큼, 껍질을 벗겨내는 아픔을 감내할 수밖에 없다는 의미에서 '혁신'(革新)학교가 등장한 게다.

혁신학교운동이 우리의 교육현실을 바꾸기 위해서는 일차적으로 현장에서 그 교육을 담당하는 교사들 내부에서부터 '교직문화'의 혁신 바람이 일어나야 한다. 단언컨대 '혁신적'으로 누가 시켜서는 절대로 안 된다. 교사들 스스로의 내면적 부름, 즉 소명(召命)에 의한 응답이어야 한다. 다행스럽게도 우리들에게는 그런 선생님들이 학교현장 여기저기에 존재한다. 제자들과 함께 저승에서도 선생노릇하기를 포기하지 않은 단원고 교사들이 그 증인들이다.

원칙적으로 교사의 교사다움은 그가 가르치는 교과를 체현(體現)하는 데서 드러난다. 교사는 무엇보다 그의 삶이 '교과적' 삶으로 육화(肉化) 되어야 한다. 교사가 그런 교과적 삶을 사는 동안 교과와 더불어 교사의 인품이 학생들에게 직간접적으로 전달된다. 심성함양으로서의 교육 본래목적은 교사에 의한 이런 교육행위에 내재해 있다. 교사에 의한 이런 가르침(敎)과 학생의 배움(學)이 상승적으로 이어질 때, 한 나라의 '국격'(國格)이 절로 살아난다. 불교의 표현을 빌리면, 교육은 중생인 모든 학생들이 진여(眞如)의 화신인 교사들과 함께 '큰 수레'를 타고 여래

(如來)의 땅으로 가는 장엄한 과정이다.

세상의 모든 '배반'(背叛) 중에서 가장 무서운 게 '교학'(敎學)의 배반이다. 그 일차적 책임은 가르치는 사람 쪽에 있다하겠지만, 그것이 미치는 심대한 폐해는 결국 배우는 사람 쪽으로 돌아간다. 우리가 사는 동안 맘속으로 존경하는 스승(尊師)을 갖는 다는 것은 일생을 통해 가장 귀하고 복된 일이다. 어찌 보면, 교육의 성패는 우리가 교육을 받는 동안 '존사'(尊師)를 얻느냐 얻지 못하느냐에 달려 있다 해도 과언이 아니다. 우리가 의사 중의 의사를 명의(名醫)라 하듯, 교사 중의 교사는 학생들에게 평생을 두고 존경받는 '스승'이다. 그런 교사들이 교직의 중심에 서야한다.

학생들에게 존경 받는 교사들이 늘어나고, 이들이 주체가 되어 교직문화가 그 주류를 형성하게 될 때에 교육은 비로소 그 머리 둘 곳을 찾게 된다. 해서 모든 교사는-유치원 교사에서부터 대학 교수에 이르기까지-학생들의 사표(師表)로서 자기정체성을 끊임없이 가다듬어 가야한다. 그래서 사람이 하는 일 가운데 교직은 지난(至難)하다. 우리 사회는 그런 교사들의 권위를 존중하고, 그들을 '스승'으로 온당하게 대접해 주어야 한다. 그래야 교육이 살고 나라가 바로 선다. 이런 논지에서 필자는 우리에게 교육만이 진정 희망이라고 말한다.

나아가서 우리에게 교육의 희망은 통일의 희망으로 연관되어야 한다. 어째서 그런가? 주지하는 것처럼, 한반도의 남과 북은 지구상에 유일한 분단국가체제로 남아 있다. 그 분단은 근원적으로 강대국의 패권 다툼에 의한 분할통치의 산물이다. 우리에게 분단극복은 곧 역사의 주체성 회복이다. 분단은 우리가 역사의 노예인가, 주인인가를 되돌아보게 하는 엄중한 질문이다. 교육본질 복원 없이 인간성 회복이 불가능하듯, 분단극복 없이 민족의 주체성 회복은 불가능하다. 때문에 하나의 '과정'(過程)으로서 교육과 통일은 동전의 양면이자 내연-외연이다. 결국, 우리에게 분단극복은 '철학함'의 실천의제이자, 역사적 소명이다.

이 땅의 그 많은 지식인들이 정녕 영혼 없는 '지식기능인'으로 사는 것에 자족할 것인가? 그가 몸담은 사회와 시대에 대한 '우환'(憂患)의식이 없으면 그는 지식인이 아니다. 교육받은(educated) 지식인이 감당해야 할 그 뜻(志)이 바로 서야 역사가 바로 선다. 이 땅의 지식인이 분단극복의 문제를 자신의 빛진 삶의 문제로 설정하지 않는다면, 정녕 그는 지식인 반열에 들 자격이 없다.

사르트르는 『지식인의 변명』에서 당대 지식인이 갖춰야 할 기본 조건으로 두 가지를 든다. 하나는 자신과 무관한 사회문제를 하나의 '문제'로 의식하고, 다른 하나는 그 문제의식의 실천으로 일정한 사회참여 경력을 가져야 한다고 했다. 해서 이 땅의 지식인들은 말이든 글이든 어떤 형식으로든지 분단극복을 화두로 삼아 그 일에 개입할 수 있어야 진정 '지식인'이랄 수 있다. 나아가 그 담론의 지리 함이 실천의 간이성(簡易性)으로 환원되게 해야 한다. 그래야 통일담론이 곧 통일운동으로 튼실하게 이어진다.

우리에게 모든 통일은 선(善)인가? 말 할 나위 없이 남북통일은 무력통일은 물론 흡수통일이 아니라, 평화통일이고 상생(相生)의 통일이어야 한다. 그러기 위해서는 앞에서 교육본질 복원이 성실한 노력-즉, 『중용』에서 말하는 성지(誠之)의 삶-의 과정인 것처럼, 통일도 역사적 소명에서 우러난 내성적 과정(過程; process)으로 꾸준히 추진되어야 한다. '대박'으로서의 통일담론은 분단극복에서 또 하나의 '본말전도'를 야기할 수 있는 위험을 내포하고 있다. 우리에게 통일은 일회적 '대박'이 아니라, 부단한 노력-즉, 착한 길을 결코 포기하지 않는 택선고집(擇善固執)-의 '과정'이다. 해서 백낙청 선생은 우리에게 통일은 '현재진행형'이라 했다.

불교에서 말하는 시각(始覺)은 본각(本覺)의 현재완료형이다. 마찬가지로 우리에게 통일은 현재진행형이면서 그 내면에서 '현재완료형' 이어야 한다. 초등학생이 교과공부를 하는 동안 얻어지는 지적 희열은 학문의 최고급 수준에서 사색하고 탐구하는 학자가 체감하는 지적 희열과 본질에서 다르지 않다. 우리가 통일 담론과 그 운동에 참여하는 동안에, 통일 후에 얻어지는 성취감과 본질적으로 다르지 않는 그런 보람을 맛 볼 수 있어야 한다. 그러던 중 그 보람의 결실로서 어느 때인가 -급히 서둘 일이 아니지만, 가능하면 멀지 않는 때에- 개벽(開闢)의 세상이 한반도에 문득 실현되는 날을 간절히 고대한다. 이런 꿈을 품은 자만이 진정 '한반도통일'이라는 현실을 지어낼 수 있다. **(2014.06.27.)**

자리행(自利行)과 서로 주체성철학

자리행'(自利行)은 이타행(利他行)에 상응하는 불교 수행을 지칭하는 용어다. 불교의 수행방법 중 '시문'(施門)이 이타행(利他行)의 전형이라면, '지관문'(止觀門)은 자리행(自利行)의 전형적 형태다. 여기 '지관'(止觀)은 육파라밀(六波羅蜜)의 '선정'(禪定)과 '지혜'(智慧)를 합친 것으로 '멈춤'(止)과 '살핌'(觀)이다. 즉, '상념의 정지'(止)와 '본질의 통찰'(觀)을 함께 아우르는 수행이다. 기신론에서는 이것을 '지관쌍수'(止觀雙修)라 했고, 지눌(知訥)은 이를 '정혜쌍수'(定慧雙修)로 표현했다.

이홍우(李烘雨) 교수는 정년 후에 펴낸 『대승기신론통석』(2006)에서 자리적(自利的) 삶의 이익에 대해 명쾌한 해석을 내렸다. 여기 '자리'(自利)라는 말은 '이타'(利他)에 대비되는 '이기'(利己)라는 말과는 명백한 차이를 가진다. '이기'는 다른 사람과의 관계에서 남에게 해를 끼치면서까지 자신을 이롭게 하는 것인 반면에, '자리'는 다른 사람과의 관계를 개입시키지 않은 채로 스스로를 이롭게 하는 것이다. 근데 우리의 일상생활에서 '다른 사람과의 관계를 개입시키지 않는 삶'이란 원칙적으로 있을 수 없다. 이 문제는 '서로주체성'과 관련하여 뒤에 좀 더 체계적으로 다루어 볼 터이다.

일반적으로 우리 삶의 중심을 이루는 가정생활과 직장생활은 이타적 삶의 표현이다. 여기에 내밀한 동기로 이기적인 측면이 언제나 개입될 수야 있겠지만, 그 목적은 원칙적으로 이타적일 수밖에 없다. 평범하고 당연한 삶이지만 따지고 보면 결코 쉽지만은 않다. 그런 사람이야말로 '모범적인 삶'을 산 사람이라 해도 좋다. 이게 삶의 전형적인 모습이다.

산다는 게 바로 그런 거라 해도 무방하다.

여기서 노년기 삶의 반전(反轉) 가능성이 보인다. 이를테면, 지금 나 같은 처지의 사람은 이타적 삶의 멍에에서 해방된 만큼 자리적(自利的) 삶을 향유할 절호의 기회를 맞은 셈이다. 평생의 업으로 교수 노릇도 무사히 끝냈고, 이제 자녀들도 자기 앞 가름할 정도는 되었으니 '모범적인 삶을 산 사람'의 반열에 낄만하다. 근데 문제는 이제부터다. 더 이상 이타적 삶을 살 필요가 없게 된 노년의 내가 가족이나 주변 사람들에게 아무런 부담을 주지 않으면서 스스로 '자리적 삶'을 향유할 수 있는 그런 삶은 어떤 것이겠는가?

흔히 정년 후에 인사조로 사람들이 묻는 것이 요즘 어떻게 소일(消日)하느냐는 말이다. 국어사전에 보니 '소일'(消日)이라는 말이 보기에 따라 좀 민망하기도 하고 좋은 뜻으로 받아들일 수도 있다. 『국어대사전』(이희승)에는 '소일'을 "하는 일 없이 세월을 보냄"이라 해놓고, 이어 "어떠한 것에 재미를 붙여 세월을 보냄"이라 했다. 문제는 어찌 세월을 보내느냐에 의해 '소일'의 의미는 천양지차(天壤之差)로 달라진다는 게다. 어떤 사람은 요즘 어찌 소일하느냐고 물으면, 그냥 빈둥거리는 재미로 산단다. 하지만 남에게 피해를 주지 않고 빈둥거리면서 자신의 삶을 즐긴다는 게 결코 쉬운 일이 아닐 터. 여가를 즐긴다는 건 일하는 삶의 틈새를 잠시 즐긴다는 의미이지, 세속적 취미나 놀이로 온통 삶을 즐긴다는 것은 아니다.

『논어』 첫 머리에 "때로 배우고 익히니(學而時習之) 이 또한 기쁜 일이 아닌가?"라 했다. 공자는 평생에 걸쳐 배움의 즐거움을 으뜸으로 삼은 사람이다. 공자의 호학(好學)하는 삶은 말년에 하고 싶은(맘먹은) 대로 해도 결코 도(道)에 어긋남이 없는 그런 자리적 삶을 즐길 수 있게 했을 터. 스스로 배움을 즐기는 것이야 말로 삶의 내재적 목적이자 교육의 본래 목적이다. 이홍우는 자리적 삶과 교과공부의 내적 연관을 이렇게 말한다.

> 이 자리적 삶은 불교에서 말하는 자리행과 마찬가지로, 지관문(止觀門) 수행이 실현하고자 하는 삶이며, 차라리 지관문 수행 그 자체입니다. 저는 지관문 수행은 종교와 교육의 차이를 감안한다면, 그 내용에 있어서 학교의 교과공부와 다름이 없다고 했습니다. 말하자면 불교의 지관문 수행은 교과공부를 종교적 수행의 형태로 정련한 것에 해당합니다. 지관문 수행과 교과공부는 다같이 '심성함양'(心性涵養)-즉, 학문과 도덕, 예술과 종교에 가능한 한 깊이 입문함으로써 그 이면에 들어 있는 심성을 우리 자신의 것으로 만드는 데에 목적을 두고 있습니다. 그렇기 때문에 자리적 삶은 간단하게 말하여 '교과를 공부하면서 사는 삶' - 즉, 교과를 공부하는 것 -을 가리킨다고 말할 수 있습니다.
>
> 심성함양은 우리 자신의 마음을 아름답게 가꾸는 일인 만큼 어느 누구도 아닌 우리 자신에게 '이익'이 되며, 그 일은 다른 사람이 나를 대신해 줄 수 없을 뿐만 아니라 다른 사람에게 해를 끼치거나 다른 사람의 삶에 방해가 되지도 않습니다(이홍우, 2006, pp.247-248).

전술한 것처럼 자리적 삶은 지관문(止觀門) 수행과 맞닿아 있다. 그리고 지관문 수행은 교과공부를 종교적 수행의 형태로 정련(精鍊)한 것이다. 지관문 수행과 교과공부는 '심성함양'(心性涵養)을 목적으로 삼는다. 이 '심성함양'은 자리적 삶에 내재하는 순결한 이익이다. 그리고 자리적 삶에서의 '이익'은 그 삶을 사는 사람에게 이익이 된다고 스스로 생각할 때에만 얻어지는 그런 성격의 것이다. 해서 이 이익은 이타적 삶에서 얻어지는 이익과는 비교가 되질 않는다. 전자의 이익이 '마음 안의 공덕'이라면 후자의 이익은 '바깥의 공덕'이다.

『대승기신론』의 말미에 "한 끼 밥 먹을 동안 기신론의 가르침에 대하여 올바른 사색을 하고, 나아가 기신론의 의미를 세밀히 살피고 그에 따라 수행하기를 하루 낮 하루 밤을 하는 동안에 쌓는 공덕"은 바로 '마음 안의 공덕'이자 자리적 삶의 이익이다. 이것은 "삼천대천세계에 가득 찬 중생을 교화하여 10 선을 행하도록 하는 것"을 위시해서 중생들을 위해 불사(佛事)를 일으키는 것과 같은 '바깥의 공덕'에 비하여 "한도 끝도 없이 이루 말로 다할 수 없으며, 설사 시방 세계의 모든 부처가 각각 무수겁의 세월을 두고 그 공덕을 찬양한다 하더라도 오히려 부족하다."고 했다. 이처럼 마음 안의 공덕과 바깥의 공덕은 정도의 차이가 아니라 질적인 차이이다. 전자는 무한(無限)이지만 후자는 유한(有限)이다.

이 세상에 발붙이고 사는 사람치고 다른 사람과의 관계를 개입시키지 않고 온전히 자리적 삶을 사는 사람은 아무도 없다. 우리에게 자리적 삶과 이타적 삶은 따로 떨어진 두 개의 삶이 아니라, 하나의 삶에서 동시에 수반되는 서로 다른 방향을 지칭한 것에 불과하다. 이홍우는 이 두 가지 삶의 방향을 설명하는 적절한 비유로 기신론에서 말하는 심진여문(心眞如門)과 심생멸문(心生滅門)이 시사하는 '이문 불상리'(二門 不相離)를 들고 있다. 여기서 자리적 삶은 이타적 삶에 대하여 중층구조의 위층에 해당하며, 이타적 삶이 따르는 기준을 나타낸다.

예로부터 우리에게는 이 자리적 삶의 특권을 선비(士)들에게 부여하였고, 그것은 신분상의 특혜이자 임무였다. 맹자가 사농공상(士農工商)의 신분제에서 선비를 제외한 농공상에 종사하는 일반 사람들에게는 의식주에 필요한 일정한 재산이 없으면 삶에서 견지되는 일정한 마음도 기대할 수 없다고 했다. 즉, 무항산 무항심(無恒産 無恒心)이다. 근데 선비는 '무항산'(無恒産)일지라도 끝내 항심(恒心)을 잃지 않는 뜻을 지닌 사람(志士)이어야 한다. 무서운 말이다. 교육 받은 사람이 선비답게 사느냐

않느냐 하는 것은 오로지 선비의 그 마음, 즉 '志' 에 달렸다. 선비는 농공상에 종사하는 사람들과 달리 생계수단으로 육체노동을 하지 않는 '특권'을 누리지만, 그 특권은 선비(士)가 자신에게 주어진 고유한 임무를 충실히 이행하도록 보장하는 칼날 같은 장치일 뿐이다.

오늘날에는 옛날의 선비가 하던 일을 지식인들이 맡아야 한다. 지식기반사회에서 지식인 계층은 두루 열려 있다. 하지만 그 많은 지식인들 중에 유독 옛 선비들에게 요구되는 내재적 임무를 전형적으로 떠맡아야 할 부류는 교수를 포함한 교사집단과 성직자들이다. 왜 그런가? 교사집단은 전적으로 배움을 이끄는 표적 집단이고, 성직자들은 깨침을 이끄는 것이 존재 이유이기 때문이다. 이를테면, 프란치스코 교황의 삶을 보라. 이들이 사리적 삶을 충실히 사는 만큼 거기에 영향 받은 사람들도 그렇게 살게 될 터. 기신론에 의하면, 이렇게 해서 중생이 여래와 함께 큰 수레를 타고 진여의 세계로 들어간다고 했다.

자업자득(自業自得)인가? 이렇게 말하는 나 자신은 평생 교수 노릇하면서 항산(恒産)이 보장되었고, 그것은 정년 후의 지금도 기본적으로 마찬가지다. 그렇다면 선비로서의 항심(恒心)을 잃지 않는 그 뜻(志)에 따라 내 스스로 얼마나 충실하게 살아 왔으며 목하 그렇게 살고 있는가? 부끄럽다. 하지만, 지금 와서 어찌할 건가? 이런 때에 대비해서 식자우환(識字憂患)이라는 말이 나온 것 같다. 부끄러운 줄도 모르면 어찌 해볼 도리가 없다. 지식인으로서 나의 삶은 어차피 빚진 삶이다. 그 빚진 게 한둘이 아닐 터. 이쯤에서 나는 김상봉 교수(전남대)의 '서로주체성' 철학을 떠올리게 된다.

철학 담론으로 '서로주체성'의 이념은 김상봉 교수가 제기했다. 그는 나르시시즘에 기반 한 서양철학의 전통을 '홀로주체성'으로 규정했다. 그는 서양의 자아는 한 번도 타자 속에서 자기를 상실해 본적이 없는 자유로운 주체의 나르시시즘이라고 했다. 그는 철학의 체계를 철저히 '만남'의 이념에서 정립하고자 했다. 자유와 주체성이 오직 수동적 당함으로서의 '만남'을 통해서만 생성된다는 것을 강조하면서 '홀로주체성'을 넘어선 '서로주체성'을 제기한다. 함석헌이 한국의 역사는 '고난의 역사'라 했을 때, 이 고난(苦難; passio)이란 곧 수동적 당함의 상태이자 결과다.

철학은 세계와 역사에 대한 자기인식이자 현실의 자기반성 과정이다. 신채호 선생이 "조선 사람은 석가가 들어오면 조선의 석가가 되지 않고 석가의 조선이 되고, 공자가 들어오면 조선의 공자가 되지 않고 공자의 조선이 되며, 무슨 주의(主義)가 들어와도 조선의 주의가 되지 않고 주의의 조선이 되려 한다."고 나무랐다. 이것은 우리에게 자기반성 혹은 자기인식으로서 철학의 빈곤을 꾸짖는 것일 터. 근대는 인간의 주체적 자기의식의 산물이다. 하지만 우리에게 근대는 2중적 소외였다. 즉, 우리는 예전의 자기로부터도 소외되고, 서양에 의한 새로운 자기로부터도 소외되는 개화기 지식인의 상황(즉, 2중 소외)을 고스란히 떠안고 오늘에 이르렀다.

함석헌 선생은 이런 우리를 남편이 다섯인 사마리아 여인에 비유했다. 그는 다섯 남편 누구도 내 영혼의 주인일 수 없다고 했지만, 김상봉 교수는 실제로 그 모두가 우리 영혼의 주인으로 회통(會通)되는 가능성에 주목했다. 그는 "처음부터 자유인이 아니었고 정신적 노예 상태에서 자기를 일으켜 자유를 얻으려는 우리에게 주체성이란 어떤 것이겠는가?"라고 묻는다. 이 물음에 대한 대답을 그는 철학가들 대신에 당대 시인들이 자기가 누구인지를 물은 것에 주목한다. 윤동주의 「자화상」과 「참회록」에 나타난 자기에의 부끄러움, 자기동일성의 상실이야말로 다른 주체성의 징표, 곧 '서로주체성'의 정립 가능성이다.

자기를 잃어버린 시대에 자기가 누구인지를 끈질기게 물으면서

'철학함'을 살아온 다석(多夕) 류영모(柳模永; 1890-1981) 선생은 고난의 땅에서 싹을 틔운 '우리철학'의 증인이다. 다석은 우리의 영혼을 지배하려는 모든 타자적 세계관을 상대화함으로써 주체적인 자기정립을 위한 공간을 확보하고자 했다. 김상봉에 의하면, "다석은 우리가 받아들인 모든 종교와 철학을 똑 같이 뛰어넘으려 했던 것처럼, 그 모든 것을 평등하게 인정하고 받아들이려고 했다." 해서 다석에게는 모든 경전이 곧 복음이다.

다석은 재야에서 다양한 종교의 경전들을 강의하면서, 그 과정에서 여러 종교와 철학을 회통함으로써, 그들 사이에 다리를 놓고 서로 만나는 가능성을 찾고자 했다. 이런 일은 결코 아무나 할 수 있는 게 아니다. 다석은 다섯 남편을 가진 사마리아 여인의 수난을 전도(顚倒)하여 도리어 그 여인의 수난을 보편적 신리와 보다 '큰 나'에 이를 수 있는 지평으로 바꾸고자 했다. 그 여인은 남편을 다섯이나 가졌던 까닭에 어떤 남편도 완전한 남자가 아니라는 걸 알 수 있었을 터.

김상봉은 바로 여기에 타자 속에서 자기를 상실한 정신의 희망을 보았다. 그 희망은 저 사마리아 여인이 더 이상 다섯 남편들에게 종노릇하지 않고 그들을 대등하게 보듬어 사랑할 때 비로소 꽃을 피울 것이라 했다. 만해(萬海) 한용운의 "나는 곧 당신이여요"라는 고백 속에는 '서로 주체성'이 단적으로 표현되고 있다. 홀로주체성은 타자적 주체를 배제하지만, 여기 서로 주체성은 타자적 주체와의 '만남'을 통해 '생성되는 주체성'이다. 서로주체성은 타인과의 인격적 만남을 통한 '과정'으로서의 주체성이지, 자기동일성을 거듭 확인하는 실체로서의 주체성이 아니다. 서로주체성에서 자기는 언제나 타인에게 빚지고 있다. 자기됨과 타자와 만남 사이의 긴장에서 서로주체성은 잉태된다. 물론 이 때의 '만남'은 인격적 만남이자 배움의 만남이어야 한다. 그것은 동학이 말하는 '내 마음이 곧 네 마음'(吾心卽汝心)인 그런 만남이다.

여기 '만남'은 내가 내면적인 나의 부름에 응답하는 것을 비롯한 모든 인격적 만남이다. 부름에 빚지는 나와 너의 만남은 내가 온전한 주체가 되는 과정에서 그 끝이 없다. 이 끝없는 과제는 만남의 깊이와 크기로 나뉜다. 그는 그 만남이 성실하면 성실할수록 깊이를 더하고, 그 폭이 넓을수록 큰 만남이라 했다. 그리고 이 만남에 의한 서로주체성은 하나의 실체가 아니라 순수한 활동의 현실태다. 만남의 성실함에서 부름과 응답이 만들어 내는 서로주체성을 김상봉은 이렇게 말한다.

> 만남의 응답 속에서 수동성과 능동성은 공속 한다. 부름에 응답할 때, 나는 나에게 돌아간다. 내가 부름 받고 있다는 것을 의식함으로써 – 내가 생각한다는 것이 아니라! –나는 나를 의식한다. 부름 받고 있는 자가 남이 아니라 바로 나라는 것을 내가 의식할 때, 나는 나를 가장 또렷하고 치열하게 의식하게 되는 것이다. 마찬가지로 나는 부름에 응답할 때 나를 넘어간다. 어디로 넘어가는가? 너에게로 넘어간다. 이것이 가장 근원적인 의미의 초월이다. ...(중략) 응답 속에서 자기복귀와 자기초월이 동시에 일어난다는 것은 응답 속에서 내가 나를 가장 또렷이 의식하면서 너에게로 나아가고, 너에게로 나아가면서 나에게로 돌아간다는 것을 의미한다. 여기서는 나와 네가 둘이면서 하나요, 하나이면서 둘이다. 이처럼 나와 네가 서로 나아가고 돌아가면서 하나 될 때, 그 만남 속에서 생성되는 주체성을 가리켜 우리는 '서로주체성'이라고 부른다(김상봉, 2007, p.286).

이 때 나는 오직 나를 걸고 너의 부름에 응답하는 한에서 자유로운 주체가 된다. 그에게 살아 있는 것은 자기를 고집함에 의해서가 아니라 타자를 위해 자기를 기꺼이 내려놓을 줄 앎으로써 살아 있는 자가 된다. 참된 만남이란 너를 받아들이기 위해 나를 비우는 일이다. 그런즉 만남의 내면적 깊이는 타자를 향한 자기상실 혹은 비움의 깊이다. 이것이 만남의 내적 온전함이다. 그는 타자를 향해 자기를 닫아버리는 정신의 타성으로 한국사회에서 '학벌주의'를 경계한다. 한국사회에서 현대적 신분제로서 '학벌주의' 병폐를 문제 삼는다. 그에게 『학벌사회』(2004)는 사회적 주체성에 대한 철학적 탐구 과제이기도 했다.

만남의 온전성은 '배움'의 깊이와 절실함에 달려 있다. 배움은 자기를 비우고 낮추는 만남이다. 나와 네가 서로에게 배울 때, 서로주체성은 활동으로 존재한다. 너의 고통에 나를 걸고 응답할 때 서로주체성은 생동한다. 김상봉에 의하면, "서로주체성의 현실태는 자기의 모든 것을 걸고 타자의 고통에 응답함으로써 생성되는 '공동체'를 의미한다. 이것은 도달할 수 없는 이념이다. 그러나 그 불가능한 꿈을 마음에 품을 때, 비로소 우리는 필연성의 노예였던 자기를 일으켜 자유로운 주체로 살아가는 삶의 길에 들어선다."는 것이다. 이것이 빚진 삶의 존재론적 근거다. 그에게 철학은 온전한 만남을 위한 체계이고, 철학함은 언제나 근원적 실천이다.

다시 나에게로 돌아와서, 그럼 어찌할 건가? 영글지 못한 만남으로 그간 빚진 삶을 새로운 만남으로 갚을 수밖에 없을 것 같다. 자리적(自利的) 삶의 깊이에서 서로주체성 철학의 폭을 어떻게 체현(體現)할 수 있겠는가? 조동일(趙東一)은 생성이 극복이요, 극복이 생성이라 했다. 그의 '생극론'(生克論)은 한국문학사와 철학사의 만남에서 얻어진 역사철학적 거대담론이다. 여기 하나의 밑그림으로 원효(元曉)의 화쟁(和諍)철학- 최제우(崔濟愚)의 개벽(開闢)사상- 류영모의 얼나(靈我)로 줄곧 뚫리는 삶 철학- 조동일의 생극론- 김상봉의 서로주체성 철학을 일련의 축으로 한 한국철학의 좌표를 설계(설정)해 본다. 나의 자리적(自利的)인 삶의 향기가 이런 설계에 하나의 벽돌 같은 보탬을 줄 수 있다면 얼마나 다행이겠는가. 갈 길은 아득하고 해는 기운다. **(2014.06.15)**

5월 광주를 다녀와서: 「철학학회」 참관기

'한국철학의 시원은 동학'이라는 글줄에 끌려 대뜸 광주로 갔다. 아침 8시 40분에 금호고속버스로 동대구를 출발해 12시가 좀 지나 광주 터미널에 도착했다. 택시를 타고 조선대학으로 가는 길에 금남로를 지나쳤다. 옛 도청 자리에 무슨 공사인지 어지러이 파헤쳐지고 있다. 5.18 금남로 도청의 아픈 역사가 어지럽게 떠돌고 있다. 금남로 그 자리는 이래저래 지워지고 있다. 조선대학 캠퍼스에 들어서니 장미화원이 눈길을 끈다. 빛고을의 명문사학답게 캠퍼스가 우람해 보였다. 약 10년 전쯤 여기 교육대학원에 특강하러 온 적이 있었지만, 그 때보다 캠퍼스가 많이 달라져 보인다.

조선대학교에서 우리철학연구소와 대동철학회가 공동주최하는 학술행사 주제는 "**우리철학 어떻게 할 것인가? -수입철학과 훈고학을 넘어서-**이다. 오후 1시가 조금 지나 도착해서 자료를 받아보니 내가 듣고 싶은 김상봉(전남대) 교수의 발표는 맨 마지막에 들어 있다. 주말이라 6시 표를 예매해 두었는데 어찌될지 모르겠다. 보통 이런 학술대회에 참가하면 아는 사람과 서로 인사를 하고 정담을 나누는 제미가 있어야 하는데 오늘은 아예 아는 사람이 한 사람도 보이질 않는다. 편한 맘으로 앞쪽에 자리를 잡아 유인물을 훑어보았다.

첫 번째 주제가 "한국철학의 현황과 반성 및 향후과제"(권인호 대진대)다. 발표자는 "현재 한국에서 철학의 '존재이유'를 밝히는 것에서부터 '시대정신의 정화(精華)'라는 명제를 강단철학이나 철학자 스스로 망각한 것"을 질타하고 있다. 그러나 그는 한국철학과 우리철학에서 심도 있는 분석이나 논의가 없이 '공자가 죽어야 나라가 산다'는 오리엔탈리즘의 세례를 비판하면서 문사철을 아우르는 '유학'의 학문적 보고(寶庫)를 내세울 뿐 이렇다 할 논의의 진전이 보이질 않는다. 다만 성리학과 양명학, 실학과 훈고학을 논하면서 유학의 르네상스로서 실학의 '실사구시'(實事求是) 학풍에 주목하고 있다.

그래서 논평자(최영진, 성균관대)는 오늘날 실학에 대한 다양한 주장들(긍정적, 부정적)을 두루 참고하기를 권고한다. 그러면서 그는 한국철학 연구가 당면한 과제로 풍우란의 『중국철학사』와 같은 표준적 『한국철학사』가 없음을 문제 삼았다. 이를 위해 한국 고대부터 현대까지, 철학계와 사학계, 사회과학계 등 여러 학문분야를 비판적으로 종합하고, 한국의 원초적 사유와 유불도를 통합적으로 연구할 수 있는 학자를 양성하는 것이 시급한 과제라 했다. 과제의 제기도 긴요하지만 문제는 밥을 직접 떠먹어야 한다. 밥 먹는 얘기 아무리 해봤자 허기진 배를 채울 수 없다. 남의 얘기 할 때가 아니다. 우리 특수교육학계에게도 단일 저자에 의한 필생의 과업으로 『한국특수교육사론』 같은 게 나와야 할 터.

두 번째 주제는 "서양철학 수입 후 철학수요의 폭증과 철학교육의 폭락"(홍윤기, 동국대)이다. 제목에 수입-폭증-폭락이라는 용어가 어지럽게 등장한다. 서양철학 수입에 따라 철학수요는 폭증했으나, 철학의 기초를 다지는 철학교육은 폭락했단다. 우리에게 정녕 '철학'과 '철학함'이 있기나 했는지 헷갈린다. 해서 이번 학술대회의 주최측(조선대 우리철학연구소와 대동철학회)에서는 학술모임의 취지를 이렇게 말한다.

> 한국철학계는 내적으로 반성할 부분이 적지 않다. 이른바 서양철학 전공자들은 서양의 이론을 무비판적으로 수입하고 소개하는 데에

치중하였고, 동양철학 전공자들은 한문으로 된 원전을 맹목적으로 숭상하였다. 그들은 비주체적인 자세로 철학활동을 하였기에 그들 철학은 대부분 건조한 수입철학으로 전락하거나, 아니면 복고적인 훈고학의 울타리를 벗어나지 못했다. 이런 철학활동은 당면한 시대 문제를 해결하기 위해 창의적인 사유를 통한 생명력 있는 이론을 생산하고 발전시키는 면에 제한적이다. 이것은 시대정신에 대한 통찰력이 매우 결핍될 때 나타나는 현상이다. 이러한 현상은 '철학의 실제화'와 '현실의 철학화'에 제약이 된다. (조선대 인문학연구원 우리철학연구소 창립기념, 대동철학회와 공동학술대회 개최 안내 문건, 2014.04.21.)

비슷한 반성은 사회학문 분야 쪽에서도 진적에 제기되어 왔다. 교육학이나 특수교육학 쪽에서 이런 학풍적 문제는 더욱 심각한지도 모른다. 발제자인 홍윤기 교수는 개인적으로 약 30년 전부터 '실천철학의 가능성'을 고민한 적이 있다고 고백한다. 그 가능성의 고민이 지금에 와서 어느 정도로 개선되었는가?

그는 한국 현대철학에서 서양철학 수용양상과 철학에 대한 수요 폭증 요인을 말한다. 먼저 사상 수용의 일반적 패턴으로 "사상인지와 원초적 평가(R1)-사상개괄과 수용자 관심촉발(R2)-응답적 논평(R3)-체계적 사상교육을 통한 원전대면(R4)-수용의 원시적 양상; 조류의 추종(R5)-담론 자체생산으로서 수용의 완성(R6)"을 든다. 이런 일련의 과정으로 서양철학을 수용하는 동안 우리나라에서 철학계가 형성되고 대학교육을 기반으로 철학전문 인력의 유지가 가능했다는 것이다. 그러나 철학함의 목적에 비추어 서양철학 수용 양상은 여전히 혹독한 비판을 받아야 했다.

백종현 교수는 '서양철학 수용에 대한 반성과 한국철학의 모색'(1998)에서 이렇게 말한다. "(우리에게) 왜 이슬람 정신에 대한 연구는 전무한가? 최근 100년 이래 한국에서 급속도로 신장되고 있는 기독교 문화는 한국 사람들이 오랫동안 삶의 지주로 여겨왔던 불교나 유교가 그랬던 것처럼, 당대 한국사회에 문화적 · 경제적 · 정치적 · 군사적으로 강한 영향을 미쳤던 세력의 도래와 함께 이식된 것이라 봄이 합당하다. 20세기 한국의 서양철학 수용확산도 같은 방식으로 설명함이 옳을 것이다. ...(중략)예로부터 우리 상층문화 주도층의 대외자세를 '사대주의적'이라 지적해 왔는데, 이즈음에 와서 그것이 개선되기는커녕 더 심화되지 않았는지 반성해 볼 일이다."고 했다.

발제자 홍 교수는 이런 사태에서 한국의 철학은 (1) 전통철학과의 단절, (2) 현실적 문제의식과의 단절, (3) 학문적 의존성 내지 종속성이 유지 심화된다면서 '한국철학부재론'이 아직도 지양되지 못했다고 지적한다. 이것은 인문사회학문을 통틀어 우리에게 하나의 공통적인 숙제로 남아 있다. 그렇다면 지금 우리에게 있어야 하지만 아직 있지 않는 바로 그 철학, 사대주의적이지 않고 주체적이라고 할 수 있는 철학의 양상은 어떤 모습으로 어떤 내용을 담는 것일까? 이 질문에 맞닥뜨려 제기되는 역설적인 현상은 "한국적 특성을 가진 '한국철학을 모색'한다고 했을 때, 거기서 다루어져야 할 '철학적'이라는 문제가 굳이 '한국'철학적이라고 부를 수 있을 정도로 한국적이지 않다는 점이다. 한국적 특수성이 세계적 보편성에 어떻게 의미 연관되게 하느냐가 여전히 문제로 남는다. 이것은 특수성과 보편성의 쌍방적 소통 과제다.

홍윤기 교수는 철학에 대한 학문적 탐구와 별개의 트랙으로 철학의 인문적 의사소통에 주목한다. 이런 시각에서 그는 철학적 의사소통에서 가장 중요한 것은 "철학함의 실행 또는 실연으로서 철학교육(哲學敎育; philosophy education)인데, 현대 한국철학에서 결정적으로 결여되어 있는 것이 바로 이것이란다. 이런 측면에서 그는 1995년 5.31 교육개혁

조처에 의해 지난 20년간 60개가 넘던 대학 철학과 수가 반토막 이하로 급락한 현실을 개탄한다. 이로 인해 대학에서 철학능력을 고도로 고양시키는 것이 불가능해질 뿐만 아니라, 나아가 한계에 다다른 한국의 중등교육이 더 철저하게 붕괴하여 대한민국 교육활동이 자멸하는 일밖에 남지 않을 것이라고 경고한다. 대학에서 철학과의 붕괴가 중등교육의 자멸로 이어진다. 철학과 교수이기에 그렇게 진단할 수 있다손 치더라도 내가 보기에 설득력이 없어 보인다. 우리에게 위기를 기회로 교훈 삼아 '철학함'은 과연 불가능한가? 남의 탓으로 돌리기에 앞서 자신을 되돌아 봐야 한다.

세 번째 주제는 "동양철학 연구방법론의 궁핍과 문제점, 그리고 모색"(홍원식, 계명대)이다. 발제자는 동양철학계에서는 연구방법론에 대한 고민 없이도 그간 많은 연구를 해왔다고 자평한다. 성현의 말씀이 담긴 경전(經典)을 연구한다는 태도와 방법에서 훈고학(訓詁學)적인 연구가 가장 두드러진 특징이 되는 건 어쩌면 자연스럽다는 게다. 홍원식 교수는 한국에서 동양철학으로 중국철학을 연구하는 자들의 갈래를 세 부류로 나눈다. 즉, '철학'에 중점을 두어 중국철학을 연구하는 사람들, 한국철학의 연원이라는 관점에서 중국철학을 연구하는 사람들, 중국학(Chinese Studies)이라는 관점에서 중국철학을 연구하는 사람들 등이다. 문제는 이들 간에 소통이 부재하고, 그에 따라 문제의식도 결여되어 있고, 그 필연적 결과로 관점과 방법론이 부재하다는 것이다. 해서 동양철학자들 간에 "관점과 방법에 대한 치열한 논쟁이 절실한 때"로 글을 마무리한다.

논평자로 나선 이승환(고려대) 교수는 "관점과 방법론의 부재라는 커다란 문제를 내걸고서 큰 소리로 질타하기보다, 그 동안 시도된 새로운 관점과 방법론에 대하여 세밀하게 그 득실과 공과에 대해 논하는 게 더 생산적이 아닐까? 눈앞의 파랑새는 몰라보고 산 너머 파랑새를 쫓는 격"이라고 꼬집는다. 그는 발표자가 "모두들(즉, 동양철학자들) 연구실에 박혀 마치 큰 공장에서 밤낮 쉼 없이 제품을 찍어 내듯이 진땀 흘리며 논문과 책을 쓰는 데에 골몰하고 있는 게 우리의 현실"이라는 지적에 공감을 표한다. 마치 신혼여행을 가서 식탁에 마주 앉은 신혼부부가 각자의 스마트폰에 몰두하고 있는 현실에 빗대어 말한다. 앞 주제의 발표와 토론에서 엄청 시간을 넘긴데 반해 이번 주제에서는 발표와 논평 모두 시간을 줄여 마무리해 주니 훨씬 깔끔해 보인다.

네 번째 주제는 '북한철학의 패러다임 변화와 사상적 특징'(이병수, 건국대)이다. 내게는 더욱 생소한 주제다. 북한철학은 곧 주체사상이다. 북한에서 주체사상은 사회주의체제의 지도이념이자 북한사회의 통치 이데올로기다. 북한에서 주체사상은 시대상황의 변화에 따른 실천적 문제에 대응해 오면서 꾸준히 보완 · 수정되어 왔다. 발표에 나선 이병수 교수는 주체사상이 마르크스-레닌주의를 대체하고 인류철학사상 최고봉이라는 절대적 신념체제로 치닫는 동력이 어디에 있으며, 그 실천적 과정과 귀결은 어떠한지, 나아가 주체사상의 사상적 특징을 유교나 기독교와의 유사성에서 찾는 논의들이 갖는 타당성과 그 한계를 비교적 꼼꼼히 다루고 있다. 내게 많은 공부가 되었다.

그는 북한의 '우리식 사회주의'는 구소련과 동구권사회주의와 달리 수령의 유일 영도체제, 인민대중 중심의 자립경제, 외세 영향을 벗어난 진정한 자주적 독립국가라는 점에서 그 우월성을 강조하고 있는 게 그 핵심이라고 봤다. 주체사상의 변용론(즉, 대체론, 지속론, 쇠퇴론의 총칭)에서 빈번히 거론되는 실천이데올로기는 '선군정치론'과 '강성대국론'

이다. '선군정치론'에서는 기존의 주체사상에서 혁명의 주력을 노동자와 농민중심의 인민대중으로 보았으나, 선군정치에서는 인민대중에서 인민군대로 대체되었다. 강성대국론에서 제기된 과학중심사상과 실리주의원칙은 기존의 교조적 이데올로기와는 달리 기술지향의 이데올로기로 변용되었다.

이병수 교수는 북한 주체사상의 '사상'적 특징을 (1) 탈식민적 열망에 경도된 나머지 주체사상을 과잉 보편화하는 과정에서 역오리엔탈리즘과 자주성의 제약을 초래한 것, (2) 유교전통의 활용을 강력한 국가주의적 기획 아래 '만들어진 전통'으로 가공한 것, (3) 주체사상에서 '영성으로서의 주체의식'은 종교성을 강화하고 있지만, 그것은 자칫 기독교의 근본주의와 상통하는 것으로 평가한다.

결론적으로 발표자는 '우리철학'이라는 말이 철학의 보편성을 제한하는 듯하지만 '우리철학'을 긍정적으로 수용하는 이유를 두 가지로 든다. 그 하나는 철학의 관심과 지향성이 우리의 역사와 사회(문화)에 터 잡지 못하고 외부환경 변화에 따라 휘둘려 온 학문역사와 관련이 깊기 때문이란다. 다른 하나는 모든 사상이나 이론들이 그 발생과 문제의식 그리고 언어 등 자국의 문화적 배경을 암묵적으로 지니기 때문이란다. 그는 '우리철학'은 '그들'에게는 통하지 않는 우리끼리의 철학이 아니라, 우리의 역사적 현실과 기초하여 우리에게 절실한 문제를 다룸으로써 '그들'에게도 통하는 보편적 사유의 지평을 열자는 의미로 존중되어야 한다는 것이다. 이런 문제의식에서 그는 분단현실에 대한 철학적 사유의 빈곤을 든다. 전적으로 공감한다.

토론에 나선 김재현(경남대) 교수는 발표자가 분단현실에 대한 철학적 사유의 빈곤을 말하면서 "분단극복의 철학적 사유는 분단체제에 제약된 남북의 이분법적 이념구도를 넘어서 위정척사, 개화사상, 동학을 위시하여 기독교 전통, 민족주의 전통, 사회주의 전통, 자유주의 전통, 주체사상 등 20세기 한반도 근현대사에서 대두된 여러 철학사상들이 지닌 이론적 · 실천적 의의와 한계에 대한 반성적 평가 위에서 정립되어야 한다." 는 주장에 토론자 자신도 동의하지만, 이 작업은 어떻게 가능할까? 라고 되묻는다. 토론자의 이 질문 속에는 사실상 이것은 불가능한 작업이라는 자조적 의문이 깔려 있다. 그러나 '누가 이 일을 감당할 것인가?' 라는 질문 앞에 발표자나 토론자는 물론 필자까지 포함해서 아무도 자유롭지 못하다. 누군가 나서서 본격적(실질적)으로 감당해야 할 일이다. 모두가 자신의 십자가를 당당히 지고자 나서야 한다.

마침내 오늘 발표에서 내가 가장 기대를 걸었던 김상봉 교수(전남대)의 "20세기 한국철학의 좌표: '우리철학 어떻게 할 것인가'라는 물음에 대한 대답"이 마지막 발표로 뚜껑을 연다. "우리 철학 어떻게 할 것인가?' 라는 물음이 한국철학은 아직 존재하지 않는다는 전제로 묻는 것이라면, 이는 마치 해가 중천에 떠 있는 시간까지 잠에서 깨어나지 못한 사람이 비몽사몽간에 언제 날이 새느냐고 묻는 것과 같은 물음이라 했다. 그는 20세기 한국철학이 자기 정체성을 인정받지 못하는 것은 어쩌면 당연한 일이란다. 데카르트와 로크가 등장한 뒤에도 오랫동안 유럽대학의 철학교육과 연구가 기본적으로 스콜라철학적 전통에서 벗어나지 못했던 걸 상기해 보면 언제 어디서나 새로운 것이 인정받기까지는 많은 시간이 걸린다는 게다.

철학은 언제나 '**세계관**'으로서 일어난다. 해서 "만약 20세기에 한국에도 온전한 의미의 철학이란 것이 있었다면, 그것은 한국의 대학에서 어떤 교수들이 어떤 책들을 가지고 연구를 하고 가르쳤느냐는 것이 아니라, 오직 철학적 사유의 활동을 통해서 열리는 새로운 세계관을 확인할 수 있느냐 없느냐를 통해 판단되어야 할 문제"란다. 그에 의하면 세계관은 역사에 대한 응답으로 얻어진다. 그래서 역사의 들판이 한국 철학의 탄생지란다. 즉, 그는 광야의 철학, 거리의 철학을 한국철학의 발원지로 본다. 강단이나 책상머리가 아니란다. 바로 그 좌표계의 원점으로 그는 동학(東學)에 주목한다. 그는 이렇게 말한다.

> 동학은 20세기 한국철학의 시원이다. 이 시원으로부터 수직과 수평으로 좌표축이 뻗어 나온다. 수직의 좌표축은 역사적 사건으로 한일합방과 6.25를 따라 이어지는 선이다. 이 선은 끝없는 절망으로 이어지는 선이다. 그 좌표축 위에서 철학했던 사람이 유영모와 박동환이었다. 수평으로 뻗은 좌표축은 3.1운동에서 4.19를 거쳐 5.18로 이어지는 선, 그리고 미래까지 연장하자면 한반도의 통일로 이어져야 만할 선이다. 이 선은 근 · 현대 한국사에서 끊임없이 반복되어온 민중의 저항과 봉기를 따라 이어지는 선이다. 그 좌표축 위에서 이루어진 철학은 만해(萬海)식으로 표현하자면 "절망적 현실에서도 걷잡을 수 없는 슬픔의 힘을 옮겨서 새 희망의 정수박이에 들어붓는 자들"의 것이다. 그들 가운데 으뜸가는 정신이 함석헌이었다(김상봉, 2014, p.67).

이런 맥락에서 그는 조선 성리학의 철학적 사유가 퇴계와 고봉의 사단칠정(四端七情)논쟁을 통해 그 철저성을 증명해준다 하더라도 그것은 철학적 사유에서 용(用)의 탁월함을 보여주는 것일 뿐, 그 자체로는 아직 체(體)를 증명하지 못한다는 것이다. 그에 의하면 "철학이란 그 체(體)에서 보자면 어디까지나 세계관에 존립하는 것이기 때문이다. 그러므로 사유의 철저성이 개성적인 세계관의 개방에까지 이르지 못한다면, 그것은 정신 세계에서 성실한 노비나 하청업자의 노동일뿐, 자유인의 주체적 세계 형성에는 까마득히 미치지 못하는 것"이라 했다.

이렇게 볼 때, 한국역사에서 참된 의미의 철학이 출현한 것은 동학이 처음이라는 게다. 왜냐하면 그 이전까지는 누구도 감히 자기 스스로 세계를 기투(企投)한다고 자부하지 못했기 때문이다. 최제우(崔濟愚)는 1824년에 태어나 중국이 서양세력 앞에 붕괴되는 것을 보면서 수 천 년 이어져 온 세계의 붕괴를 확인한다. 수운에게 그것은 개벽(開闢)이었다.

19세기 한국인들에게는 자신의 세계가 타자적 세계에 의해 붕괴되어 버렸다는 의미에서 세계의 분열은 훨씬 심각한 양상으로 나타났다. 동학은 바로 그런 절망을 딛고 정신의 주체적 자각으로 인해 현대 한국철학의 시원이 되는 것이다. 최제우는 "내가 또한 동에서 나서 동에서 받았으니 도는 비록 천도(天道)이나 학인즉 동학(東學)이라."라 했다. 해월 최시형은 "우리 도는 유(儒)와도 비슷하고 불(佛)과도 비슷하고 선(仙)과도 비슷하나, 실인즉 유(儒)도 아니요 불(佛)도 아니요 선(仙)도 아니라"고 했다.

수운 최제우가 도(道)를 이 땅에서 받았지만 도 자체가 여럿이 있다고 생각한 것은 아니다. 도(道)는 천도(天道)이니 그것은 하늘의 일이며, 그런 한에서 같다. 그는 서학과 동학을 구별하면서 일관되게 "도는 같지만 리가 다르다."(道則同也 理則非也)고 주장한다. 동학과 함께 시작된 한국철학의 주체성이란 보편학으로서 철학의 지역성에 대한 자각과 같은 것이다. 동학 이후 류영모와 함석헌을 거쳐 박동환에 이르기까지 한국의 철학자들은 자신이 한국인이며 한국인의 관점에서 철학한다는 것을 드러내고 있다. 류영모에게는 한글의 신비를 파헤치는 것이 존재의 신비를 묻는 것이었고, 함석헌에게는 한국역사의 뜻을 묻는 게 곧 세계사의 뜻을 묻는 것이기도 했다.

동학이후 한국철학의 특별한 개성은 철학과 종교의 만남이다. 동학은 철학인 동시에 종교다. 더 정확히 말하면 종교인 동시에 철학이다.

수운에 이은 해월의 가르침이 더욱 철학적이긴 하지만 믿음을 강조한 것은 마찬가지다. 해월은 "우리의 도(道)는 다만 성(誠) · 경(敬) · 신(信) 세 글자에 있느니라"고 말한 뒤에 "사람의 수행은 먼저 믿고 그 다음에 정성 드리는 것"(人之修行 先信後誠)이라 함으로써 동학이 철학이전에 종교라는 것을 분명히 한다. 류영모와 함석헌의 종교철학은 신과 인간 사이의 서로주체성(사람이 곧 하늘)에 바탕을 둔 동학의 가르침을 자신들의 언어로 이어간 것이다.

김상봉 교수는 함석헌의 스승이기도한 류영모를 동학이후 한국어(모국어)로 철학한 첫 세대의 철학자(한일합방의 철학자)로 꼽는다. 그는 류영모 선생에 대해 이렇게 말한다.

> 유영모는 자기 이전의 동학이나 자기 이후의 함석헌처럼 철학적 사유의 주체성을 추구하였으나, 그것을 나타내는 방법으로서 정치나 역사가 아니라 언어의 길을 택했다. 함석헌이 한국역사의 뜻을 묻고 더 나아가 현실 역사에 깊숙이 발을 담구고 실천적 참여의 삶을 살았던 데에 비해 유영모는 현실을 등지고 은둔과 수양의 삶을 살았을 뿐만 아니라 한국어 속에서 고유하게 제시되는 존재의 진리를 더듬었던 것이다. 씨알이란 말부터가 그가 처음으로 노자의 『도덕경』을 한글로 번역하면서 백성 '民'을 순 우리말로 옮긴 것이 거니와, 그는 수많은 한자어들을 순우리말로 옮겼으며, 이를 통해 오직 한국의 고유한 말과 글로 표현할 수 있는 존재의 진리를 보이려 하였다(김상봉, 2014, pp.79-80).

그는 류영모적인 철학의 길을 따르는 사람들에게 공통적으로 확인할 수 있는 유사성이 언어를 철학적 탐구의 중요한 방법(도구)으로 취하는 점이라 했다. 이것은 방법론에서 나타나는 일종의 '극소주의'(minimalism)로 부를 수 있다는 것이다. 류영모는 은둔적 삶을 살면서 책 한 권 내지 않고 자기를 드러내지 않았다. 자기를 극소화시키더라도 그 가운데서 세계를 전체로서 파악하는 것이 또한 철학자의 일이다. 류영모와 달리 평생에 걸쳐 저항과 개벽의 좌표축을 걸었던 사람이 함석헌이다.

1901년에 태어난 함석헌에게 한일합방은 미증유의 파국이었다. 함석헌은 훗날 “어려서 받은 충격 중에 가장 큰 것은 열 살 때 나라가 망했을 때 받은 것”이라 했다. 3.1운동 당시 함석헌은 평양고보 3학년생으로서 이 운동에 적극적으로 참여했다. 약 2년간의 방황 끝에 정주 오산학교에 편입한 함석헌은 거기서 평생의 스승으로 류영모를 만나게 된다. 김상봉은 이 때 류영모와의 만남을 통해 함석헌이 철학적 사유에 본격적으로 들어선 계기로 본다.

함석헌은 ‘역사의 뜻’을 끈질기게 물음으로써 어째서 우리 시대가 종말과 파국의 시대일 수밖에 없으며, 동시에 새로운 세계의 개벽 앞에 서 있는 시대인지를 명확하게 보이려 하였다. 함석헌은 역사 속에서 고난의 보편성을 확인함으로써, 그것을 철학적 사유의 대상으로 끌어 올리고자 했다. 함석헌은 민중, 즉 씨올의 철학자로 자기 정체성을 정립하고, 그 역사 속에서 항쟁과 개벽의 좌표축은 그에게 3.1운동에서 시작하여 한반도 통일로 뻗어 있다. 함석헌에 의하면, 스스로 신의 자리에서 생각하고 행위하는 것이야말로 종교의 본질이다. 그는 “종교란 다른 것이 아니요. 뜻을 찾음이다. 현상의 세계를 뚫음이다. 절대에 대듦이다. 하나님과 맞섬이다. 하나님이 되잠이다.”고 했다. 여기서 김상봉 교수는 “우리는 종교와 철학과 혁명을 하나로 통일하고 분리하지 않았던 동학의 정신이 함석헌의 정신 속에서 살아 이어지고 있는 것을 본다.”고 했다.

이렇게 이어지는 좌표축의 연장에서 그는 살아 있는 철학자 중 도올 김용옥에게 주목한다. 김상봉은 이렇게 말한다.

> 함석헌과 같은 좌표축 위에도 비슷한 사람들이 여럿 있다. 그 가운데서도 아마 도올 김용옥은 다른 누구보다 함석헌과 비슷한 길을 걷는 철학자일 것이다. 그는 처음에는 동양철학에서 출발했으나, 역시 동양철학의 한계에 갇히지 않았다. 하지만 그가 철학자로서 평가 받아야 하는 까닭은 그가 끊임없이 역사 속에서 역사와 함께 철학했다는 사실 때문이다. 마치 박정희 치하에서 함석헌이 그랬던 것처럼 오늘날 김용옥은 대중들에게 먼저 다가가 "하나의 우는 씨올"로서 말 건네는 유일한 철학자이다. 하지만 그 역시 아직 길 위에 있는 철학자이므로, 우리는 그에 대한 온전한 평가를 후세의 몫으로 남겨 두려 한다 (김상봉, 2014, 92).

동학에서 시원하여 최제우 – 류영모 – 함석헌 – 김용옥으로 이어지는 현대한국철학의 계보가 주체의 개벽을 통한 후천개벽 세상을 열어가는 길잡이가 되기를 고대한다. 이들의 철학적 계보는 한국 철학계에서 결코 (강단철학의) 주류가 아니다. 우리는 한국철학의 특수성이 세계철학의 보편성과 어떻게 연관되어 '상호주체성'을 담론화 할 수 있는가를 본격적으로 고민해 봐야 한다. "우리 철학 어떻게 할 것인가?"라는 질문은 지금 우리에게 끊임없이 제기되어야 할 숙제다.

오후 5시 반경에 세미나 장을 황급히 나왔다. 고속버스 예약 시간 때문에 종합토론을 놓치는 게 아쉬웠지만 역시 오기를 잘했다는 생각이 들었다. 택시를 잡기 위해 발걸음을 재촉하면서 넓은 캠퍼스에 지나가는 차들을 잠시 세우려 했지만 아무도 거들떠보지 않는다. 당해보니 세상은 냉혹하다. 갑자기 바다 속에 남겨진 아이들 생각이 난다. 이런 게 자업자득(自業自得)인가. 겨우 정문 앞에서 택시를 잡아타고 광주터미널 고속버스에 허겁지겁 올랐다. 차창 밖 5월은 여전히 싱그럽다. 그리고 5월 광주는 결코 나를 외면하지 않았다. **(2014.05.27)**

『장자(莊子)』의 장애인관과 오늘의 장애인운동

『장자』의 제5편 '덕충부'(德充符)는 덕(德)이 가득해서 저절로 드러나는 표시라는 뜻이다. 이편에서 장자는 장애인을 등장시켜, 그가 비록 신체적으로 온전치 못하지만 속에 있는 자신의 천부적 잠재력을 발휘해서 의연한 삶을 살고 있음을 말해주고 있다. 비교종교학자 오강남(1999)은 노자의 『도덕경』이 도(道)를 어머니로 표현하는 등 여성적인 것을 강조해서 오늘날 '여성운동가의 성서(聖書)'가 될 수 있다면, 『장자』는 장애인이 도를 실현하고 덕을 발휘하는 데에 아무런 장애가 없다는 것을 그림처럼 생생하게 실증했다는 점에서 '장애인들의 성서'가 될 수 있다고 했다.

『장자』 세1편의 '소요유'(逍遙遊)는 흔히 자유롭게 노니는 인간의 절대 자유 경지를 이야기하는 것으로 알려져 있지만, 그것은 인간이 지닌 무한한 가능성에 대한 선언이기도 하다. 『장자』의 주제는 우리 인간이 절대 자유의 존재가 되는 변화(變化)의 가능성과 그것의 실현이다. 1편의 첫 장을 요약하면 이렇다.

> '북쪽 깊은 바다'에 물고기가 한 마리 살았는데, 그 이름을 곤(鯤)이라 하였습니다. ...(중략) 이 물고기가 변하여 새가 되었는데, 이름을 붕(鵬)이라 하였습니다. ...(중략) 한번 기운을 모아 힘차게 날아오르면 날개는 하늘에 드리운 구름 같았습니다. 이 새는 바다 기운이 움직여 물결이 흉흉해지면, 남쪽 깊은 바다로 가는데, 그 바다를 예로부터 '하늘 못'(天池)라 하였습니다(오강남, 1999, p.26).

곤(鯤)은 본래 작은 물고기나 그 알이라는 뜻인데, 여기서는 엄청나게 큰 물고기로 등장한다. 이 물고기가 다시 엄청나게 큰 붕(鵬) 새가 되어 구만리나 되는 하늘 길에 올랐다는 것이다. 거대하기 그지없는 물고기나 붕새도 본래는 조그만 알에서 깨어 나왔다. 우리 인간은 누구나 이런 씨울을 품고 있다. 우리 속에 품부되어 있는 이런 무한한 가능성을 자각하여 이를 크게 실현하는 깨침의 과정이 중요하다. 그 과정에는 실존적 한계를 초월하는 '화이위조'(化而爲鳥)의 '화'(化)가 있다.

"이 새가 바다 기운이 움직여 물결이 흉흉해 지면, 남쪽 깊은 바다로 나는 것"은 초자연적인 작용(힘)이 아니라, 자기 속의 생래적 가능성이 한 번 신명나게 발현되어 '하늘 못'(天池)에 이른다는 것이다. '하늘 못'에 이른다는 게 뭔가? 유학에서 말하는 인간의 본래성(本來性; human nature)이 천명(天命)을 따라 그것과 하나가 됨이다. 이것이 천인합일(天人合一)의 경지다. 기독교에서 말하는 메타노이아(metanoia)로 거듭나 하늘나라에 이르는 것이다. 혹은 류영모 선생이 말하는 '몸 나'에서 '얼 나'로 솟나 하느님의 줄을 잡음이다. 그리고 불교에서 말하는 차안(此岸)에서 피안(彼岸)으로 건너감이다.

우리 인간은 결코 신(神)이 아니지만, 신성(神性)은 내 속에 내재한다. 도(道)의 근원은 초월적인 것이지만, 그 길을 따르는 힘은 우리 속에 내재해 있다. 장애인은 그의 장애가 아무리 무겁고 중복되어 있어도 본질적으로 우리 모두와 다르지 않는 존엄한 존재(the human one)다. 이 지점에서 장자의 장애인관과 현대 문명사회에서 장애인을 보는 관점은 갈라진다. 문명사회는 도구로서 문명을 지나치게 존중할 뿐만 아니라 마침내는 그 노예가 되어버렸다. 문명의 측도에서 '과학'이라는 이름으로 사람을 가르고 등급을 매기다 보면, 사람은 없고 장애(disabilities)만 남는다.

이쯤에서 『장자』에 나타난 장애인관을 직접 살펴보자. '왕태(王駘)와 공자'에 나오는 이야기는 이렇게 시작된다. 노(魯)나라에 왕태라는 사람이 있었는데 형벌을 받아 발 하나가 잘린 사람인데, 그를 따르는 사람의 수가 공자를 따르는 수와 맞먹을 만했단다. 해서 공자의 제자 상계(常季)가 물었다. "왕태는 외발인데 따르는 자가 선생님의 제자와 노나라를 반씩 차지하고 있습니다. 서서 가르치는 일이 없고, 앉아서 토론하는 일도 없다는 데, 사람들이 텅 빈 채로 찾아가서 가득 얻어 돌아온답니다. 정말 '말로 하지 않는 가르침'(不言之教)이라는 것이 있습니까? 몸이 불구지만 마음은 온전할 수 있습니까? 그 사람이 도대체 누구입니까?"

공자가 이르기를 "그는 성인이다. 나는 온 세상 사람을 이끌고 그분을 따르려 한다. …(중략) 그는 사물의 변화를 운명(運命)으로 여기고 그 근본을 지킨다. 그런 사람은 귀나 눈이 옳다고 하는 것과 상관하지 않고, 덕(德)에서 나오는 평화의 경지에서 마음을 노닐게(遊心) 한다. 사물에서 하나 됨을 보고, 그 잃음을 보지 않는다. 그러니 발 하나 떨어져 나간 것쯤은 흙덩어리 하나 떨어져 나간 것에 지나지 않지."

다시 상계가 말했다. "그는 '앎'으로 그 마음을 터득하고, 그 마음으로 영원한 마음을 터득하는 등 자기수양에만 전념했는데, 어찌 사람들이 그리 모여듭니까?" 공자가 답하기를 "사람이 흐르는 물에 제 모습을 비춰 볼 수 없고, 고요한 물에서만 비춰 볼 수 있다. 고요함만이 고요함을 찾는 뭇 사람의 발길을 멈추게 할 수 있다. …(중략) 이런 사람은 날을 잡아서 어디 먼 곳에 오르려는 것. 그래서 사람들이 따르는 것이다. 그런 사람이 어찌 사람들이 자기를 따르는 것 같은 일에 괘념하겠느냐?"

위에서 '노닌다'(遊)는 것이 결국은 '마음의 문제'이다. 그러니 이런 사람은 발하나 떨어져 나간 것쯤은 흙덩어리 하나 떨어져 나간 것으로밖에 여기지 않는다. 그럼 그 마음의 경지는 뭔가? 공자는 왕태의 마음이 '명경지수'(明鏡止水) 같다고 했다. 그는 오로지 자기 내면세계를 향해 정진했을 뿐인데도 사람들이 모여드는 것은 거울같이 맑은 마음에 자기들의 참모습(眞我)를 비춰 보기 위함이라는 것이다.

이런 사람은 자기를 따르는 사람들의 세(勢)에 결코 구애받지 않는다. 그러니 자기 발 하나 떨어져 나간 것쯤은 흙덩어리 하나 떨어져 나간 것에 지나지 않다는 건가? 장애는 개인적 실존의 엄중한 문제다. 이 엄중한 문제조차 '마음을 노닐게 하는 사람'이라면, 그는 이미 우리가 상정하는 그런 장애인이 아니다. 그는 단지 장애를 지닌 '성인'(聖人)일 따름이다. 이런 사람은 언제 날을 잡아 먼 곳에 오를 것이라 했는데, 과연 그가 오르고자 하는 먼 곳은 어디일까?

위의 '왕태와 공자' 이야기 외에도 『장자』에는 발이 잘린 '신도가(申徒嘉)와 정자산(鄭子產)'의 이야기, '무지(無趾)와 공자와 노자' 이야기, '추남 애태타(哀駘它)'이야기, 그리고 중증장애인 인기지리무신(闉跂支離無脤)과 큰 혹부리 사람 이야기가 계속 나온다. 두 번째 이야기에서 자산이 신도가에게 장애인 주제에 자기 분수를 지키라고 비난하니 신도가는 이렇게 말한다.

> 활 잘 쏘는 예(羿)의 활 사정거리 안에서 놀 때, 그 안은 모두 화살에 맞을 수 있는 땅, 그런데도 맞지 않았다면 그것은 명(命)일 따름이지. 그런데도 자신이 온전하다 하여 내 발하나 없음을 비웃는 사람이 많았네. 나는 그 때마다 불끈 화를 내다가도, 선생님 계신 곳에 가면 그런 마음을 말끔히 씻고 평소 상태로 되돌아왔네. 선생님께서 훌륭하신 덕으로 나를 씻어 주셨나 보이. 내가 선생님을 19년 동안이나 따르며 배웠지만 선생님께서는 아직도 내가 '외발'임을 아신다고 내비치신 적이 없다네(오강남, 1999, pp.232-233).

장애인이 되고 안 되고는 명(命)일 따름이라 했다. 이 '명'(命)은 유학에서 말하는 천명(天命)이자, 기독교에서 말하는 하느님의 뜻이다.

영화 ‘제8요일’에서 하느님은 6일간 천지를 창조하시고 하루를 쉰 다음 뭔가 한 구석 허전하여 제8요일에 지적 장애인을 내보냈단다. 농학교의 농문화와 농교육 현장을 리얼하게 묘사한 영화 “작은 ‘신’의 아이들”(Children of a Lesser God)은 제목 그 자체가 우리들에게 많은 것을 시사해 준다.

여기 일반적인 장애인관에 대칭해서 신도가의 스승은 그가 19년간이나 배웠지만 아직도 자기가 외발 장애인임을 내비치신 적이 없다고 했다. 장애인이 자신의 장애를 장애로 느끼지 않게 하는 세상 모습(인심)을 극명하게 드러내고 있다. 장애인의 낙원(樂園)은 비장애인의 마음에 있다.

최근 나는 노들장애인야학 교장이면서 우리나라 장애인운동의 대부격인 박경석 교장의 『지금이 나는 더 행복하다』(2013)는 책을 읽었다. 이 책을 통해 내가 읽고 느낀 우리의 장애인 현실과 약 2500년 전에 장자가 말한 장애인관 간의 엄청난 간극을 어찌 메워야 할지 난감했다. 박경석은 책 제목에서 『지금이 나는 더 행복하다』고 표현한 걸 보면, 장애인이 되기 전 그의 평범한 삶 혹은 장애인이 되고난 다음 그가 앓은 시련까지 포함해서 장애인운동가로서 살아가는 지금의 자기 삶이 더 행복하다는 것일 터. 박경석 교장다운 삶의 전환(transformation)이다. 『장자』식으로 표현하면, 곤이라는 물고기가 붕새가 되어 하늘로 힘차게 날아오른 격이다.

박경석의 『지금이 나는 더 행복하다』를 읽으며 나는 이런 생각을 했다. 그는 1960년 대구에서 태어났으니 올 해 54세에 접어들었다. 우리는 평생 박경석 교장이 장애인운동가로 거리에서 투쟁하는 ‘운동가’로 살게 둘 건가? 길게 잡아 그도 60대 중반이 되면 ‘활동가’의 딱지를 떼고 후배들에게 품위 있는 ‘운동가’의 길을 자문해 주는 그런 삶의 여유를 가지게 하는 게 그에 대한 우리 사회의 도리가 아닌가 싶다. 그러나 장애인

당사자의 입장에서 볼 때, 아직 우리 사회는 몸으로 치열하게 투쟁하지 않고는 장애인의 삶의 질이 조금도 달라지지 않는다고 호소한다. 그래서 장애인야학 학생들에게는 아직도 "공부가 먼저냐 운동(투쟁)이 먼저냐" 라는 화두를 가지고 씨름한다. 그러는 동안 공부가 곧 운동이고, 운동이 곧 공부라는 프락시스가 하나의 틀을 잡아 간다. 그러기 위해 이 땅의 특수교육은 장애학(disability studies)의 입장에서 거듭나야 한다. 특수교육은 장애의 교정이 아니다. 장애인 한 사람마다 인격의 주체로 우뚝 서게 하는 게 특수교육의 본질이다. 그래서 특수교육은 교육 중의 교육이어야 한다.

『장자』의 장애인관에서는 기본적으로 장애인 당사자의 내면적 깨침 혹은 절대 자유를 중시한다. 그에 비해 오늘의 장애인운동에서는 장애인의 권리 쟁취를 앞세운다. 그래서 장자에게는 '소요유'의 삶이 가능했지만, 민주사회에서는 모두가 권리를 앞세우다 보니 기본적으로 사람의 관계가 갈등적일 수밖에 없다. 원칙적으로 문명사회에서는 장애인 당사자의 권리 주장 이전에 제도적으로 장애인의 불편함이나 소외를 들어주는 데에 힘써야 한다. 그게 정의사회의 본래 모습이다. 장애인의 삶이 기껏 그들의 권리투쟁 산물로 조금씩 떡 주듯이 떼어주는 것은 문명사회의 본래 모습이 아니다. 어찌 보면 장애인에게는 문명사회에서 문명의 혜택도 있지만, 문명이라는 이름으로 장애인과 비장애인 간에 그 혜택의 '차별'은 엄청나게 벌어지고 있다. 그래서 장애인에게 '문명'(文明)은 양날의 칼이다.

장자는 인간의 절대 자유와 그 자유를 향유할 수 있는 인간존재의 무한한 가능성을 강조한다. 장자가 이야기하는 장애인관에 우리 사회가 한층 접근하게 되는 날, 박경석 교장도 자연인으로서 '마음을 노닐게 하는'(心遊) 그런 삶을 향유하게 될 터. 우리에게 그 때가 언제일까? (2013.11.23)

『공부하는 삶』

책 제목에 끌려 세르티양주의 『공부하는 삶』(1920; 이재만 옮김, 2013)을 읽었다. 이 책이 우리에게는 오래된 신간이다. '공부'라고 하면 서양보다 우리나라가 더 오랜 전통을 지니고 있지 않나 싶다. 우리나라는 고려조에 과거제가 도입된 이래 출세의 통로로 글 읽고 쓰는 공부가 엄청 강조되었다. 어쨌거나 그 덕분에 오늘 우리는 문명국의 반열에 서 있다.

저자는 신학과 철학을 아우르는 지식인으로서 지금부터 약 1세기 전에 '지성인의 소명의식'으로서 공부를 문제 삼았다. 그는 지성인은 신성한 부름을 받는다면서, "소명(召命)은 요청할 수 있는 것이 아니라 했다. 소명은 하늘에서 내려오는 것이고, 우리의 제1본성에서 나오는 것이다"고 했다. 세르티양주의 이 말은 우리에게 『중용』 첫 구절에 나오는 '天命之謂性'을 떠올리게 한다. 즉, 우리 인간은 하늘의 지엄한 명령으로 제1본성으로 본래성(本來性)을 지니고 있다. 해서 우리에게 공부는 하늘의 명령이고 저자에게는 신의 명령에 순종하는 것이다. 심층에서 보면 그게 그 말이다. 태양아래 새로운 것은 하나도 없다.

지식인은 각자의 소명으로 성별(聖別)되는 사람이어야 한다. 저자는 공부하는 사람이 보이는 삶의 구성으로 몇 가지를 강조한다. 먼저 일상을 단순하게 만들어 라고 당부한다. 험난하고 긴 여행길에 가능하면 짐을 가볍게 해서 떠나야 한다. 저자는 "공부와 공부를 돕는 환경 이외에 사소한 일을 하느라 돈과 집중력을 낭비하기보다는 장서를 모으고 유익한 여행이나 평온한 휴가를 준비하고 영감을 되살리는 음악을 듣는 편이 훨씬 낫다"고 권고한다. 그래서 정신을 가볍고 자유롭게 하려면 물질을 최소한으로 줄이란다. 근데 이즈음은 물질적 보상이 공부의 척도가 아닌가. 그걸 공부라 할 수 있는지 없는지 다시 물어봐야 한다.

둘째는 고요하게 묵상하는 여유를 가지란다. 그러기 위해 무엇보다도 무익한 외출을 피하고, 은거생활을 실천하란다. 그에 의하면 은신처는 정신의 실험실이고, 내적 고독과 고요는 정신의 두 날개다. 그래서 플라톤은 "잔에 부은 와인보다 등불에 넣은 기름이 많았다"고 일러준다. 그러나 공부에 집중하는 소수 사람들과의 소통은 언제나 소중하다. 원래 '학문'은 묻고 토를 다는 것이다.

저자는 자신의 전문 탐구분야를 같은 갈래에 속하는 학문 전체와 접목함으로써 탐구범위를 넓혀가고, 그런 일군의 학문을 일반적인 철학 및 신학과 연결지우는 것을 강조한다. 결국 학문의 최종 접합은 철학과 신학(종교학)으로 귀착된다. 필자가 보기에는 '인간학'으로서 특수교육학도 그 종착은 철학과 종교학에 맞닿아야 할 게다. 다음과 같은 저자의 지적은 우리 특수교육학인들에게 중요한 시사를 준다.

> 아주 명확하게 한정된 전문적 주제를 탐구하는 사람일지라도 처음부터 자신의 탐구에만 틀어박히는 것은 지혜롭지 못한 태도이다. 그래서는 풍성한 결실을 맺을 수가 없다. 그것은 눈가리개를 쓰는 꼴이다. 지식의 어떤 갈래도 자급자족할 수 없으며, 어떤 학문도 혼자서는 앞길을 밝게 비출 수 없다. 고립된 학문은 점점 좁아지고, 움츠러들고, 시들고, 시도 때도 없이 엇나가기 마련이다(Ibid, p.154).

특수교육학은 특수하게 칸막이 쳐진 학문이 아니다. 특정 개인이 국부적으로 보이는 '장애'(disabilities)에 맞춰 지나치게 그 특수성을 강조할 때, 자칫 장애만 보고 사람을 놓치기 십상이다. 그는 지식의 여왕인 철학 없이는 어떤 학문도 자급자족할 수 없고, 신성한 학문인 신학에서 비롯되는 지혜 없이는 인간의 지식 전체를 자급자족할 수 없다고 했다. 아닌 게 아니라 필자가 보기에 인간존재와 철학, 나아가 교육과 종교는 떼려야 뗄 수 없는 관계다.

공부의 실천으로서 읽기와 쓰기는 어떻게 해야 할까? 이 부분에 많은 지면을 할애하고 있다. 읽기의 첫째 원칙으로 저자는 적게 읽으란다. 이 말은 극히 정선해서 집중적으로 읽으라는 의미다. 읽기에 매달려 성찰(省察)을 게을리 하거나 내면의 고요를 깨뜨리지 않기 위해 적게 읽으라고 한다. 일찍이 쇼펜하우어는 "네가 읽은 것만을 말한다면 아무도 너를 읽지 않을 것"이라 했나. 명언이다.

우리는 공부하는 삶을 살아가는 내내 글을 써야 한다. 쓰기에서 저자는 '진실, 개성, 간결'함을 강조한다. 글쓰기에서 저자는 "나의 문체는 곧 나의 얼굴"이라 했다. 좋은 문체는 풍요 속의 압축이다. 최한기(崔漢綺)는 글쓰기는 '신기'(神氣)라 했다. 오랜 세월 한결같이 공부한 사람은 저무는 해처럼 고요하고 아름답게 삶을 끝맺을 수 있다. 그가 죽고 나면 줄곧 그와 함께한 공부는 우리에게 남는다. 공자가 그랬고 소크라테스가 그랬다. 그리고 퇴계와 칸트가 그랬다. 저자는 "성별(聖別)된 당신의 일생은 그 삶을 이루는 모두가 신의 소유"라 했다. 그에게 신성(神聖)과 지성의 본질은 다르지 않다. 그리고 공부는 그 신성과 소통하는 '정신함양'이다. 공부해서 출세한들 그 마음이 바로 서지 못하면 세상은 달라지지 않는다. **(2013.03.14)**

『공자 · 노자 · 석가』

최근에 모로하시 데쓰지(諸橋轍次)라는 사람이 100살에 쓴 책 『공자 노자 석가』(심우성 옮김, 2008)를 읽었다. 이 책을 손에 든 것은 저자가 100살에 이 책을 쓰고는 그 해 세상을 떠났다는 게 너무 기이한 일로 여겨졌기 때문이다. 이 책은 '한 권으로 충분한 동양사상 이야기'를 저자가 마지막으로 남긴 것이기에 더욱 호감이 갔다. 칼 야스퍼스는 1970년대 후반에 「소크라테스 불타 공자 예수」(황필호 옮김, 1980)라는 책을 내면서 서문에서 이렇게 밝혔다.

> 역사상에 끼친 영향의 범위나 깊이에 있어 도저히 다른 사람들과 비교가 될 수 없는 네 사람의 비범한 인물이 있다. 물론 어느 소수의 집단에게 있어 이들과 똑같은 중요성을 가진 위인들이 없는 것은 아니다. 그러나 좀 더 넓은 시각에서 오랜 세월에 걸친 지속적인 영향을 생각할 때 소크라테스, 불타, 공자, 예수를 능가할 위인은 하나도 없다(황필호, 1980, p.1).

위 네 사람 중 불타, 공자, 소크라테스는 약 2500년 전 비슷한 시기에 살았던 사람들이고 예수는 그들보다 약 500년 후에 생존한 사람이다. 인류 역사에서 지금부터 약 2500년 전에서 2000년 전에 살았던 네 사람의 성인(聖人)을 능가할 사람을 선뜻 꼽을 수 없다는 건 무엇을 의미하는 걸 까? 그래서 우리는 동서고금을 통틀어 이들 네 사람이 살았던 시기를 축(軸)의 시대(axial age)로 규정한다. 즉, 이 네 사람은 인류역사를 굴려 움직이게 하는 축의 역할을 해왔을 뿐더러 아마 앞으로도 그럴 것이다.

그래서 이들이 생존한 시대를 인류역사에서 '축의 시대'라 일컫는다.

야스퍼스는 이 네 사람을 '역사의 주역들'로 규정하여 소크라테스(469-399, B.C)-불타(560-480, B.C)-공자(551-479, B.C)-예수 순으로 각각 논의한 다음, 말미에 이 네 사람을 선택한 이유, 그 공통점과 차이점, 이들에 대한 우리의 태도 등을 간략히 논의하고 있다. 나는 이 네 사람의 차이는 너무 분명하고 크기에, 이 네 사람의 공통성에 관심이 쏠린다. 그러나 내 기대와는 달리 좀 실망스럽다. 이를테면 야스퍼스는 그 공통성으로 이 네 사람은 불타를 제외하고는 모두 평민 출신이라는 것, 네 사람은 모두 남성적인 성격이었다는 식이다. 그리고 이들은 환상적 예언자가 아니라 인류 역사에 새로운 가능성과 정신세계를 제기했고, 이들 모두는 변용(transformation)의 과정을 겪었다는 것이다. 이 때 'transformation'은 '변용'보다는 '전환'으로 옮기는 게 어울릴 듯하다.

이 '전환'에 대한 네 사람의 독특한 기여를 야스퍼스는 이렇게 기술하고 있다.

> 소크라테스가 주장한 변용은 사고의 변용이며, 불타는 명상과 명상에 의한 삶의 길을 제창했고, 공자는 단순한 배움(learning) 이상의 교육을 제창했고, 예수는 이 세상을 염두에 두지 말고 하느님의 뜻에 따르라고 가르쳤다(황필호 옮김, 1980, p.158).

여기서 야스퍼스는 역사적 '전환'에 이 네 사람이 미친 공통적 영향에 주목하면서 동시에 이 네 사람이 그들 고유의 방식으로 그 '전환'에 미친 핵심을 집약해 주고 있다. 이어 그는 이 네 사람이 죽음과 수난을 어떻게 받아 들였는가를 제기하면서 "소크라테스와 예수는 세속적인 권력에 의해 죽임을 당했고, 불타는 죽음의 실재에 따르는 생애를 보냈고,

공자는 죽음을 쳐다보면서도 거기에 아무런 무게를 주지 않았다.” 고 평했다. 이 네 사람을 통해 우리는 인간 존재의 삶, 죽음, 고난에 대한 독특한 의미를 해독할 수 있다. 그리고 이 네 사람에게 있어 ‘인간애’(人間愛)는 보편적이며 무제한적이다. 공자의 인(仁), 석가의 자비(慈悲), 예수의 박애(博愛), 소크라테스의 무지에 대한 반성은 모두 그들의 고유한 방식에 의한 ‘인간애’의 표현이다. 마지막으로 야스퍼스는 이 네 사람에 대한 우리의 태도를 논하면서 “그들은 우리들에게 ‘방향을 제시하는 등대’이지 우리가 ‘모방해야 할 모델’이 아니다.”고 했다.

한편, 모로하시는 야스퍼스와는 달리 공자 노자 석가 세 성인을 한 자리에 초청하는 대담형식의 (가상)토론회로 내용을 전개한 것이 돋보인다. 토론을 이끌어 가는 모로하시의 편집 의도는 세 성인과 맞장 뜨는 수준을 여실히 드러낸다. 뿐만 아니라 세 성인 간의 공감대 형성과 그 속의 입장 차이가 흐르는 물처럼 무리 없이 이어지게 했다. 그는 삼 성인의 초청 장소를 어디로 할 것인가부터 꽤 신경을 쓴 끝에 결국 중국의 여산(廬山)을 택하였다. 초청 장소로 공자는 수레를, 석가는 흰 코끼리를, 노자는 파란 소를 타고 오는 것으로 묘사했다.

저자는 삼성회담(三聖會談)을 시작하면서 우선 분위기를 편안하게 하기 위해 취미나 즐기는 음식이 무엇인가를 묻는 것으로 운을 뗀다.

공자는 술을 좋아하는 편이나 과음하지 않는다 했고, 석가는 수행 중에 일체 금주절욕 했다지만, 노자는 맛있는 음식만 원하면 맛이 없어져 버린다고 했다. 이어 삼 성인은 산수(山水)에 대해 나름의 예찬을 펼쳤다. 공자는 어진사람은 산을 좋아한다면서 높은 곳에 올라가 광활한 생각을 품는 것은 모두 산의 덕택이라 했다. 노자도 산을 좋아하지만 굳이 한쪽을 택하라면 물이 더 좋단다. 노자는 높은 산보다는 그 반대로 계곡의 낮음이 마음에 든다고 했다. 왜냐하면 만물은 모두 낮은 곳으로 모여들어 그 곳에서 살아가기 때문이란다. 노자는 계곡의 신(神)을 도(道)에 비유하여 "계곡의 신은 죽지 않으니(谷神不死), 이를 알 수 없는 생산자(즉, 현빈 玄牝)"라 했다. 노자는 계곡으로 흐르는 물을 그 이상으로 아껴 '상덕약곡'(上德若谷)에 대응해서 '상선약수'(上善若水)라 하여 최고의 선은 흐르는 물과 같다고 했다.

그 이유인 즉, 물은 진실로 부드럽고 유약하면서 다른 것들과 공적을 다투는 일을 하지 않기 때문이란다. 게다가 물은 가장 겸허하여 낮은 곳에 임하므로 만물이 흘러 들어와 그것을 싸안아 저장하는 힘이 있다고 칭송한다. 해서 노자는 "강과 바다가 백 개나 되는 계곡의 왕이 되는 까닭은 그보다 더 낮출 수 있기 때문"(도덕경, 66장)이라고 했다. 공자도 물을 예찬하지만 그 이유는 노자와 다르다. 공자는 강가에 서서 "흘러가는 것은 이와 같은가, 밤낮을 가리지 않는다."고 탄식하면서 군자는 물을 본받아 스스로 끊임없이 '호학역행'(好學力行)해야 한다고 했다. 하루는 맹자의 제자 서벽(徐辟)이 "공자께서 물을 찬양하여 '물이여, 물이여'라 하시었는데 물에서 무엇을 취한 것입니까?" 라고 질문하니, 맹자는 "근원이 깊고 풍부한 샘물이 밤낮을 가리지 않고 솟아 나온다."라며 공자가 물을 찬미한 까닭을 설명해 주었다. 게다가 물은 항상 순리에 따라 흘러 "웅덩이를 메우고 다시 앞으로 나아가 바다에 이른다. 근본이 있는 것은 반드시 이와 같으므로 이것을 취한 것이다."고 말해 주었다.

공자와 노자의 물 예찬을 논평하여 석가는 "결국 공자님은 물의 적극성 혹은 점진성을 생각하여 이것을 군자의 수양으로 삼았고, 노자님은 물의 부드러움과 겸손함을 찬미하여 그 소극성을 찬미하는 것이군요." 라며 마무리를 지었다. 노자는 물과 마찬가지로 '갓난아기'를 대단히 좋아한다면서 "뼈는 약하고 근육은 부드러우나 쥐는 힘은 단단하도다."고 했다.

그것은 마치 인간의 본질적 소중함을 잃어버리지 않으려고 쥐는 것이라 했다. 그래서 노자는 "쉼 없이 움직이는 혼백을 타고, 하나를 안고 능히 이 하나에서 떠나지 않을 수 있겠는가! 기운을 오롯이 하여 부드러움에 이르는 것을 갓난아기와 같이 할 수 있겠는가!"고 했다. 이어 노자는 "덕(德)을 머금은 것의 도타움이여! 비유컨대 갓난아기와 같도다."면서 "갓난아기에게는 독충도 쏘지 않고, 맹수도 덤벼들지 않고, 사나운 새도 잡아채지 않는다."고 했다.

저자는 대자연에 대한 삼성(三聖)의 이야기를 듣고자 화제를 돌린다. 공자와 석가도 자연 친화적이지만, 노자에게 자연은 '도'(道) 그 자체이다. 노자는 사람은 땅을 따르고, 땅은 하늘을 따르고, 하늘은 도를 따르고, 도는 자연을 따른다(道法自然)고 했다. 『노자』를 해석한 왕필(王弼)은 여름에 우거진 나뭇잎이 가을에 뿌리로 떨어져 버리는 것을 '복명'(復命)이라면서, 그것이 초목 본래 모습이라 했다. 즉, 자연 현상의 본질은 뿌리로 되돌아감에 있다는 것이다. 해서 노자는 "되돌아가는 것이 도의 움직임"(反者, 道之動)이라 했다. 노자에 의하면 복명(復命)에 의한 자연의 순환이 도(道)의 본질이자 그 활동이다.

이어 저자는 세 사람의 생애를 따로 개관하고 있는데, 여기서 굳이 다시 살펴 볼 필요를 느끼지 않는다. 다만 그들의 삶의 태도나 관점을 서로 비교해 볼 때, 공자의 적극성(참여)과 노자의 소극성(은둔)이 대비되는 반면에, 석가는 깨침을 구하고 그 깨침을 실천하는 과정에서 양면을 아우르는 모습을 보였다고 할 수 있다. 출가 이후 석가의 6년 간 고행은 노자의 태도에 가깝다면, 깨친 후 49년간의 교화활동은 공자의 삶과 상통하는 면이 있다. 그럼에도 세 사람의 삶의 태도는 서로 비교할 수 없을 만큼 두드러진 독자성을 지닌다.

이제 본격적으로 이상적 인간, 좋아하는 삶을 토론하는 장으로 접어

든다. 노자는 자족(自足)과 현덕(玄德)의 인간을 좋아한단다. 그는 무슨 일이든지 어떤 지점에서 그만두고 만족하지 않으면 안 된다고 한다. 그래서 "공을 이루고 이름을 떨치더라도 몸이 거기서 물러나는 것이 하늘의 도"(功遂身退, 天之道)라 일렀다. 요는 "족함을 아는 자는 풍요롭다"는 것이다. 사시사철이 바뀌면서 운행되듯이 일이 이루어지면 떠난다(功成則移)고 했다. 이와 더불어 노자는 겸손한 사람을 좋아하였다. "무엇인가 내놓고도 있다 하지 않고, 무엇을 시행해 놓고도 그것에 의존하지 않으며, 장성하게 해놓고도 주관하지 않으니, 이것이 '아득한 덕'(玄德)이다."고 했다. 그래서 노자는 "본래 공이 있으나 스스로 그 공을 자랑하므로 다시 군더더기가 된다."고 경고한다.

노자는 삶의 보배로 '자애(慈) · 검소(儉) · 겸양' 세 가지를 들고, 아는 체 나서거나 문명의 이기(利器)는 까닭 없이 싫다고 했다. 그는 자연의 품에 안겨 도(道)를 음미하는 삶을 귀하게 여긴다. 한편, 공자는 제자들에게 "너희는 군자의 선비가 될지언정 결코 소인이 되지 말라"고 당부했다. 그는 "군자는 다른 사람과 화합하지만 뇌동은 하지 않는다(和而不同)"고 했고, "군자는 치우치지 않고 보편적이지만, 소인은 보편적이지 않고 치우친다."고 했다. 공자가 가장 싫어한 사람은 "마을 사람들로부터 덕이 있는 사람(즉, 鄕原)이라 칭송 받으나, 실제로 그렇지 못한 사람은 도덕의 도둑이라"면서 경계하여 마지않았다. 공자는 아픈 데를 찔러주지만, 노자는 아프지 않게 사는 길을 열어준다.

석가는 생과 사는 하나라는 생사관(生死觀)에서 우리의 삶을 되짚어 보게 한다. 그는 인과의 업(業)이라는 게 내가 나기 전의 전세(前世), 살고 있는 현세(現世), 그리고 죽은 후의 내세(來世)의 삼세(三世)에 걸쳐 물고 물리는 것으로 본다. 이에 비해 공자는 제자가 죽음에 대해 묻자 "아직 삶도 모르는데 어찌 죽음을 알리오." 라 했다. 그만큼 공자에게는 살아가는 도리가 죽음보다 소중했다. 해서 그는 아침에 도를 들으면 저녁에 죽어도 좋다고 하지 않았던가.

저자는 이 삼성(三聖)의 기본사상을 석가의 '공'(空), 노자의 '무'(無), 공자의 '천'(天)으로 요약하여 내용을 전개하고 있다. 석가의 공(空)은 『반야심경』에 잘 나타나 있다. 즉, 그것은 큰 지혜로써 저 언덕(彼岸 즉, 해탈의 세계)으로 건너가는 마음공부이다. 그러므로 공(空)의 실상을 바로 보아 눈에 보이는 가짜를 진짜인줄 아는 번뇌와 집착을 완전히 없애는 것이 불가의 종지다. 석가의 공(空)은 노자의 무(無)와 상통하는 면이 없지 않다. 노자에 의하면, 무(無)는 만유 만물의 근원으로서의 도(道)다. 노자는 "무명(無名)은 천지의 시작이요, 이름 있는 것(有名)은 만물의 어미이다."고 했다. 그래서 '유'는 '무'에서 생긴다. 그리고 도(道)는 무(無)의 절대성이자 보편성이다. 노자는 그 이름을 무엇이라고 할지 알 수 없어서 억지로 도(道)라고 한다는 것이다.

공자는 절대성이나 보편성으로 규정한 노자의 도(道)는 자신의 천(天)과 양립하지 않는다면서 이렇게 말한다.

> 나의 사상이자 입교(立敎)의 바탕에는 석존님의 '공'(空,) 노자님의 '무'(無)와 같은, 소위 만물의 근원이 될 만한 것이 없는가? 그렇지는 않습니다. '천'(天)이 그것입니다. 나에게 있어 천(天)은 만물의 본원이며, 만상을 지배하는 '도'(道)인 것입니다. 단지 석존의 '공' 노자의 '무'와 다른 점은, 내가 말하는 천(天)은 유(有, 즉 有의 기준)라고 생각하고 있다는 점입니다. 결론적으로 나에게 천지 만물의 본원은 무엇인가, 만유를 지배하는 힘은 무엇인가 하고 물으면 나는 그것을 천(天)이라 대답할 것입니다(심우성 옮김, 2000, p.220).

그래서 공자의 손자인 자사(子思)는 하늘이 명하는 것(天命)이 곧 인간의 본성이고, 이 성(性)에 따르는 것이 곧 도(道)라고 했다.

저자는 석존의 '중도'(中道)와 공자의 '중용'(中庸)에 대해 묻는다. 석가는 쾌락과 고행의 두 양극을 넘어서는 것으로 '중도'를 말한다. 그러나 이 '중도'는 타협이나 절충이 아니라, 하나의 정도(正道)이다. 불교의 실천 윤리로서 '팔정도'(八正道)가 이에 해당된다. 즉, '팔정도'의 실천이 '중도'다. 이에 비해 공자의 '중용'(中庸)은 그 자체가 일상생활의 기준이다. 이 중용의 실천이 곧 '시중'(時中)으로서 "때에 알맞게 한다(timing)."는 것이다. 『중용』에는 희노애락이 아직 드러나지 않은 것을 '중'(中)이라 하고, 드러나서 모두 절도에 맞는 것을 '화'(和)라 한다. 이 '미발(未發)의 중(中)이 곧 사람의 본래 성(性)이며, 이것은 하늘의 명(命)이자 곧 성(誠)이다. 따라서 불학에서 "중(中)은 정(正)이다"고 한 것과 유학에서 '미발의 중(中)을 성(誠)이라' 한 것은 상당히 부합되는 면이 있다.

이어 저자는 인간의 주요문제로 배움(學) · 가르침(敎) · 다스림(治)을 들면서 먼저 공자의 말을 듣고자 요청한다. 공자는 배움(學)이란 도(道)를 배우는 것이며, 가르침이란 그 도(道)를 닦는 것이고, 다스림도 결국 도(道)를 행하는 것이므로 이 셋은 완전히 일치하는 것으로 본다. 이 셋은 서로 일치하지만 처음과 끝, 앞과 뒤는 분명히 있단다. 즉 정치에 앞서 교육과 학문을 생각하고, 법률이나 제도 정비에 앞서 덕행(德行)의 실천을 중시하는 것이다. 이를 되받아 노자는 "나는 무(無)로써 근본 토대를 삼고, 인위적이고 적극적인 모든 행위를 경계하므로 배움도 가르침도 다스림도 인위적인 것을 배격한다."고 했다. 이에 다시 공자는 "그러나 노자 「도덕경」의 5천여 언(言)의 말씀에는 난세를 구하고자 하는 비원(悲願)을 느끼게 한다."고 응수한다.

공자는 누구보다도 배움과 가르침을 필생의 과업으로 중시했다.

특히 그는 '유교무류'(有敎無類)라 해서 인간교육의 일체 가능성을 열어 놓았다. 공자는 인간 교육가능성의 계발(啓發)을 위해 문답법을 좋아했고, 상대에 따라 가르침을 다르게 하는 걸 좋아 했다. 그러나 노자는 여전히 말없는(無言) 가르침을 중시하여 "말하지 않는 가르침(不言之敎)과 무위(無爲)의 이익에 따를 자 천하에 드물다."고 했다.

공자에게 정치는 교육의 연장이며 도덕의 실천이다. 그래서 그에게 정(政)은 정(正)이다. 노자는 "큰 나라를 다스리는 것은 마치 작은 생선을 굽는 것과 같다."면서 생선을 잘 익게 하려고 자꾸 뒤집으면 부서지거나 살이 떨어져 나간다고 경고했다. 조용하게 무위(無爲)로써 다스리면 천하가 태평해 진다는 것이다. 그래서 노자가 그리는 이상향은 "나라는 작고 국민이 적어 모두 자기 땅에서 생산되는 것을 먹고 스스로 자급자족하는 삶을 즐기는 것이다. 닭 울음이나 개 짖는 소리까지 들릴 정도로 서로 가까이 있어도 굳이 왕래할 일 없이 그렇게 자족하며 사는 것이다." 고 했다. 어찌 보면 그것은 서글퍼지기까지 하는 그런 목가적(牧歌的) 이상향이다.

끝으로, 저자는 이 삼성(三聖)의 사상을 압축한 열쇠 말로 공자의 인(仁), 노자의 자(慈), 석가의 자비(慈悲)를 들고 있다. 결국 삼성의 열쇠 말을 하나로 엮으면 '인자'(仁慈)로 요약되지만, 그것을 다시 하나로 묶으면 결국 '자'(慈)로 귀결되지 않나 싶다. 즉, 인자(仁慈), 자애(慈愛), 자비(慈悲)를 꿰뚫는 것은 '자'(慈)이다. '慈'를 파자하면 '玆'의 마음(心)인데, 이 '자'(玆)는 초목이 우거져 있는 것이다. '초목이 우거져 있는 마음'이라.... 좋은 것으로 가득 차 있는 마음, 맑고 맑은 그윽한 마음이랄까. 결국 한 폭의 동양 산수화와 같은 그런 마음이 아닌가 싶다.

이 삼성(三聖) 회담에서 저자는 공자에게 "인(仁)은 사람의 성(性)

인가 정(情)인가"라고 묻고, 말미에 다시 석존에게 "자비(慈悲)는 사람의 성(性)인가 정(情)인가"라고 묻는다. 두 사람 모두 "성(性)과 정(情) 모두일 것"이라고 했다. 이처럼 우리 인간에게 성(性)과 정(情)은 동전의 양면처럼 서로 맞붙어 있다. 마찬가지로 공자의 인(仁)과 노자의 자(慈), 그리고 석가의 자비(慈悲)는 같은 마음의 근원에서 나온 우리 인간의 성정(性情)을 함축적으로 표현한 것에 다름 아니다. 필자는 이 삼성(三聖)회담을 방청하면서, 초목이 우거지듯 인간 성정(性情)이 자라나 서로 아름답게 어우러지는 그런 세상을 그리게 된다. (2012.08.12)

교수 참회록

오늘 이정옥 선생을 하늘나라로 보내고 참회의 글을 띄웁니다. 교수는 자기 기준으로 말하고 행동하는 게 몸에 베여 있습니다. 그래서 학생들 입장에서 볼 때는 별것 아닌 일에도 버럭 화를 냅니다. 내 딴에는 많이 자제한다지만 학생들은 화내는 나 때문에 상처받은 적이 한 두 번이 아니란 걸 이제 와서 느낍니다. 이정옥 박사는 내가 정년하는 지난 학기에 마지막으로 지도한 사람입니다. 왜 빨리 논문을 쓰지 않느냐고 내가 여러 번 닦달을 했지요.

2013년 1월 7일 이른 아침에 자는 잠에 숨을 거둔 이정옥 선생의 삶을 병원 빈소에서 그녀의 가까운 동료들로부터 자상히 들었습니다. 거의 대부분은 내가 처음 듣는 생소한 내용들이었습니다. 나는 그냥 공부하는 일만 족쳤지 그녀의 건강과 가정생활, 생계를 위한 힘든 일상, 농학생들을 위한 헌신적 활동 등 엄청 과부하 된 이정옥 선생의 삶은 나에게 관심 밖이었습니다. 그래도 이정옥 선생은 늘 상냥한 웃음으로 나를 대해주었고, 그냥 내 기준으로 일을 맡겼지요. 내가 쓴 글을 꼼꼼하게 교정해 줄 뿐만 아니라, 긴요한 조언을 해 줄 때는 그냥 고마워했지요. 그것도 내 기준으로 그랬을 뿐입니다.

나는 이정옥 선생 영정 앞에서 참회의 눈물을 흘렸습니다. 그러고 보니 내가 제자 빈소에서 눈물을 흘린 게 이번이 세 번째입니다. 첫 번은 약 20년 전에 내 연구실에서 일한 적이 있는 마음씨 착한 학부생 권순분이가 요절했을 때이고, 두 번째는 수년 전에 미국서 학위를 받고 거기서 교수로 일하던 배성직 교수가 금의환향하였다가 말기 간암으로 운명한 때 입니다. 그리고 오늘 이정옥 박사가 나로 하여금 이 글을 쓰게 합니다.

사람은 죽은 후에 그 진면목이 드러난다는 게 이정옥 선생을 통해 어김없이 확인되었습니다. 인도의 옛 잠언에 사람은 태어 날 때는 혼자서 울고 주변 사람들이 모두 기뻐하지만, 죽을 때는 모든 사람이 슬피 울고 혼자서 웃으며 간다고 했습니다. 이정옥 선생은 그랬습니다. 나는 그녀의 빈소가 너무 호젓할까 봐 속으로 걱정했습니다만, 뜻 밖에도 많은 사람들이 줄을 이었습니다. 대구대뿐만 아니라 전국의 지인들과 농학생들이 그의 빈소를 찾아와 애도했습니다. 성당 영결 미사에도 이곳저곳에서 이(로사)정옥과 인연이 있는 신부님이 여섯 분이나 참석해서 교단에 도열해 서 있어 보기에 참 좋았습니다.

어제 나는 이정옥 선생에게 빚진 마음을 조금이나마 들기 위해 '이정옥 선생을 보내며' 라는 추모사를 지어 올렸습니다.

이정옥 선생!!

살아남은 우리가 차마할 말을 찾지 못하겠구려. 그대가 짊어진 삶의 십자가를 그 누구도 대신 질 수가 없기 때문이오. 그대는 평생 몹쓸 병마에 시달리면서도 스스로 가족의 대들보가 되었고, 농인들의 입이 되었소. 그 게 아무나 할 수 있는 일이 결코 아니려니와 그 누구도 이정옥 선생처럼 감당할 수가 없는 일이었소. 그대가 홀연히 세상을 떠나고 나서야 우리는 겨우 감지할 수 있을 뿐이오. 왜 우리는 그대가 삶의 멍에를 지고 힘들어 할 때, 역지사지(易地思之)하지 못하고 그대를 보내고 나서야 '역지감지'(易地感之)를 들먹이는지 참으로 부끄러워지는구려. 마침내 살아 있는 우리가 이정옥 선생 영정 앞에 염치없는 존재로 폭로되고 말았구려.

어찌 철탑 위에 농성하는 해고 노동자만 열사(烈士)인가! 이 땅 대학사회의 오만한 지적 권력 앞에 평생 주눅 들어 살아가야할 시간강사 이정옥 선생! 그대는 어렵게 학위를 받고도 감히 어디에 서류조차 내 볼 엄두도 못 냈다오. 죽기 살기로 이전투구(泥田鬪狗)하는 그 살벌한 경쟁 터에 낄 여지조차 없었던 게요. 차라리 한 발 물러선 그대가 아름다운 지식인이었소. 그대는 우리 대학 농학생들에게 참으로 존경 받는 은사이자 멘토였지요. 그대 빈자리를 누가 어떻게 메울 수 있을지 아무리 생각해도 걱정이구려.

이정옥 선생의 46년 삶의 여정은 결코 짧지 않았습니다. 이정옥 선생은 이 땅의 농인들이 사람대접 받으며 살 수 있게 스스로 나서 기꺼이 십자가를 지고자 했습니다. 그대는 이 땅 농인들에게 또 다른 예수였습니다. 우리는 특수교육을 머리로 했지만 그대는 특수교육을 몸으로 감당했습니다. 그래서 그 몸을 마침내 소진(消盡)케 했습니다. 그리고 잠들 듯이 조용히 그 몸을 해방시켰습니다. 이제 이정옥 선생을 보니 "잘 살면 잘 죽는다"는 말이 어김없는 진리로 와 닿습니다. 부디 하늘나라에서 편히 쉬어요. 그 곳은 자유와 평화가 있을 겁니다. 당신의 삶과 죽음은 오늘 여기에 살아 있는 우리를 한 없이 부끄럽게 합니다. 그리고 우리를 뒤늦게 깨우쳐 줍니다. 미안하오. 부디 잘 가오, 이정옥 선생!! 떠나는 당신을 사랑합니다.

2013년 1월 8일

경산에서 당신의 지도교수 김병하가 지어 바칩니다.

이 글은 추모사라기보다는 지도교수로서 나의 참회록입니다. 부디 현직 교수로 있을 때에 학생들과 따뜻한 가슴으로 소통하면서, 뒤늦게 나처럼 제자를 향한 참회록을 쓰지 않기를 바랍니다. 나는 이정옥 선생을 내 기준으로 그냥 가르쳤지만, 그이로부터 훨씬 소중한 것을 배웠습니다. 그래서 프레이리는 "교육은 가르치면서 배우는 것"이라 했나 봐요. 교육은 참으로 지난(至難)합니다. 그 지난함이 우리에게 지워진 운명인가 봅니다. 오늘 다시 끝 모를 참회가 내게 밀려옵니다.(2013.01.09)

정년(停年)에 연구실 책 빼기

무사히 정년을 맞는 것도 복이라지만, 연구실에 짐 빼는 일만은 참으로 잔인하다. 정년 때 연구실에 책 빼내는 교수들의 모습도 여러 가지다. 초창기에 어떤 교수는 정년하고도 연구실 책을 옮기지 않자(불가피한 사정이 있었겠지만), 공연히 구설수에 오르기도 했다. 그런가하면 어떤 교수는 종강하기가 무섭게 미리 연구실 짐을 말끔히 빼내는 걸 봤다. 참 깔끔하게 앉은 자리 정리하는 사람이라는 생각이 들었다. 또 어떤 교수는 자기는 아예 가지도 않고 다른 사람을 시켜 연구실 책을 빼내는 경우도 있다. 그냥 뒤도 돌아보지 않고 훌훌 떠나는 사람도 있다. 그리고 아예 명예교수에게 주는 강의도 일절 사양하는 결단성을 보여주어, 칼날 같은 결단이 놀랍다.

내 나이 또래의 작가(소설가) 박범신(朴範信)은 연구실에 짐을 빼면서 이렇게 소회(所懷)를 적는다.

> 가만히, 대학연구실 짐을 뺀다. 20여 년 몸담았던 연구실인데, 예상보다 훨씬 더 홀가분하다. 전선에서 귀향하는 기분이다. 흔들어 주는 손수건 하나 없다. 오랫동안 그 전선에 내 사랑 부렸었는데 자국 하나 남기지 않는 게 신기하다. 그 많던 '싱아'를 먹던 '아이'들은 다 어디로 갔을까(박범신, **힐링**. 2014, p.59).

작가답게 문체와 소회가 깔끔하지만 여운이 남는다. 전선에서 귀향하는 기분이라니 그도 교수직이 꽤나 부담이 되었나 보다. 하기야 요즘 교수치고 스트레스 받지 않는 사람 없을 터. 가만히 다른 사람 눈을 피해

연구실 짐을 빼는 데 손수건 흔들어 줄 사람이나 있었겠나. 전선에서 귀향하는 용사에게는 손수건 흔들어 주지만. 그래도 그는 작가로서 지명도도 있고 학생들에게 인기를 끈 교수였을 텐데. 막상 물러나는 교수에게는 거들떠보지도 않는 게 오늘의 대학이다. "그 많던 '싱아'를 먹던 '아이'들은 다 어디로 갔을까"라는 말이 캠퍼스 허공에 그냥 맴돌 뿐이다. 슬픈 현실이다.

그럼 나는 어찌 했는가? 학기 마칠 무렵 학부생들에게 정년 고별 강의를 할 때만 해도 견딜 만 했다. 근데 막상 내 손으로 연구실 책을 빼려니 참으로 할 짓이 못되더라. 물론 내 딴에는 책 빼내는 일도 순서를 정해 하나씩 처리했다. 맨 먼저 가까운 제자들에게 필요한 책을 가져가라고 일러줬다. 먼 거리에 있는 제자 교수들이 그래도 쉽게 오지를 않아 내가 책을 챙겨 박스에 넣어 우편으로 부쳐주기도 했다. 저널은 한 사람에게 몰아주는 게 좋을 것 같아 구독하지 않은 제자 교수에게 넘겨주었다.

그 나머지 대부분의 책들은 사이버대학 학습실에 자료가 도움이 될 것 같다고 해서 필요한대로 가져가라 했다. 그러고도 남은 자료 가운데 고문서와 자료는 따로 챙겨 특수교육역사자료실로 넘겼다. 그나마 공적으로 내 장서가 후학들에게 활용될 수 있을 것 같아 위로가 되었다. 그리고 내가 좋아하는 고전이나 교양서적은 극히 일부만 골라 다시 집으로 옮겼다. 그러고도 남는 책들은 마지막으로 휴지처리장으로 갔다. 이렇게 책도 누구 손에 들어가 어떤 주인을 만나느냐에 따라 그 운명이 달라진다. 폐기처분이냐 재활용이냐 임자 만나기에 달렸다. 어디 책뿐이랴. 사람도 마찬가지. 정년하고 '명예교수'라는 이름만 덩그러니 남고 그냥 폐기처분되는 교수가 있는가 하면, 정년 후에도 나름 재활용의 가치를 유지하는 교수도 있을 터. 그럼 나는? 글쎄, 애매한 중간지점 어디에 끼어 있지 않나 싶은데.... 그건 다른 사람들, 특히 후학들이 판단할 뿐이다.

흔히 정년을 두고 '시원섭섭하다.' 고들 하는데, 솔직히 난 섭섭한

쪽이 많다. 왜 그런가? 딱 부러지게 답이 나오질 않는다. 정년 후에 훨씬 자유로우니 시원한 건 사실인데, 연구실 공간을 비우고 막상 책을 빼자니 난감하기 짝이 없다. 물론 정년하기 전에 내 서재공간을 따로 확보해 놓았지만. 연구실에 때 묻고 묵은 정(情)마저 한꺼번에 빼낼 수는 없는 일. 평소 나는 우리대학에서 내 연구실이 제일가는 명당이라고 자랑했다. 명당의 조건을 내 나름 나열하자면. 경산에서 제일 큰 문천지가 한 눈에 내려다 뵈고, 햇볕이 잘 드는 남향이어서 밝고 따뜻하다. 그리고 여인의 젓 가슴처럼 생긴 그 봉이 이름난 무슨(이름 모르는) 산이 멀리 보인다. 계절 따라 초목의 조화(造化)가 한 눈에 들어온다. 여름철이 되면 뭉게 구름이 환상적이다. 가을에 연구실 앞 은행나무 단풍과 낙엽은 내게 아련한 단심(丹心)을 깨워준다.

게다가 내가 하양으로 거처를 옮겨 한 10년쯤 사는 동안에 연구실은 나와 더욱 친해 졌다. 내게는 연구실이 집보다 더 쾌적하고 자유로운 공간이 되었다. 그렇다고 내가 가정을 기피하는 그런 간 큰 남자도 아니다. 집에서는 집사람과 손녀랑 소소한 일상을 즐기는 그런 사람이다. 문제는 한 평생 몸담아 공부하고 가르쳐 온 모교에 대한 애틋한 정(情)이 여전히 나를 놓지 않기 때문이란 걸, 정년하고 2년 쯤 지난 지금에야 알아차린 게다. 그놈의 정 때문에 2012년 6월에서 8월은 참으로 힘들었다. 그 해 9월은 8월보다 좋았고, 10월은 9월보다 좋았다.

지금도 일주에 한 번씩 대학원 강의 차 캠퍼스를 들리면 모든 게 정겹다. 내가 즐겨 거닐던 산책 코스를 다시 밟으면 그 놈의 정이 또 밟힌다. 어쩌다 나를 알아보고 인사하는 학생을 만나면 손수건 흔들어 주던 옛 애인을 보는듯하다. 이 나이에 캠퍼스는 내게 여전히 붉은 단심을 일깨워 주니 신기하다. 그래도 연구실 책 빼는 일만은 잔인하다. 두 번 겪을 일이 아니다. 한 번이면 족하다. **(2014.07.31)**

종교적 무정부주의자

정치에서 무정부주의자라 하면 폭력적 저항을 연상케 한다. 아마 일제치하 아나키스트(anarchist)들의 활동 흔적 때문이 아닌가 싶다. 한반도 통일문제에서 나는 중도(中道)통일, 강대국들로부터 중립을 견지하는 그런 자주통일노선을 선호한다. 원래 불학에서 말하는 중도(中道)는 절충적 중간지점이 아니다. '중도'는 '쌍차쌍조'(雙遮雙照)다. 즉, 양극단을 버리되, 양쪽을 동시에 비추어 포섭하는 것이다. 양극단을 버리면서 동시에 비추는 것은 일종의 파라독서다. 이율배반적 모순을 안으면서 그 모순을 어떻게 조율 혹은 뛰어넘느냐가 문제다.

솔직히 나는 정치적으로 내 자신이 무정부주의자 반열에 드는 걸 두려워한다. 하지만 종교적 무정부주의자가 되는 건 호감이 간다. 자칫 종교적 회색주의자 혹은 기회주의자로 분류될 위험이 크지만, 그런 위험부담을 감내하면서도 종교적 무정부주의자가 될 건가? 내가 보기에 우리나라 지식인 가운데 스스로 종교의 무정부주의자로 서슴없이 자칭하는 사람은 도올 김용옥이다. 그는 에둘러 자신을 변명하거나 말을 돌리지 않는 사람이다. 아마 자기가 하는 말과 글에 확신이 서 있기 때문일 터. 그의 용기와 열정이 부럽다.

나는 종교적으로 무정부주의자라고 할 것까지도 없지만, 종교다원주의(syncretism)에 상당히 경도되어 있는 건 사실이다. 일찍이 최치원(崔致遠; 857-?)은 고래로 우리나라에는 유불선(儒佛仙) 삼교(三教)를 아우르는 현묘한 도(道)가 있다고 했다. 처음부터 우리는 종교다원성의 풍부한 전통을 지니고 있었던 게다. 『붓다 없이 나는 그리스도인일 수 없었다』(Without Buddha I could not be a Christian)는 책의 저자로 우리에게 알려져 있는 폴 니터(P. Knitter)는 이 책의 한국어판(2011) 서문에서 "한국인들은, 아마도 분명한 자각 없이, 여러 종교 전통에 속하는 것을 오랫동안 실천해 왔다. 그것이 한국인들의 문화적 실천이었다."고 했다. 뉴욕 유니온 신학대학원 석좌교수로서 그의 비교종교학적 통찰이 돋보인다. 그의 말을 좀 더 들어보자.

> 모든 종교적 갱신과 그들의 현대세계 속에서의 적합성이 다른 종교와 대화하는 종교인들의 능력에 크게 의존한다면, 더 정확히 말해, 두 종교에 속하는 것의 가능성과 자원을 탐구하는 종교인들의 능력에 달려 있다면, 한국인들은 우리 미국인들보다 훨씬 더 큰 강점을 가지고 있다. 한국인들은 우리 서양인들이 알고 있는 것보다 더 깊고 넓은 종교다원주의와 종교적 혼종성의 경험을 가지고 있기 때문이다. 한국인 학자들과 종교인들이 여러 전통을 함께 실천하는 종교적 정체성의 경험과 유산을 보다 분명하게 성찰할 수 있다면, 그들은 한국에서 종교의 적합성을 발견하는 것뿐만 아니라 더 넓은 세계에서 종교들의 적합성을 발견하는 데도 크게 기여하게 될 것이다(정경일, 이창엽 옮김, 2011, p.17).

한국인들의 종교다원주의 경험과 유산을 긍정적으로 인정해주는 고무적인 말이다. 문제는 우리가 그런 풍부한 종교다원주의적 전통을 지니고 있다는 걸 긍정적으로 인지하고 있지 못하다는 데에 있다. 종교적인 측면은 물론, 문명사적 측면에서 볼 때, 우리나라는 인류 삼대문명이라 할 수 있는 중국문명, 인도문명, 중동문명에 뿌리를 둔 서구문명을 고루 습합(習合) 혹은 섭합(攝合)한 그런 전통을 지니고 있다. 그래서인지 우리나라는 종교적 황금분할이 절묘하게 유지되고 있으며, 종교 간의 분쟁이 없는 나라다.

내가 보기에 우리나라에서 종교다원성의 꽃은 '동학'(東學)이다. 동학은 19세기 중후반에 수운(水雲) 최제우(崔濟愚; 1824-1864) 선생이 서세동점(西勢東漸)에 대응하여 창도한 민족종교이자 (철학)사상이다. 종교적 습합 면에서 동학은 초기에 유불도(선) 삼교를 통합적으로 아우르면서 후기에는 기독교까지도 비판적으로 수용하는 종교다원주의적 탄력성을 보이고 있다. 동학의 '시천주'(侍天主)는 내 몸속에 천주인 한울님을 모시고(內有神靈) 있을 뿐만 아니라, 그런 내가 밖으로 천지 기운과 하나(同體)가 되는 것(外有氣化)이다. 그래서 동학은 사람 섬기기를 하늘 섬기듯(事人如天) 하란다. 동학은 종교다원성의 창발성과 인간존엄성의 극치를 보여준다. 그런 면에서 동학은 우리나라의 대표적인 민족종교다.

후에 동학은 천도교(天道敎)로 종교적 자리를 잡아 오늘에 이르고 있다. 천도교가 우리나라 5대 종교의 반열에 겨우 들기는 하지만, 그 교세는 불교, 가톨릭, 개신교에 비해 초라하다. 최근 나는 동학사상에 깊은 관심을 가지지만, 천도교 신자로 입문하는 것에는 주저한다. 차라리 종교의 무정부주의자로 남고 싶다. 사실 나의 종교적 편력은 좀 복잡하다랄까, 내가 생각해도 종잡기 어렵다. 고등학교 시절에 나는 성당에 가서 천주교 교리공부를 좀 한 적이 있지만 제대로 끝내질 못했다.

80년대 초에는 미국에서 가족과 함께 1년간 객원연구교수생활을 하는 동안 목사님이 태워주는 차를 타고 주일마다 한인교회를 갔다. 이게 계기가 되어 목사님과 친분도 두터워져 한국에 와서도 1년 남짓 교회엘 다녔다. 근데 교회에서 내게 뭔가 직분을 맡기려 하는 바람에 그게 부담이 되어 그 길로 교회에 나가지 않았다. 그래서 대구대 재직 시에 우리 학과 원로 장로님이 내게 '잡사'라는 별명을 붙여 주었다. 그로부터 나는 꼼짝없이 잡사가 되고 말았다.

또 한 동안에는 집사람이 절에 같이 가자고 하면 운전해서 꾸벅 꾸벅

잘도 따라 다녔다. 그게 인연이 되어 이제는 혼자 팔공산 갓바위도 가고, 은해사(恩海寺) 뒤편 운부선원(雲浮禪院)에도 간다. 불교계에서 천하명당으로 "북에는 '마하'요, 남에는 '운부'라" 할 정도로 운부암은 남한 제일의 선원으로 꼽힌다. 계곡 따라 완만히 오르는 길이 참 마음에 든다. 이제는 가족들과 경주에 나들이를 가도 손녀랑 가족들은 떼어놓고 나 홀로 불국사에 갔다가 불교서점에 들린다. 그리고는 올 때쯤 함께 만나는 걸 당연한 코스로 인정받을 수 있게까지 되었다.

이런 줏대 없는 나의 종교적 편력에도 불구하고, 내면적으로 종교(학)에 대한 나의 관심은 불어만 가고 있다. 그래서 내친김에 정년 세미나(2012년 8월)에서 나는 「심층종교와 특수교육의 만남」이라는 주제로 마무리를 지었다. 특수교육은 으뜸 되는 가르침인 종교와 심층적으로 맞닿을 수밖에 없다는 걸 정년에 즈음한 나의 지론(깨침)이라는 걸 은근히 내세워 보고 싶었기 때문이다. 결국, 나는 무신론자는 아니지만 무교(無教)로 분류될 수밖에 없는 사람이다.

가톨릭 신학자 한스 큉(H. Küng)은 "종교 간의 평화 없이 세계의 평화는 없다."했고, 이에 덧붙여 길희성(종교학) 교수는 "종교 간의 대화 없이 종교 간의 평화는 없다."고 했다. 그는 불교와 그리스도교의 창조적 만남을 강조하는 『보살예수』(2004)에서 "문화다원주의가 가능하듯, 과연 종교다원주의도 가능한가?"라고 묻는다. 물론 종교학자로서 길희성 교수는 종교다원주의자다. 그는 이렇게 말한다.

> 저는 세계의 성인 · 성자뿐만 아니라 모든 인간이 하느님의 계시자라고 봅니다. 모든 인간은 하느님의 형상으로 지음 받은 존재이기에, 그 안에 신성(神性)을 갖고 있다고 저는 믿습니다. 그래서 어떤 이들은 '하느님의 씨앗'이 우리 안에 있다고 가르칩니다. ...(중략)성인과 성자는

> 인간의 신적 본성을 드러내 하느님과 하나 되는 경지까지 나아간 분들입니다. 모든 인간이 본래 하느님의 육화(incarnation)라고까지 생각할 수 있을 것입니다. 바로 이런 면에서 저는 그리스도교의 사상과 동양 종교의 사상이 만날 수 있다고 생각합니다(길희성, 2004, p.15).

그는 종교다원주의자로서 자신의 생각을 『길은 달라도 같은 산을 오른다』(2013)는 책에서 좀 더 분명히 제기하고 있다. 이 책의 말미에서 그는 "나는 종교들 사이의 경계를 자유롭게 넘나드는 다종교적 영성, 그리고 종교와 비종교, 성과 속이 하나가 되는 초종교적 영성이야말로 인간정신이 추구할 수 있는 최고의 영적 경지"라 했다. 하느님은 특정 종교가 필요 없다. 하느님은 기독교 신자도 아니고 불교신자도 아니기 때문이다.

각설하고, 종교적 존재로서 나의 정체성은 과연 무엇인가? 나는 종교아나키스트인가, 종교다원주의자인가? 혹은 종교방랑자인가? 혹은 초종교주의자인가? 헷갈린다. 여전히 흔들리는 삶이다. **(2014.8.18)**

영혼불멸과 교육가능성

최근 키케로의 『노년에 관하여』(천병희 옮김, 2005)라는 책을 읽었다. 금년에 고희(古稀)에 접어드는 나도 속절없이 노년이다. 내가 아는 키케로(M. T. Cicero; 기원전 106-43년)는 로마시대의 문장가이자 웅변가로 그 문장의 수려함이 르네상스 이후 초기의 인문적 실학주의에까지 깊은 영향을 미친 사람이다. 그러나 그의 문장을 직접 대면한 것은 이번이 처음이다. 늦었지만 다행이라는 생각이 든다. 『노년에 관하여』 끝부분(전체 22장 중 21장)에서 그는 영혼불멸에 대해 이렇게 말한다.

> 영혼의 본성은 결코 멸(滅)할 수 없다는 것이네. 그리고 영혼은 항상 움직이지만 어떤 동인(動因)도 갖지 않네. 영혼은 저절로 움직이니까. 영혼의 이러한 움직임은 또 끝나지도 않을 것이네. 영혼이 자신을 버리는 일은 결코 없을 테니까. 그리고 영혼은 그 본성이 단일하고 자신과 같지 않거나 닮지 않은 혼합물을 내포하지 않으므로 나누어질 수 없고, 나누어질 수 없다면 멸할 수도 없네. 인간은 태어나기 전부터 이미 대부분을 알고 있다는 가설을 뒷받침하는 강력한 논거는 아이들이 어려운 과목들을 배우며 수없이 많은 것을 그토록 빨리 이해한다는 사실이네. 그래서 아이들은 그것들을 그때 처음 배우는 것이 아니라 상기하고 회상하는 것처럼 보이는 것이라네(천병희 옮김, 2005, p.86).

한 인간은 죽어도 그의 영혼은 살아남는다. 문제는 우리가 얼마나 영혼의 부름에 일치하는 삶을 사는가이다. 지난한 문제다. 프랑스의 르누아르(F. Lenoir)는 『소크라테스 예수 붓다』(장석훈 옮김, 2014)에서 이들을 '영적(靈的) 휴머니즘'의 창시자로 불렀다. 키케로는 영혼의 불멸에 대해 그가 소크라테스로부터 받은 영향을 이렇게 고백한다. "나는 아폴론의 신탁이 가장 현명한 사람으로 판정한 소크라테스가 생애의 마지막 날 영혼의 불멸에 관하여 논의했던 것을 연구했다네."라고. 르누아르도 '다이몬'이라는 영혼의 신비성을 강조한 소크라테스를 주목한다.

> 소크라테스는 자신 안에 '다이몬(daimon)'이라고 하는 내면의 '목소리'가 존재한다고 거듭 강조했다. 다이몬은 '정령'(精靈)을 의미하는데, 소크라테스는 신성의 발현을 다이몬이라고 했다. 델피 신탁이 그를 지명한 이후, 다이몬은 늘 소크라테스와 함께했다. 필요하다면 그를 제지했고 그가 소명을 망각한다 싶으면 그를 다시 일깨웠으며, 신탁을 대신하여 신의 말씀을 전하기도 했다(장석훈 옮김, 2014, pp.97-98).

후에 소크라테스의 제자들은 "그는 자기 안에는 해야 할 것과 하지 말아야 할 것을 지시하는 정령(영혼)이 있다고 말했다."고 스승을 회고했다. 해서 제자들에게 비친 소크라테스의 모습은 이성에 기반을 둔 철학자이면서 동시에 초자연적인 힘(즉, 영혼)과 결부된 신비주의자의 모습이기도 했을 게다. 내가 보기에 소크라테스는 지식의 산파임과 동시에 영혼의 산파를 자임한 사람이다. 소크라테스는 『파이돈』에서 "철학자란 사람들이 육신과의 관계에서부터 영혼을 분리해 낼 수 있게 하는 사람"이라 했다. 영혼불멸에 대한 소크라테스의 가르침은 신통하게도 키케로에게 그대로 이어지고 있다.

근데 내가 정작 놀란 것은 키케로가 영혼불멸을 말하면서 이것을 모든 아이들이 태어나면서 품부(稟賦) 받은 학습가능성과 연관지우고 있다는 사실이다. 단일한 본성을 가지고 제 갈 길을 가는 영혼을 말하면서 키케로는 인간의 생득적인 학습가능성을 말한다. "인간은 태어나기 전부터 이미 대부분을 알고 있다는 가설을 뒷받침하는 강력한 논거는 아이들이 어려운 과목들을 배우며 수없이 많은 것을 그토록 빨리 이해한다는 사실이네."라고. 스스로 동인(動因)을 갖지 않는 본래성(本來性)으로서의 영혼이 인간의 무한한 학습가능성과 도대체 어떤 연관을 가지는 것일까?

이 대목에서 붓다의 가르침이 떠오른다. 성철 스님은 "자기를 바로 봅시다. 자기는 원래 구원되어 있습니다. 자기가 본래 부처입니다."고 거듭 강조했다. 모든 진리는 자기 속에 구비되어 있으므로, 만약 자기 밖에서 진리를 구하면 이는 바다 밖에서 물을 구함과 같단다. 그래서 순금(純金)인 자기를 바로 보란다. 그는 '본래성'으로서 인간의 '본마음'을 이렇게 말한다.

> 이 (본)마음에는 일체의 지혜와 무한한 덕행이 원만 구족하여 있으니, 이것을 자연지(自然智)라고 합니다. 이 자연지는 개개가 구비한 무진장의 보고(寶庫)입니다. 이 보고의 문을 열면 지덕을 완비한 출격대장부(出格大丈夫)가 되나니, 이것이 인간 존엄의 극치입니다. ...(중략) 이 마음은 거울과 같아서 아무리 오랫동안 때가 묻고 먼지가 앉아 있어도 때만 닦아내면 본거울 그대로 깨끗합니다. 그리고 때가 묻어 있을 때나 때가 없을 때나 거울 그 자체는 조금도 변함없음과 같습니다 (성철, **자기를 바로 봅시다**. 1987, p.32).

여기 본마음은 본래성으로서의 영혼이고, 이것은 변함없는 '불생불멸'(不生不滅) 자체이다. 이 마음에는 일체의 지혜와 덕행이 원만 구족해 있어, 무진장의 보고(寶庫)이다. 여기서 인간 교육의 무한한 가능성과 교육의 신비(神秘)가 드러난다. 이 신비성을 키케로는 뭐라고 설명하기 어려워 "아이들이 어려운 교과를 배우는 것은 생판 모르는 것을 처음 배우는 것이 아니라, 아는 것을 상기하고 회상하는 것처럼 보인다."는 게다.

달리 말하면, 학습은 생판 모르는 걸 배우는 게 아니라, 알 수 있으면서 모르는 걸 깨치는 과정이다. 여기에 인간 존엄으로서 교육가능성의 극치가 보인다. 그래서 나는 특수교육을 장애아동이 이해할 수 있는 언어와 방법으로 특별히 구안된 특수 '방편'(方便)교육이라고 규정한다. 거울의 본성은 원래 투명(透明)하다. 문제는 거울에 낀 때와 먼지를 어떻게 걷어 내느냐에 달려 있다. 이게 교육과 인간존재의 파라독서이자 희망이다. (2014.09.18)